教育部人文社会科学研究青年基金项目"汉语形容词谓语句的历时研究"（项目批准号：18YJC740022）

汉语形容词谓语句的历时研究

韩 鑫 著

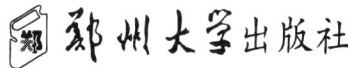

图书在版编目(CIP)数据

汉语形容词谓语句的历时研究/韩鑫著. -- 郑州：郑州大学出版社，2023.7

ISBN 978-7-5645-9812-9

Ⅰ. ①汉… Ⅱ. ①韩… Ⅲ. ①古汉语-形容词谓语句-研究 Ⅳ. ①H141

中国国家版本馆 CIP 数据核字(2023)第 149617 号

汉语形容词谓语句的历时研究
HANYU XINGRONGCI WEIYUJU DE LISHI YANJIU

策划编辑	刘金兰	封面设计	苏永生
责任编辑	樊建伟	版式设计	苏永生
责任校对	胡佩佩	责任监制	李瑞卿

出版发行	郑州大学出版社	地　　址	郑州市大学路40号(450052)
出 版 人	孙保营	网　　址	http://www.zzup.cn
经　　销	全国新华书店	发行电话	0371-66966070
印　　刷	郑州市今日文教印制有限公司		
开　　本	710 mm×1 010 mm　1/16		
印　　张	18.5	字　　数	334 千字
版　　次	2023 年 7 月第 1 版	印　　次	2023 年 7 月第 1 次印刷
书　　号	ISBN 978-7-5645-9812-9	定　　价	69.00 元

本书如有印装质量问题,请与本社联系调换。

目录

第1章 绪论 ··· 001
1.1 研究目的和意义 ··· 001
1.2 研究范围与对象的界定 ··· 003
1.2.1 形容词的界定 ·· 003
1.2.2 形容词谓语句的界定 ··· 006
1.2.3 语料来源和相关说明 ··· 007
1.3 形容词谓语句的研究现状 ··· 008
1.3.1 有关汉语的形谓句研究 ·· 008
1.3.2 跨语言视角下的形谓句研究 ······································ 013
1.4 相关理论问题 ··· 014
1.4.1 语法化理论 ··· 015
1.4.2 构式与构式化 ·· 017

第2章 古今汉语无标记形容词谓语句与有界性特征 ············· 020
2.1 现代汉语无标记形容词谓语句 ·· 021
2.1.1 现代汉语无标记形谓句的类型 ··································· 021
2.1.2 现代汉语无标记形谓句的使用 ··································· 024
2.2 古汉语无标记形容词谓语句 ·· 025
2.2.1 古汉语无标记形谓句的类型 ····································· 025
2.2.2 古汉语无标记形谓句的使用 ····································· 028
2.3 本章小结 ·· 029

第3章 现代汉语有标记形容词谓语句 ······························· 031
3.1 程度义形容词谓语句 ·· 031
3.1.1 词汇层面 ·· 032
3.1.2 词组层面 ·· 034
3.1.3 句子层面 ·· 044
3.1.4 构形层面的标记形式 ··· 044
3.2 动态义形容词谓语句 ·· 045

3.2.1　动态义形谓句的界定……………………………………045
　　3.2.2　动态义形谓句的结构类型………………………………047
3.3　比较义形容词谓语句……………………………………………050
　　3.3.1　平比义形容词谓语句……………………………………052
　　3.3.2　差比义形容词谓语句……………………………………054
3.4　判断义形容词谓语句……………………………………………055
　　3.4.1　判断义形谓句的界定……………………………………055
　　3.4.2　判断义形谓句的结构类型………………………………056
3.5　本章小结…………………………………………………………059

第4章　程度义形容词谓语句的历时演变……………………………061
4.1　词组层面的表达形式……………………………………………062
　　4.1.1　"程度副词/数量结构+A"式形谓句………………………062
　　4.1.2　形补式形谓句……………………………………………084
4.2　句子层面的表达形式……………………………………………088
4.3　构形层面的表达形式……………………………………………092
4.4　词汇层面的表达形式……………………………………………095
4.5　本章小结…………………………………………………………100

第5章　动态义形容词谓语句的历时演变……………………………102
5.1　先秦时期的动态义形谓句………………………………………102
　　5.1.1　形谓句中常见的动态标记………………………………102
　　5.1.2　形谓句中动态标记的使用情况…………………………107
5.2　魏晋南北朝时期的动态义形谓句………………………………108
　　5.2.1　形谓句中常见的动态标记………………………………108
　　5.2.2　形谓句中动态标记的使用情况…………………………114
5.3　宋元时期的动态义形谓句………………………………………116
　　5.3.1　形谓句中常见的动态标记………………………………116
　　5.3.2　形谓句中动态标记的使用情况…………………………126
5.4　明清时期的动态义形谓句………………………………………127
　　5.4.1　形谓句中常见的动态标记………………………………127
　　5.4.2　形谓句中动态标记的使用情况…………………………136
5.5　本章小结…………………………………………………………138

第6章　比较义形容词谓语句的历时演变……………………………140
6.1　先秦时期的比较义形谓句………………………………………140

        6.1.1 平比句···140
        6.1.2 差比句···143
        6.1.3 小结··144
    6.2 魏晋南北朝时期的比较义形谓句···145
        6.2.1 平比句···145
        6.2.2 差比句···149
        6.2.3 小结··151
    6.3 宋元时期的比较义形谓句···152
        6.3.1 平比句···152
        6.3.2 差比句···158
        6.3.3 泛比句···162
        6.3.4 小结··164
    6.4 明清时期的比较义形谓句···165
        6.4.1 平比句···165
        6.4.2 差比句···174
        6.4.3 小结··179
    6.5 本章小结···181

第7章 判断义形容词谓语句的历时演变···183
    7.1 先秦时期的判断义形谓句···184
        7.1.1 无系词的判断义形谓句···185
        7.1.2 有系词的判断义形谓句···187
        7.1.3 小结··188
    7.2 魏晋南北朝时期的判断义形谓句···189
        7.2.1 对先秦句式的承继和发展···189
        7.2.2 魏晋南北朝时期判断义形谓句的新发展·······························190
        7.2.3 小结··192
    7.3 宋元时期的判断义形谓句···193
        7.3.1 无系词的判断义形谓句···193
        7.3.2 有系词的判断义形谓句···194
        7.3.3 小结··195
    7.4 明清时期的判断义形谓句···196
        7.4.1 无系词的判断义形谓句···196
        7.4.2 有系词的判断义形谓句···197
        7.4.3 小结··198
    7.5 本章小结···199

第8章 形补结构的历时演变 ··· 201
8.1 粘合式形补结构的历时演变 ································· 201
8.1.1 "AP(VP)甚"结构 ·· 201
8.1.2 "AP(VP)极"结构 ·· 205
8.1.3 粘合式形补结构的进一步发展 ······················· 207
8.1.4 小结 ·· 221
8.2 组合式形补结构的历时演变 ································· 222
8.2.1 "A 得 C"结构 ·· 222
8.2.2 "A(V)得紧"结构 ·· 232
8.2.3 "A(V)得慌"结构 ·· 240
8.2.4 "A(V)得可以"结构 ····································· 244
8.2.5 "A(V)得不行"结构 ····································· 246
8.2.6 "A+(得)+比拟"结构 ·································· 248
8.3 形补结构历时演变的路径和规律 ·························· 255
8.3.1 从主谓结构到形补结构 ································ 255
8.3.2 从结果补语/状态补语到程度补语 ·················· 256
8.3.3 由其他形补结构类推而来 ···························· 256
8.4 本章小结 ··· 257

第9章 其他形容词谓语有标记结构的历时演变 ·············· 258
9.1 "A+了+N"结构及其演变 ···································· 258
9.1.1 "A+了+N"句式特征及类型 ·························· 258
9.1.2 "A+了+N"的构式化 ··································· 259
9.1.3 小结 ·· 263
9.2 比较义"有"字句及其演变 ··································· 263
9.2.1 先秦至魏晋南北朝时期 ································ 264
9.2.2 宋元时期 ·· 265
9.2.3 明清时期 ·· 268
9.3 本章小结 ··· 269

第10章 结语 ·· 270
10.1 形容词谓语的句式类型研究 ······························ 270
10.2 汉语形容词谓语句的分阶段历时研究 ················· 271
10.3 形容词谓语特殊有标记结构研究 ······················· 273

参考文献 ·· 275

第1章 绪 论

1.1 研究目的和意义

从跨语言的角度来看,以谓语中心语(predicate head)为界定标准,谓语可以分为两大类,动词谓语(verbal predication)和非动词谓语(non-verbal predication)(Hengeveld,1992)。非动词谓语其谓语中心语由动词以外的词类充当,常见的有名词、形容词、介词短语,广泛存在于各种语言中,以英语为例:

a. This is my friend.
b. The dress is beautiful.
c. The cup is on the table.

汉语的情况稍微有所不同。由于汉语的形容词本身具有做谓语的功能,所以动词谓语句和形容词谓语句同属于谓词谓语句的范畴,而名词谓语句则被归入非谓词谓语句(朱德熙,1982),如:

a. 他走了。
b. 这件衣服很漂亮。
c. 今天星期一。

汉语形容词谓语句的特殊性主要表现在以下两个方面。首先,从汉语内部来看,形容词谓语和动词谓语相比,在语义和句法方面具有很大的局限性,同时和名词谓语相比,又要复杂和丰富得多。其次,从跨语言的角度来看,一般认为形容词可以分为动词性和名词性两大类,在充当谓语时分别和动词、名词有着相应的句法表现,但是汉语形谓句要更加复杂:虽然汉语形容词用作谓语时在句法行为上和动词非常相似,通常被视为动词性形容词谓语句,但实际上也存在和名词谓语句相同的用法,即进入"是……的"框架充当谓语;此外,汉语形容词很少独立用作谓语,否则就具有对比或者比较的意味;因此,和典型的动词性形容词谓语以及典型的名词性形容词谓语有着显著差异。

形容词谓语句(简称形谓句)是汉语谓语系统的重要组成部分,产生时间早,使用范围广,历时变化大。以往的研究多限于共时层面,历时研究尚不充分。本研究由此入手,在注重理论与事实相结合、共时与历时相结合、描写与解释相结合的基础上展开专题研究。希望通过历史比较分析,梳理各类形容词谓语句在不同历史时期的演变过程,据此揭举汉语形容词谓语的发展趋势和特征,并借助相关语法化、构式化等理论对形容词充当谓语的一些特殊构式进行合理的分析解释,从而对汉语形容词谓语句的历时发展有一个系统而深入的解读。

归结起来,本书涵盖的内容可分为如下几个方面:

一是形容词谓语的句式类型研究。主要在前人研究的基础上讨论并归纳形容词谓语句的四大语用功能系列:程度义形谓句、动态义形谓句、比较义形谓句和判断义形谓句。简要归纳了各类形谓句的句法和语义特征,并梳理了常见的下位句式类型。

二是汉语形容词谓语句的分阶段历时研究。考源溯流,如实勾勒各种句式的演变轨迹是本书研究的重中之重。汉语的形容词谓语句是如何从"S+A"这种简单形式发展到如今庞大而复杂的形谓句系统的?通过对不同历史时期(先秦、魏晋南北朝、宋元、明清)各类句式的特点进行考察、归纳,探求古今汉语形容词谓语句的差异。同时选取了先秦时期的《论语》《孟子》《庄子》,魏晋南北朝时期的《抱朴子》《搜神记》《世说新语》,宋元时期的《景德传灯录》《新校元刊杂剧三十种》《朱子语类》(1—30卷)[①],以及明清时期的《西游记》《红楼梦》《儿女英雄传》作为自建语料库,对不同历史时期代表性典籍中的形容词谓语句进行穷尽性的数据统计分析,帮助我们进一步了解各个时期形谓句的具体使用情况,有助于厘清形容词谓语句的演变过程及规律。

三是形容词谓语特殊有标记结构研究。形容词充当谓语的时候往往以有标记结构这一特殊形式出现,如各种形式的粘合式形补结构、组合式形补结构、"A+了+N"结构、比较义"有"字句、比拟式形谓句等,但是这些结构并未得到系统的关注和考察,其产生机制、历时演变、形式意义特征等都值得

[①] 由于《朱子语类》全文过长,共140卷196万余字,因此从中选取第1至第30卷作为数据统计的对象,后文中对《朱子语类》的统计范围皆同于此。

我们深入研究。除了朴素的描写、比较、分析之外,将进一步引入语法化和构式化理论,帮助厘清一些关系和问题,如形容词谓语句相关结构形式与意义之间的互动关系、类推机制和扩展效应有何重要影响、形容词谓语句内部各层级间的相互作用以及形容词谓语句外部相关构式的影响等,从而使研究更加系统、深入。

本书希望通过对以上问题进行调查研究,得出合理的分析解释,从而深入剖析、解读汉语形容词谓语句的历时演变进程,在填补相关历时研究空白的同时,也希望能够对共时研究有所帮助。

1.2 研究范围与对象的界定

1.2.1 形容词的界定

关于形容词和其他词类的关系,Ross(1972)、Comrie(1975)以及 Pustet(1989)都认为形容词占据了动词和名词之间的位置,典型范畴的动词和名词各居两端,非典型动词、非典型名词以及所有形容词分布在中间,共同组成了一个连续统(continuum)。对此,Givón(1984)从认知角度,进一步结合时间稳定性(time-stability)做出解读,指出动词的时间稳定性最低,名词的时间稳定性最高,形容词居于中间。而根据 Stassen(1997)的考察,时间稳定性的高低又和谓语的编码方式相关,不及物谓语成分(包括形容词谓语结构)的时间稳定性越低,那么它越倾向于利用动词性手段来进行编码;反之,则越倾向于用名词性手段编码。总之,形容词和名词、动词之间存在着非常密切的关系。此外,Locker(1951)指出,从历时角度来看,形容词和其他词类关系也十分密切,形容词作为一个独立词类的产生需要经历三个阶段:阶段一,不存在形容词这一词类;阶段二,形容词尚未获得独立的语法地位,只是名词或者动词的一个下位词类;阶段三,形容词脱离动词、名词而成为一个独立的词类。

由于形容词和其他词类范畴关系比较纠结,所以关于形容词是否具有独立语法地位以及其主要句法功能问题是一个跨语言的极具争议性的重要课题。有些学者认为名词和动词是人类语言的两大基本词类,而形容词是否能够作为一个独立的词类则要视情况而定,不同的语言中存在不同的情况,比如在一些语言中形容词被视为动词的下位词类(Bhat,2000;参见刘丹青,2005)。Hale(1994)甚至认为形容词是使用时语言中的变异部分,在理论上不一定非要假设这一词类的存在。但有些学者(Wetzer,1996;Dixon,

2004)较为肯定地认为所有的人类语言都能区分出形容词这个词类,并且存在一些语法标准将形容词与其他词类区分开来。Dixon(2004)进一步提出了形容词的三条标准:①与动词和名词有语法上的区别;②语义上包括部分或全部典型的形容词的语义类型,如维度、年龄、价值、颜色等;③句法上具有充当不及物谓语和/或充任系词补语、名词短语的修饰语的功能。

汉语有关形容词的争论实际上是国际语言学界争论的呼应。关于汉语形容词的归属问题,学者们各执一词,归纳起来主要有三种看法:①将形容词视为汉语独立的词类;②形容词仅仅是动词的词类;③汉语根本不存在形容词这个词类。

赵元任(1948)把形容词看成谓词,作为动词的词类,龙果夫(1958)、吕叔湘(1979)、朱德熙(1982)的做法也相类似,把形容词归为谓词,Li 和 Thompson(1981)将形容词称为"形容词性的动词"。但是有些学者认为汉语根本不存在形容词这个词类。Halliday(1956)认为汉语词只有三类,动词、名词、副词,不存在形容词这一词类,Ross(1983、1984)以及 McCawley(1992)都认为汉语中所谓的形容词可以不需系词直接充当谓语,因此汉语中没有形容词。但是学界普遍比较认同的还是汉语形容词是一个独立的词类,如马建忠(1898)、黎锦熙(1924)、王力(1943)、朱德熙(1956)、沈家煊(1997)、Dixon(2004)、张国宪(2006)等都持这种观点。程工(1998)针对 Ross(1983、1984)、McCawley(1992)的观点,指出那些认为这个或那个语言里没有形容词的观点有很多都是建立在错误的证据和未加分析的材料的基础上的,形容词的确是汉语中一个独立的词类,那些表面上的个性实际上是由其他原因造成的,比如关于形容词在做谓语时要不要系词引导是由时态表达方面的原因所决定的。石毓智、白解红(2006)也指出,很多学者之所以否认汉语具有独立词类的资格,是因为拿"印欧语"的眼光观察汉语,并且进一步认为即使按印欧语系语法所描写的形容词特点,汉语也存在这么一个独立的词类。此外,石文还从认知的角度考察了汉英形容词概念化的差别,这种差别进而导致了汉语和英语形容词语义句法的差异。

比较值得一提的是对于先秦汉语形容词的界定问题。Bisang(2008)指出先秦汉语中表事物性状的谓语(the predication of properties)和表动作行为的谓语(the predication of actions)之间并未存在明显区分,因此可以视为"形容词-动词"性语言(adjective-verb language),即形容词并非一个独立的词类。但是,以目前的研究来看,多数学者还是认同先秦汉语中存在形容词这一词类的,比如根据管燮初(1953)、陈梦家(1988)、向熹(1993)、杨逢彬(2001)等的研究,早在甲骨文时期就存在性质形容词,可确认的范围从十几个到几十个不等。此外,陈克炯(1979)、殷国光(1997)、郭锡良(2000)等也都对先秦文献中的形容词进行了论述。而宋亚云(2009)更是对先秦汉语性质形容词的词类地位进行了考察并提出了相关鉴别标准。宋文结合先秦汉语30部文献,通过分析10万多个例句,运用受程度副词修饰并且不带宾语,用于比较结构表示比较义,做定语表示修饰义,做谓语表示描述义这四条标准,鉴别出380个性质形容词,确立了先秦汉语形容词的词类地位。并且从最典型的形容词到最不典型的形容词,形成一个形容词性依次减弱的连续统。

综上,本书采纳前人的研究观点和成果,无论是在现代汉语还是先秦汉语中,形容词都具有独立的词类地位。之所以有学者否认汉语中存在形容词,多是因为两个原因:①形容词的句法功能和动词非常相似;②汉语形容词在用作句子谓语时和英语等印欧语系语言存在很大差异。虽然形容词的句法功能和动词很相似,但是我们仍然可以采取一些手段将二者区分开来,如可受程度副词修饰、做谓语时不可带宾语,经常用作修饰性定语,涵盖维度、年龄、价值、颜色等事物性状特征的语义类型等。此外,虽然汉语形容词在用作谓语时不需要系词引导,从而有别于英语等印欧语系语言,但是从跨语言的角度来看,其实这恰好代表了两类不同的形容词类型,动词性形容词以及名词性形容词,因此并不能因为汉语形容词的句法行为和印欧语系语言不同就否定其词类地位。

此外,学术界对现代汉语形容词的主要句法功能的认识也存在分歧,主要有三种意见:①认为性质形容词的主要功能是做定语,如黎锦熙(1924)、张志公(1979)、张伯江和方梅(1996)等,其中莫彭龄和单青(1985)通过对大量语料的统计分析认为,形容词的主要功能首先是定语而非谓语;②认为性质形容词的主要功能是做谓语,如龙果夫(1958)、赵元任(1968)、朱德熙(1982)、郭锐(2002)等;③认为形容词的主要功能是做定语和谓语,如吕叔湘(1966)、胡明扬(1993)等。此外,袁毓林(2009)借鉴认知心理学上有关原型范畴的理论,采用量化的方式来衡量一个词是否从属某个词类,其中"可以做谓语或谓语核心,一般可以受状语和/或补语修饰"以及"可以直接修饰名词性成分"都是形容词重要的分布特征。事实上,大部分学者不论对形容词主要句法功能的看法如何,一般都不否认汉语形容词具有充当谓语的句法功能。还有很多学者注意到,不同类型的形容词其句法行为也存在差异。沈家煊(1997)根据数频统计和标记理论对口语和书面语各5万字左右的语料进行分析,认为性质形容词更倾向于做定语而不是谓语,状态形容词比性质形容词更倾向于做谓语。张国宪(2006)也认为状态形容词更容易用作谓语。

齐沪扬、韩天姿和亚鑫(2019)则以袁毓林(2009)所作形容词隶属度量表的分布特征及其权值设定作为标杆,考察形容词的形性功能,指出隶属度的高低对于形容词的句法功能存在显著影响。因此,在确定研究对象时,也需要综合考量词类范畴的原型性以及内部成员的典型性问题。

综上,本书认为无论是在古代汉语还是现代汉语中,汉语形容词都具有独立的词类地位。关于形容词和其他词类的区别,在参考吕叔湘(1966)、石毓智(2003)、Dixon(2004)、张国宪(2006)、宋亚云(2009)、袁毓林(2009)的相关论述之后,我们提出如下标准:①性质形容词能受程度副词修饰;②形容词做谓语时不能直接带宾语;③有部分性质形容词可以重叠或加词缀表示程度高的意义;④性质形容词可用于比较格式中;⑤形容词可以做定语、状语、补语、谓语、宾语,少数还可以做主语。其中,①②③可用于区别形容词和动词,①③④可用于区别形容词和区别词,⑤可用于区别形容词和副词。

1.2.2 形容词谓语句的界定

Wetzer(1996)从语义和功能上对形容词谓语句进行了界定:

A construction counts as a predicative adjectival construction, if that construction has the function of assigning a prototypical property to a person or an object, and represents the functional equivalent of english kernel sentences such as 'the man is tall'.

Wetzer认为形容词谓语结构是指具备为人或者物分配指定一种典型性状功能的结构。能被认定为是形容词谓语结构的句子本身必须在功能上等同于英语的核心句,即非核心句类不在被考察范围之内。

结合本书的形容词谓语句研究,我们需要指出以下两点。

第一,Wetzer强调他所讨论的形容词谓语结构全部属于核心句(kernel sentences)范畴。所谓核心句,是指那种主要的、肯定的、陈述性的句子。诚然,肯定性陈述句是我们最为核心的研究对象,但本书也将感叹句纳入有界化的研究中,原因如下。其一,本书归纳了形容词谓语句的四大语用功能系列,程度义形谓句是其中最重要的一类。程度范畴在现代汉语中具有多种表达形式,除了常见的程度副词外,在语用层面上,感叹语气能赋予光杆形容词一种高程度义,而且有一些副词(如"好、好不、多、多么"等)在表示程度时,其所在的句子一定要带上感叹语气,否则句子无法成立(蔡丽,2010)。其二,感叹句的语调多为曲折调或降调,跟句调有一定关系。如"这个人真好/太闹了/太香了",如果改用平直调说出,就成了陈述句;如果改用降升调说出,就成了感叹句(杜道流,2003)。然而我们所有的历时语料都是书面材料,无法记录语调特征,而且古汉语也不存在叹号等外在形式标记,尤其是"矣、也、了"等语气词既可以表示感叹,又可以表示陈述,因此很多情况下感叹句和陈述句都是难以区分的。综合以上因素,我们也将感叹句列入研究范围之内。

第二,Wetzer将"the man is tall"这样的句子归入形容词谓语句。Hengeveld(1992)也将这类含有系词的句子归入非动词谓语句,并给出以下三个理由:其一,在很多语言中,非动词谓语句中的系词并不强制出现,根据特定条件可以隐去。其二,在非动词谓语句中是非动词成分充当了句子陈述的核心成分,并且对句子其他成分的选择施加了限制条件,比如"Mary is ill",ill决定了其主语为有生命体,而非像桌子之类的客观无生命事物。其三,非动词谓语成分决定了相关论元数量,比如"this book is fascinating"和"His book is identical to that one"中,fascinating和identical决定了句子有一个论元还是两个论元。事实上,大多数非动词谓语的研究都将带有系词的句子纳入其中,并且将系词视为这类句子的标记。结合汉语来看,Hengeveld所提出的三点也适用于汉语的形谓句。而且以"是"为判断标记的"是+A"判断句是在魏晋南北朝时期才产生的,之前形容词判断句的谓语部分往往由形容词单独充当或者形容词附加"也"而成,如果把早期的形容词判断句归为形谓句而把后来新兴的"是+A"归为动词谓语句,难免有割裂二者之间联系的嫌疑。所以"是+A(+的)"形式的形容词判断句也属于形容词谓语句的范畴。

因此,综上所述,本书所论述的形容词谓语句是指形式上以形容词为谓语中心语,功能上为人或者物分配指定一种典型属性功能的结构。这类结构以典型的肯定性陈述句为主,同时形容词为谓语中心语的感叹句,以及含有系词的"是+A(+的)"句也是我们重要的研究对象。

1.2.3 语料来源和相关说明

本书对共时和历时层面的研究均有涉及。对于共时层面的语料来源及相关用例主要来自:①口语性较强的小说;②北京大学CCL现代汉语语料库;③北京语言大学BCC语料库;④学术论著中的相关用例;⑤相关形容词词典,如《汉语形容词用法词典》等。

历时层面的语料主要参考:①自建语料库,主要选取口语性较强的历史语料,先秦时期的《论语》《庄子》《孟子》,魏晋南北朝时期的《抱朴子》《搜神记》《世说新语》,宋元时期的《景德传灯录》《朱子语类》《新校元刊杂剧三十种》,以及明清时期的《西游记》《红楼梦》《儿女英雄传》;②北京大学 CCL 古代汉语语料库;③北京语言大学 BCC 语料库。同样,也会适当参考相关学术论著中的用例。

此外,本书类型学研究方面的语料由于个人学识有限,为了确保语料的可靠性,则全部采用相关学术论著中的用例,具体来源将在行文中进行标识。

根据惯例,例句前加"＊"表示该句不成立或者不可以接受;加"?"表示该句可接受程度差或者在特定条件下方可以成立。例句前不标示符号则表示该句合乎语法,可以接受。

1.3 形容词谓语句的研究现状

1.3.1 有关汉语的形谓句研究

1.3.1.1 共时平面研究

1.形容词谓语句的类型

不少研究从结构角度对汉语形谓句进行分类。朱德熙(1956)首先从形式上将形容词谓语句分为两类,无系词的形容词谓语句和有系词的形容词谓语句,然后进一步就各自的意义功能进行了分析。其中,性质形容词放在无系词谓语句里,含有比较或者对照的意思,状态形容词则没有这种意思;而用在相应的有系词的形容词谓语句中,性质形容词所在的谓语句所表示的是一种"区别意义",而状态形容词所在的谓语句有一种"估价意义"。陈建民(1986)把形容词谓语句分为形容词不带附属成分做谓语和形容词带上附属成分做谓语两种情况,前者有条件限制,比如出现在对比的场合,形容词表评断,以及形容词谓语和动词谓语连用,而形容词谓语的附属成分常见的有表示程度的副词和其他词语,带表示比较的词语,后加"了""着"等。朱德熙(1956)和陈建民(1986)对形容词谓语句类型的分析,基本上都是兼具形式和功能的,但是不足之处在于,分析比较偏向于形容词词本位的,对于具体的句式类型的论述较少。

李临定(1986)的研究弥补了前人的不足,其通过对大量的形容词谓语句进行细致的调查分析,建立了现代汉语形容词谓语句的句型系统,把形容词谓语句分成 35 种句式类型,并在此基础上再根据句法语义把它们归为表程度、表比较、表变化的三大类型,其研究成果显示形容词动态性语法环境主要表示变化意义,形容词静态性语法环境主要表示程度意义和比较意义。李临定的分类是比较全面、合理的,但是他忽视了汉语形谓句一个非常重要的句类,即形容词的判断句式。而且,其对形谓句的研究以客观描写为主,缺乏系统而深入的分析。范晓(1998)和陈昌来(2000)在论述汉语句子类型时也对形容词谓语句进行了分类、描写,但是总体来说没有李临定(1986)做得细致、全面,而且和李文的研究方式一样都是单纯的句法描写。

而陈望道(1978)、赵元任(1979)、周梅(2003)、张国宪(2006)、袁毓林(2013)、陈晓燕(2022)则主要从功能或者语义角度进行了分析。陈望道(1978)指出,形容词谓语句主要是描记句,此外也可以用于叙述句和评议句。赵元任《汉语口语语法》(1979)中对形容词谓语句的讨论主要从功能出发,分为三种类型:①对比,可以用于"是……的"句,如"这瓜是甜的"(不是酸的,苦的);②肯定,如"这瓜甜""这瓜是甜"(不是不甜);③叙述,"这瓜甜了"。张国宪(2006)指出性质、状态、性状变化皆可出现在形容词谓语位置上,与判断句、描写句和叙事句三个语用句类相对应,不过在谓语句标记性上呈现出性质>状态>变化的序列。袁毓林(2013)则将形容词分为不同的语义类型,并据此探讨了形容词的语义特征和句式特点之间的关系。陈晓燕(2022)的分类则兼顾形式和语义,根据形容词谓语句是否带有体标记这一形式特征,同时考虑其语义差异,将形容词谓语句分为带有体标记的动态形容词谓语句和不带体标记的静态形容词谓语句两大类。

2. 形容词做谓语的有界性

很多学者都注意到汉语形容词大多情况下都不可以独立成句,即形容词谓语句具有有界性特征。朱德熙(1956)指出性质形容词做谓语大多要加标记,通常是"的"或者"是……的",只有在表示比较或者对照的意思时才可以不加任何标记。

沈家煊(1997)根据标记理论(markedness theory),分别对3万字左右的口语材料和约3万字的书面语材料进行了调查,论证了形容词与句法功能存在着关联模式。(见表1)

表1 形容词与句法功能之间的关联模式

形容词类型	定语	谓语
性质形容词	无标记	有标记
状态形容词	有标记	无标记

即性质形容词做定语和状态形容词做谓语时都是无标记的,性质形容词做谓语和状态形容词做定语都是有标记的。

结合 Croft(1991)对关联性的研究,即 noun-reference-object, adjective-modification-property, verb-predication-action 的原型关联模式,郭锐(2012)从类型学视角,根据充当定语和谓语有无标记的标准,确定属性义词是饰词性的还是谓词性的,并对世界上72种语言的属性义词进行考察,归纳出属性义词的语法性质的五种类型。汉语属于第四种类型,即充当谓语无标记,充当定语可以无标记,也可以有标记,属性词的谓词性强于饰词性,其中和形容词相关的有两种:①谓词性。充当谓语无标记,充当定语有标记,如"*疼地方"和"手疼",占所有属性词的59%。②谓词性/饰词性。充当谓语、定语都可无标记,如"衣服干净"和"干净衣服",占所有属性词的25%。

还有一些学者就形容词谓语句有界化的方式类型展开了讨论。黄南松(1994)指出肯定性、陈述性的形容词谓语短语要自主成为一个句子,要具备程度范畴(程度状语和程度补语)或某种功能语气范畴(助动词、语气成分)。贺阳(1994)也对相关问题进行了讨论,除了黄文忠提到的程度范畴和语气范畴之外,他还指出否定范畴、时体范畴("着、了、过"、时间名词、时间副词,一个或者一个以上的谓词结构)、数量范畴也是常见的完句成分。

除此之外,周梅(2003)和张伯江(2011)还将状态形容词视为形态化谓语形式,作为另外一种标记手段单独列出。周梅(2003)将定量化标志的程度副词和各种补语、状态化标志的各类状态形容词、语境化标志的几种格式以及动态化标志的各种时体成分视为相关形容词谓语有界化的手段。张伯江(2011)强调汉语形容词在句子平面上做谓语依赖句法标记,总结出程度副词、形态化谓语形式(即状态形容词)和"是……的"框架是现代汉语形容词做谓语的三种主要句法手段。而性质形容词不加标记直接做谓语的情况只出现在主谓谓语句和动补结构这种低于句子平面的结构里的结论。从上面的讨论不难看出,对形容词谓语句的有界化方式是大家普遍关心的问题,但是我们认为对于上述相关有界化手段是否处于同一层面上还需要进一步区别分析,比如否定标记以及形式标记"的"显然不属于同一层面的语法范畴。

有关形容词谓语句有界性的成因也是学者们讨论和关注的重点。石毓智和李讷(2001)从历时的角度考察了促成现代汉语谓语结构有界性特点的因素。指出宋元之前句子的基本格式层次为 S+[(V+O)+X],然而在没有插加成分的语法结构里,中心动词和X成分在线性上紧邻,由于长期的使用,人们渐渐把它们看作一个句法单位,从而在宋元时期谓语结构发生了从

V 无界+O+X 无界到[VX]有界+O 的重大变化,这一变化使得有界性成分不仅是一种表意手段,而且常常是一种完句的手段。

其他的相关研究多是从共时的角度出发,借助有关理论进行了讨论。Huang(2006)指出汉语层级形容词需要借助类型升级算子(type-lifter)"很"来做谓语,将 type 为<e>的事物映射到 type 为<e,t>的事物上。

顾阳(2007)和 Grano(2012)讨论了形容词做谓语和时态、时制范畴之间的关系。顾阳(2007)将完句成分和时制联系起来,指出汉语有相对丰富的时态标记,而缺乏显性的时制标记。指出时间链最主要的作用就是将不可数的、无界的(atelic)情状与相关的功能成分进行组合,使其成为可数的、有界(telic)的成分。具体到汉语句子能否成句这个问题,认为汉语的场景体中有无"定点"对句子的成句有决定性的作用,定点的主要功能是确定句子的时制,而起定点作用的词主要有程度副词"很"、焦点副词以及句尾助词,这些成分可以通过确定情状的"数"特征来体现时制。Grano(2012)根据禁止时态-形容词连用的规则,认为在汉语中时态的直接补语不能是形容词短语。单音节形容词单独做谓语的句子之所以不合格,是因为违反了禁止时态-形容词连用的规则限制,要使句子合格,必须在时态和形容词短语之间引进其他的功能性成分,如程度副词"很",系词"是"或"是……的",带"吗"或"呢"的疑问句,否定词"不"等。

伍雅清和祝娟(2013)也指出性质形容词是不能跟具体的时间和空间连用的,这主要因为性质形容词表达某个事物恒定性、一般性的属性,并认为相关性质形容词做谓语能够完句的各种句法结构都属于焦点位置,性质形容词做谓语能否完句与这些焦点位置直接相关。

袁毓林(2022)则从语义和认知的角度对形容词谓语的不完句效应进行了解释,指出汉语性质形容词表示性质的有无与极性的正反,其意义上的双重对立性(全或无、正极与负极)和属性量级的程度的表示方式,使得性质形容词单独做谓语后造成了一种表达不足的语句形式,而这种语义结构特点,又受到了人们对于事物的属性的维度、属性所达到的程度的认识与相应的量级标尺和测量方式等认知结构的限制。

1.3.1.2　形容词谓语句的历时研究

形容词谓语句的历时研究大多散见于有关某一作品的形容词研究中,近年来成果颇丰,比如马予超(2005)《〈世说新语〉形容词研究》、李娜(2010)《〈元刊杂剧三十种新校〉形容词研究》、程建伟(2010)《〈牡丹亭〉与〈紫钗记〉形容词研究》、张琼琼(2011)《〈战国策〉形容词研究》、张琰(2014)

《〈史记〉形容词研究》、徐湾湾(2016)《〈吴越春秋〉形容词研究》、何翎格(2017)《西周金文形容词研究》、冯征霞(2017)《〈孟子〉和〈庄子〉(内篇)形容词语法研究》、喻国红(2018)《〈三国志〉形容词研究》、朱秋婷(2019)《上古汉语形容词的统计研究——基于〈尚书〉等三种语料》、张建(2020)《〈盐铁论〉形容词研究》、翁中锐(2022)《〈韩非子〉名词、动词、形容词的非范畴化研究》等。

郭锡良(2000)考察了先秦汉语动词、名词以及形容词的发展,指出从类型上来看,甲骨文中只有十几个单音的性质形容词,但到了周代,不但性质形容词大量增加,而且产生了一类新的状态形容词;从句法功能上来看,甲骨文中形容词主要用作定语,也用作状语和谓语。到了周代,状语和谓语也成了形容词的主要功能,同时形容词做谓语的形式还多样化了。

陈克炯(1979)对《左传》的研究也印证了形容词做谓语功能的进一步发展。《左传》里的形容词谓语用例共有 20 多个,数量仅次于做名词修饰语。可分为六种情况:单音形容词、双音形容词、两个单音形容词用"而"连接起来并用、后附语气词、形容词的使动用法以及"S+之+A"结构。但是需要说明的是,后两类并不属于我们所认定的形容词谓语句范围,使动用法中的形容词已经转化为动词,而嵌入"之"的主谓结构,已经取消了句子的独立性,不再是主谓结构,所以也不是形谓句。

殷国光(1997)对《吕氏春秋》中的词类进行了全面系统的研究,并分析了状态形容词和性质形容词的区别。从意义上看,状态形容词做谓语只是对主题语做出描写,性质形容词做谓语则表示多种语义:对主题语的性状做出描写或者做出带有主观色彩的评判。从形式上看,状态形容词单独做谓语,主谓之间不能嵌入虚词,而性质形容词单独做谓语,主语与谓语之间有时可以嵌入语气词、连词等,而且近四分之一的句子句末带语气词。

相比较于断代的研究,太田辰夫(1987)对形容词谓语句的研究更加系统、全面,如对形容词后附词的相关结构、比较句、递进句都做了比较细致的描写,很多见解非常独到。此外,他还对部分句式从历时的角度进行了考察,比如"A 得很""A 得慌""A 了去了",并对比较句、递进句的相关流变也进行了精要的分析。这些对我们的研究都极具参考价值。

此外,朱玉梅(2008)《〈韩非子〉形容词谓语句研究》和赵从娜(2012)《〈荀子〉形容词谓语句研究》是两篇单独考察形容词谓语句的硕士学士论文。两篇文章分别对《韩非子》和《荀子》中的形容词谓语句从句法结构与语义关系的角度进行分析研究。雷瑭洵(2022)则主要考察了先秦时期一类特殊的形谓句——"VP+A"式谓语(如"郲子执玉高,其容仰"),指出当形容词充当谓语时,根据主语性质的不同,可区分述体谓语和述谓谓语两种不同的形容词谓语类型,并将先秦汉语的述谓形容词分为速度、时间、频率、方式、程度、情态等六种语义类型。由于先秦时期"VP+A"之类的句式十分常见,所以该文对我们的研究也有一定的启发和帮助。

1.3.2 跨语言视角下的形谓句研究

形容词谓语句作为一类特殊结构类型受到广泛关注,所以很多学者都对各自语言中形容词做谓语的用法进行了探讨,如 Stavro(1996)、Nishiyama(1998)、Avgustinova 和 Uszkoreit(2003)、Carnie(1991)等;此外,Dixon 和 Aikhenvald(2004) *Adjective Classes:A Cross-Linguistic Typology* 一书所收录的对各语言形容词专篇研究中也都涉及形容词用作谓语的情况。相关研究不胜枚举,这里就不一一论述。限于篇幅,这里将主要讨论有关形容词谓语句标记类型的跨语言研究。

Wetzer(1996)的 *The Typology of Adjectival Predication* 是一部有关形谓句类型学研究的力作。该研究对形容词谓语句的分类主要是基于形容词本身的性质类别。文章前部分提到,形容词居于原型类动词范畴和原型类名词范畴之间,根据其句法行为差异,形容词可以分为动词性形容词和名词性形容词两大类。动词性形容词更接近于动词范畴,名词性形容词更接近于名词范畴。拥有动词性形容词或名词性形容词的语言统称为类型 A。此外还存在另外一类特殊的语言,其动词和名词之间并没有明确的形态句法区分,称为类型 B。据此,形容词在充当谓语的时候,也有着相应的句法行为表现。依次为动词性形容词谓语句、名词性形容词谓语句以及类型 B 形容词谓语句。Wetzer 把汉语归为动词性形容词谓语句。他对于动词性形容词谓语句是这样界定的,当且仅当一个语言中的形容词符合下列情况之一则为动词性形容词谓语句:和动词一样依靠系词做谓语、和动词一样具有人称变化形式、和动词一样在做谓语时为零标记形式。汉语形容词符合第三种情况,即可以不依赖外在标记形式做谓语,并且在句法行为上和动词非常相似,所以是动词性形容词谓语句。

Matushansky(2013)指出相关跨语言的类型学研究结果显示,形容词在被用作谓语时,往往需要借助一定的形式标记,如谓语格标记(predicative case)、系词小品词(copular particle)或者系词(copula)。Stassen(1997)认为形容词并没有特有的形式标记,而是借用动词、名词或处所类谓语标记方式来帮助其充当谓语,常见的标记手段有如下几种:①动词类标记手段,人称标记(person agreement);②名词类标记手段,无系词标记(zero copulas),人称代词类系词(pronominal copulas)，系词小品词(particle copulas,有可能通过语法化演化为动词性系词)；③处所类标记手段。跨语言的研究成果显示，比较常见的形容词谓语编码方式是借用动词性手段或名词性手段，处所性手段很少。此外还存在一些更为复杂的情况，那就是编码转化组合，即不是采用一种手段来编码形容词谓语句，而是采用两种甚至两种以上的方式：V-N(动词类标记手段和名词类标记手段的组合)、V-L(动词类标记手段和处所类标记手段的组合)、N-L(名词类标记手段和处所类标记手段的组合)、V-N-L(三种标记手段的组合)。可见形容词谓语句的形式是十分复杂的。Stassen(1997)也将汉语归入利用动词性手段编码的形容词谓语句，因为汉语形容词和动词一样都不需要借助辅助成分而独立成句。

此外，Wetzer(1996)和Stassen(1997)的研究都表明一个语言采用什么手段编码形容词谓语句和该语言的时制范畴(tense)有着非常密切的关系：①如果一个语言内部存在开放的名词性形容词词类，那么这个语言一定具有屈折时制范畴(tensed)；反过来，如果一个语言具有屈折时制范畴，那么这个语言内部也一定存在一个开放的名词性形容词词类。②如果一个语言内部存在开放的动词性形容词词类，那么这个语言一定不具有屈折时制范畴(non-tensed)；反过来，如果一个语言不具有屈折时制范畴，那么这个语言内部也一定存在一个开放的动词性形容词词类。

总之，无论是Wetzer(1996)还是Stassen(1997)都将汉语的形谓句归入动词性形谓句，原因主要是汉语形容词用作谓语时和动词一样，皆可独立成句。但是在以汉语为母语的学者看来，显然与事实有所出入，即虽然汉语形容词谓语句的句法表现与动词谓语句相一致，但并非可以无条件独立成句。此外，由于这些类型学研究主要还是印欧语系语言为本位的，所以分析的标准不太适合汉语，比如他们对形谓句和时制范畴关系的研究，主要是基于屈折语，但是对于汉语这种缺乏形态的语言并不是很适用，所以不能很好地解释汉语为什么采用动词性方式来编码形容词谓语句等问题。

1.4 相关理论问题

本书第八章至第九章将对下列有标记结构的形容词进行系统的历时考察："A甚""A极""A死""A透""A坏""A得(NP)+VP""A得紧""A得慌""A得不行""A得可以""A+(得+)比拟""A了N"以及比较义"有"字句等。在此之前我们有必要对用于讨论这些结构历时演变的相关理论问题，即语法化和构式化问题进行阐述。

1.4.1 语法化理论

自 Antoine Meillet(1912)在 *L'évolution des Formes Grammaticales* 一文中最早使用了现今意义的 grammaticalization 一词以来,语法化理论一直处在不断变化发展中。

Heine 和 Kuteva(2002、2007)提出了语法化的四个参数:

1)句法环境扩大(extension):一个语言成分用于新的环境并获得新的语法意义。

2)去语义化(desemanticization):语义内容的丧失。

3)去范畴化(decategorialization):词汇形式或低语法化的语言形式原有的典型的形态句法属性的丧失。

4)融蚀(erosion):语音实体的消失。

这四个参数在一定程度上反映了关于语法化的两种极具影响力的观点:语法化的窄化效应和语法化的扩展效应。而这两种看似对立的观点从另一种层面上来说也是学者们对语法化理论本身不断反思和发展的结果。

传统经典语法化理论将语法化视为一个形式上不断紧缩和自主性不断下降的过程(Lehmann,1995;Haspelmath,2004)。这主要是因为传统语法化研究主要关注于语法化项本身的变化:语法化项的意义越来越泛化,越来越抽象,语法化项的句法形态和语音形式越来越紧缩。这是一种基于成员的语法化观。Lehmann(1995)提出了语法化的六个参数,并指出,这六个参数在语法化过程中,经历了以下六个伴随特点:

1)磨损:语法化项的语音内容/特征逐渐丧失。

2)聚合化:实词融入封闭类语法成分,或者从大的封闭类到小的封闭类。

3)强制化:可选或可变成分转化为强制性成分。

4)紧缩:两个或以上词的语法组合体聚结为一个词。

5)聚结:词素间界限弱化或者最终消失,比如从独立词项演变为词缀。

6)固化:词项出现在固定位置上。

与基于成员的语法化观相对应的是基于环境的语法化观,强调语法化项所在的环境而并非语法化项本身,语法化过程在本质上是环境的扩展(Bybee 和 Dahl,1989;Bybee 等,1994)。而环境扩展与语义泛化具有密切联系,环境的扩大会涉及语义泛化(Bybee,Perkins 和 Pagliuca,1994),当语法化项越来越多地被用于新的句法环境,那么会越来越丧失语义内容的确切性,从而导致语义泛化,因此语义泛化是句法环境扩展的必然结果。

Himmelmann(2004)(参见彭睿,2009)对此进行了进一步的论述,指出环境扩展主要在三个层面上展开:

1)同构项的扩展(host class expansion)。即构式内部与语法化项构成组合关系的成分类型的扩展。如指示代词(demonstrative)通常不能修饰指称特定事物的专有名称或者专有名词,如 sun、sky、queen,但语法化为冠词(article)后,就可以与这些特殊词类共现了。

2)句法环境扩展(syntactic context expansion)。仍以冠词为例,语法化开始阶段,冠词主要出现在核心论元的位置上(如主语或宾语),很少出现在边缘位置如介词短语中,随着冠词语法化过程的展开,冠词在用于介词结构时的强制性越来越高,并逐渐扩展到它不曾出现过的其他句法环境中。

3)语义-语用环境扩展(semantic-pragmatic context expansion)。这里的环境也是针对语法化项所在构式而言的,如前代词语法化为冠词之后,其用法由前指用法扩展至前指以及次前指用法。

Himmelmann(2004)进一步用如下形式对语法化的环境扩展观进行了界定:

(Xn) AnB | Kn→(Xn+x) An+xb | Kn+x

其中,A 和 B 代表实词性词汇项,b 代表语法化了的成分。有如下三种环境变化在上述过程中发生:

1)同构项类型(host class):An→An+x(如,普通名词扩展至普通名词和专有名词)。

2)句法环境(syntactic context):Xn→Xn+x(如,核心论元扩展至核心及边缘论元)。

3)语义-语用环境(semantic-pragmatic context):Kn→Kn+x(如,前指用法扩展至前指以及次前指用法)。

Himmelmann 指出,三个层次的扩展在语法化过程中同时发生,而语义-语用环境扩展是其中的核心特征。他进一步认为语义语用环境的扩展同样也是界定语法化过程特征的核心,也就是说,任何语法化过程必然会体现语义-语用环境扩展,而句法成员层面(element-level)的变化(如语音融蚀和融合)是扩展效应的附带现象。这种扩展的观念已经开始得到越来越多学者的关注和认同。比如 Hopper 和 Traugott(2003)在目前最为经典的语法化的定义中指出,语法化是指"the process whereby lexical items and constructions come in certain linguistic contexts to serve grammatical functions, and, once grammaticalized, continue to develop new functions"。即语法化项既可以是词汇项,又可以是一个句法结构即构式。此外,近年来兴起的对构式语法化的讨论也与语法化的扩展观休戚相关,在下面一部分我们将具体讨论,此处不再赘言。

事实上,语法化的窄化效应和扩展效应这两种看似相对的观念实际上并不矛盾(Traugott,2010)。彭睿(2009)指出这种差异根源于对语法化域的不同认知:主张窄化效应的学者多把语法化域限定为语法化项本身,而主张扩展效应的学者则是把语法化项所在环境看成语法化域,因此二者不是一种简单对立或者对应,也就不存在相互依存或者相互排斥的关系。相反,窄化效应和扩展效应之间是一种平行关系,可以并存于同一语法化过程中,是相互兼容的,即窄化效应和扩展效应的各项特征变化同为语法化参数。

1.4.2 构式与构式化

1.4.2.1 构式的界定

构式(construction)被经常用于语法化的相关研究中,然而构式本身的界定却是复杂的,*Cognitive Grammar*(Langacker,1987;2008),*Radical Construction Grammar*(Croft,2001),*Cognitive Construction Grammar*(Goldberg,1995)对构式都有各自的见解。近年来有关构式的历时发展的讨论主要是研究建立在 Goldberg(1995)以及 Croft(2001)对构式的界定基础之上。

根据 Goldberg(1995)的定义,每个构式 C 都有相应的形式-意义组合,当且仅当 C 的形式或意义的某些特征不能完全从 C 这个构式的组成成分或另外已有的构式推知时,C 就是一个构式。很显然 Goldberg 对构式这一概念的界定是相当严格的。Goldberg(2006)对构式语法的定义又做了进一步的发展,她认为除了意义无法从形式推得的形式-意义组合,构式还应当包括意义可以从形式推得但是由于足够高的使用频率得以模式化为固定结构的语串。Trousdale(2010)认为 Goldberg(2006)的定义更加适合用来讨论构式与语法化的相关问题,因为使用频率不论对语法化还是对构式的产生都是十分重要的。另外一种和语法化有密切关系的构式理论是 Croft(2001)的激进构式语法。Croft 认为构式作为象征性的形式-意义匹配体,所有习用化的语言形式都应当包括在内。Croft 的研究涉及跨语言的类型学研究以及历时的语法化研究,并将构式扩大到语言的各个层面(句法、形态、语音、意义、语用、话语-功能),并且显示了形式和意义之间的象征关联。

1.4.2.2 构式化

结合上述有关构式概念的界定,构式化(constructionalization)

(Trousdale,2012;Traugott 和 Trousdale,2013)是指一个新的形式意义组合产生的过程。具体来说,这一过程是由一系列细微的变化而带来的,一个旧有形式随着特定句法环境中语用推理的显著性程度以及模式化程度的不断提高,最终导致组块化以及形式和意义之间的不匹配性。这种转变反过来导致了原有构式内部组合性程度的降低,进而促进了新的形式意义匹配体即新构式的产生。根据构式化的输出可以将其分为语法性构式化(grammatical constructionalization)、词汇性构式化(lexical constructionalization)以及中性构式化(intermediate constructionalization)。其中和本书存在密切关系的是语法性构式化和中性构式化。语法性构式化是指新的具有语法功能的形式——意义组合的产生,如 NP of NP 构式的语法化。中性构式化是指具有部分具体意义以及部分语法意义的新的形式意义组合的产生,如英语中的 way-construction。

现在有关构式化问题讨论比较多也比较成熟的是相关构式的语法化问题,这就回到了前文所说的有关语法化本身范围的界定问题,即构式本身可不可以语法化。Traugott(2008)以 NP of NP 格式为例,指出其历时发展 PrePart>Part> DegMod>DegAdv >DegAdj 不仅反映了语法化的三个扩展效应(Himmelmann,2004),也经历了语义内容的丧失、原有的典型的形态句法属性的丧失以及语音简化等窄化过程,因此应该被视为语法化。Himmelmann(2004)也指出,严格地讲,单个词项从来不会孤立地发生"语法化",词项的语法化离不开特定的组合环境(snytagmatic context)。例如,人们通常认为指示代词语法化为冠词,实际上,指示代词只有在修饰名词时才能发展成冠词;而在其他的句法环境中则可能演变成人称代词、补语小句标记、关系从句标记等,即"基于句法环境的语法化观"(the context-based view on grammaticalization)(参见彭睿,2009)。

构式的语法化过程往往伴随图式化程度(抽象化程度)和能产性(包括类型频率和文本频率)的提高以及理据化程度(形式和意义之间联系的显著性)的降低(Trousdale,2010)。其中图式化对于构式的语法化来说是个非常重要的概念,Traugott(2007)根据图式化程度的高低将构式分为宏观构式、中观构式、微观构式、个体构式四个层级结构。具体如下:

1)宏观构式(Macro-constructions):抽象化了的形式与意义的结合,如 Degree Modifier Constructions。

2)中观构式(Mesco-constructions):具有相似特点的特定构式(微观构式)的集合,如(a)sort of,(a)kind of 和 a lot(of),a bunch(of)。

3)微观构式(Micro-constructions):组成抽象构式的独立的具体的构式

个体,如(a) sort of、a lot(of)。

4)个体构式(construct):具体的用例。

Traugott指出构式层级的数目并不是固定不变的,而应当被视为一个连续统,具体的层级划分应当视研究对象以及研究需要而定。所以四个层级在操作时是十分灵活的。当宏观构式代表了一个高度抽象的语法构式时,那么其下层构式的层级很有可能并非我们所谓的四个层级,除了最上层的宏观构式和最下层的个体构式可以明确之外,中观构式和微观构式是可以根据实际情况继续划分下去的。

构式的语法化与四个层级构式的相互作用密切相关(Traugott,2010),以NP of NP为例,当a shred of、a bit/lot of经常与NP共现时,那么就说明微观构式a shred of NP、a bit/lot of NP开始形成。然后他们会和相关的中观程度修饰语(degree modifier)联系在一起,如a bit和very、sort of,但是这一过程是有选择的类推,因为我们可以说a bit hungry,但是不说 * a lot hungry,而a lot hungrier却又是可以说的。接下来,其他的degree modifier也可以根据这些新产生结构的相关用法进行类推。最后,degree modifier的宏观构式便被扩展了,并且这一扩展是重新分析的结果,可以被下位构式所类推。

由此可见,构式的形成和发展同样也和类推、重新分析两大机制密切相关。类推和重新分析不仅是语法化的重要机制,也是人类语言其他变化的重要机制。重新分析改变语法形式的句法、构词和语义特征,是一种句法结构和语义的重新解释。重新分析常见的后果有"句法构成的重组"(change in constituency)、"层级结构的改变"(hierachical structure)、词类或者功能类别的改变(category lebal)、语法关系的改变(grammatical relations)、黏合化(cohesion)。类推严格来说只是改变表层形式,并不能改变规则,但是会导致新规则的推广(Hopper和Traugott,1993)。

总体来说,语法化和构式化存在互补关系(Traugott,2021),虽然二者在研究目标和语料、研究方法、研究范围、研究重点方面都存在一定差异,但是二者也具有很多共通之处,如语用推理、重新分析和类推两大机制,以及频率在语言演变中所发挥的重要作用等,对于我们从历时的角度研究和解释语言现象的发展变化来说是两种非常重要的视角和方法(Heine等,2016;詹芳琼等,2020;胡亚,2022)。

第 2 章 古今汉语无标记形容词谓语句与有界性特征

Langacker(1991)从语义的角度出发,运用"界"与"有界"的概念对"事物"范畴进行了描述和分析,指出名词标示事物,事物可以描写为某一认知域的一个区域,相应地"述题范围内部一套互相联系的实体所构成的一个区域的终止点,或一套互相联系的状态成分所构成的一个过程的终止点",即所谓的"界"(bounding)(刘辰诞,2007)。"有界—无界"的对立是人类最基本的认知概念之一,人类的认知系统和语言结构之间具有对应关系,"界"的概念也可以用来分析其他的语法范畴。通常认为,现代汉语形容词谓语句具有有界性特征。性状在程度或量上有"有界"和"无界"的对立,在语言中则表现为性质形容词是无界的,不能单独做谓语,往往需要添加各种标记形式方可成句(朱德熙,1982;陆俭明,1988;沈家煊,1995),常见的有程度副词、程度补语、比较成分、时体标记、数量词组、语气成分,或者使用性质形容词的构形重叠式等。

标记形式和"有界—无界"具有密切关系。本章所讨论的无标记形容词谓语句,指的是形容词在用作谓语时不带外在的显性标记[1],较为独立地用作句子谓语的情况。通过对古今汉语无标记形容词谓语句进行对比研究,发现古汉语无标记形容词谓语句要更加自由、丰富和复杂,并且现代汉语无标记形谓句中的形容词在一些情形下虽然可以独立用作谓语,但事实上却通过语篇实现了有界化。此外,从使用频率来看,先秦时期光杆形容词用作句子谓语的比例很高,但是从魏晋南北朝时期便开始呈现下降趋势,至于明清,性质形容词已经很少独立用作句子谓语了。

---

[1] 本章所谓形容词谓语句的有标记和无标记是指性质形容词在用作谓语时是否附加相关的句法标记,是否独立用作谓语的情况(沈家煊,1999),如未做特殊说明,文中的"形容词"皆指的是"性质形容词"。

2.1 现代汉语无标记形容词谓语句

2.1.1 现代汉语无标记形谓句的类型

通常认为形容词在用于对比格式或对话语境中时,可以单独用作句子谓语。但事实上,现代汉语无标记形容词谓语句的情况要更为复杂些。具体如下文所述。

2.1.1.1 用于对比格式

(1) 人小心不小。

(2) 北方干燥,南方潮湿。

对比格式往往是正反义形容词对举,表达了一种对比、对照的意思。比较是形容词级差性[①]的重要表现,突出了级差性,便实现了有界化。

2.1.1.2 用于对话语境中

(3) 谁愚蠢?我愚蠢。(转引自孙鹏飞,2018)

(4) 你高还是他高?他高。

上例中的"我愚蠢""他高",是跟其他人相比更愚蠢、更高的意思,通过语境获得比较义,从而彰显性质形容词的级差性。

2.1.1.3 用于并举格式

(5) 今年的改革范围广,力度大,层次深,任务重。(1994年报刊精选)

(6) 她其实很欣赏这个新科侄媳妇,人漂亮,家世好,性格不错,也聪明,出得厅堂入得厨房。(芙蓉三变《非诚勿扰》)

(7) 你漂亮、聪明、活泼、可爱、有上进心。(岑凯伦《还你前生缘》)

(8) 澳门这个小城美丽、安静、整洁,民风也十分淳朴。(新华社2003年2月份新闻报道)

并举格式在形式上和对比格式相似,但是对比格式中的形容词成正反

[①] 形容词通常被认为是"级差"这一范畴的典型代表(Doetjes,2008),形容词的有界性同级差性密切相关,相应地,形容词有界性最为典型的句法表现便是可以受程度性序列的修饰以及可以进行程度比较(Quirk等,1985;Paradis,2001)。

义对比,并举格式中是数个意义相关的形容词并举。并举格式又可以分为以下两大类。

第一类如例(5)和例(6),由数个主谓结构的形容词短语并举,即"S_0+(S_1+A_1)+(S_2+A_2)+(S_3+A_3)+……"形式,其中 S_1、S_2、S_3 和 S_0(S_0 可能并未在上下文中出现,而是暗含在语境中)之间属于部分和整体的关系,并举的形容词谓语从不同侧面对同一事物进行描写。这类句子的形式和语义特征都和下文将要具体论述的主谓谓语句"S_1+S_2+A"十分相似,因此我们此处就不多做说明。

第二类如例(7)和例(8),也是由数个形容词并举,但并不像第一类那样存在大主语、小主语,这里数个形容词都是对同一主语进行陈述说明,即"S+A_1+A_2+A_3"形式。朱德熙(1956)将形容词分为简单形式(性质形容词)和复杂形式(状态形容词)两大类,其中复杂形式包括(a)重叠式,(b)带后加成分的形容词,(c)"煞白、冰凉、通红"等一类的形容词,(d)由程度副词以及某些表示程度的代词跟形容词构成的词组,以及(e)由并列的形容词构成的词组。虽然我们并不认为(a)(d)(e)都属于状态形容词,但是这三类在句法和语义特征上确实和状态形容词十分相似。关于(e),朱德熙在文中列举了"又……又……"这一并列紧缩形式,而本书的"S+A_1+A_2+A_3"在形式和意义上恰与其十分相符,都是数个形容词并举,加强描写的形象性和生动性,因此也可归入此类。朱德熙(1956)指出,虽然从表面上看,(e)只是把两种性质同时并举出来,没有表示这些性质的量或程度,但实际上带有强调的意味。结合上述分析,我们认为"S+A_1+A_2+A_3"一方面像状态形容词那样是对事物具体状态的描写,具有很强的状态性特征;另一方面,通过数个形容词并举的形式强调了一种高程度义,而非低程度义,因此也已经有界化了。

2.1.1.4　用于复句分句中

1.有关连词

(9)曹操兵马虽然少,但是他善于用兵,变化多端。(《中华上下五千年》)

(10)我很讨厌热,宁愿冷也不愿意热。(百度搜索)

(11)可惜他不是长子嫡孙,就算聪明,也少不了你一份遗产。(岑凯伦《合家欢》)

(12)如果累的话,不用陪我。(张小娴《荷包里的单人床》)

(13)因为现在是夏天,长袖衫是处理的,所以便宜。(吴芳芳《不偷东西的贼》)

(14) 只要贡献大,就给房子,给票子,给位子。(1994年报刊精选)

(15) 不但漂亮,且绝顶聪明,人见人爱。(叶梦《七坛甘草梅》)

(16) 阿贾克斯队球员射出的球既重又刁,5球全中。(2000年《人民日报》)

从上述所举的例子中可以看出,形容词谓语无标记形式基本可以见于各种复句类型中,如转折复句、选择复句、假设复句、因果复句、条件复句、递进复句、并列复句等。其中转折复句、选择复句往往具有转折比较义,性质形容词的程度义在这种格式所包含的比较、对比中得以显现。而假设复句、因果复句、条件复句或者性质形容词所描写的状态A是另一事件B得以发生的原因或条件,从而以状态凸显程度,或者语境中暗含了一种比较义,因此同样具有有界性特征。相应地,递进复句和并列复句通过两种相关的状态并举,加强了描写的状态性,从而也凸显了程度之高。

2. 无关联词

(17) 到九龙口上,九条道儿都打从那里经过,过路的人多。(梁斌《红旗谱》)

(18) 这个好,就买这个吧。

(19) 他的胆子小,不敢和蓝先生发脾气。(周梅,2003)

(20) 小,怕什么!秤锤小,夺千斤。(李英儒《野火春风斗古城》)

这类句子虽无关联词,但两句之间存在逻辑关系,比如例(17)—例(19)前后分句表达了一种因果关系,例(20)表达了一种转折关系,并可以从先行句或者后续句的逻辑关系中推得一种比较义或者高程度义。如例(19)中所描绘的状态导致了某种状况的发生,从而也对句中的形容词从程度上做了一个补充说明:"他的胆子小","小"到什么程度,后句补充说明——小到不敢和蓝先生发脾气的程度(周梅,2003)。而例(20)中的"小"有两个,根据前后文语境[①],第一个"小"指的是年龄小,和哥哥的年龄比较而来的,第二个"小"是指秤锤个头小,和别的东西比较而来的。

2.1.1.5 主谓谓语句

廖秋忠(1985)曾经概括了存在于汉语相邻名词成分之间的一种"框—楔"关系,如:

[①] 她那花朵般的小嘴,又成串地说开了:"……别听哥哥的话,他总是说我年龄小。小,怕什么!秤锤小,夺千斤。我是个胡椒,也能辣他们坏人一下。"(李英儒《野火春风斗古城》)

i. 个体为框——部件为梍

ii. 整体为框——部分为梍

iii. 个体为框——属性／状态为梍

iv. 情景为框——人物／道具为梍

其中,梍成分的定指性通常弱于框成分,甚至经常是无指的。梍成分经常被形容词直接陈述,形成"S+A"型主谓结构:

(21) 他头发蓬松

(22) 他浑身难受

(23) 下属部门机构庞大

(24) 这本书内容丰富

在此基础上,张伯江(2011)指出主谓谓语句的特点是,$S_梍$都是前面"框"成分的部分、部件或属性,形容词谓语对$S_梍$进行陈述,可以不加任何句法标记。

由于形容词谓语是对$S_梍$而非$S_框$的陈述,那么这里便形成了双重比较:其一,$S_梍$和$S_框$其他组成部分的比较,如"她眼睛大",那么"大"便特指"眼睛",从而和非眼睛的部分形成了对比;其二,句中特指的$S_框$和其他$S_框$的比较,比如"她眼睛大"中"眼睛大"特指的"她"而非其他人。因此,主谓谓语句也具有级差性数量特征,虽然在形式上无标记,但实际上也已经有界化了。

2.1.2 现代汉语无标记形谓句的使用

现代汉语中形容词谓语句的无标记形式主要出现在对比格式、对话语境、并举格式、复句分句以及主谓谓语句中。通过对这些特殊情况进行分析,发现现代汉语中形容词虽然存在这些无标记谓语形式,但却通过语境凸显了性质形容词的级差性,实现了有界化。我们如何感知世界,在语言中往往便有着相应的表达,因此"有界"与"无界"的对立使得我们利用各种手段实现语言表达式结构的有界化。然而关于有界化的手段,目前还没有系统的论述。刘辰诞(2007)将其初步分为量度确定手段、有定性手段、时体手段、语用对比手段等,并指出量度确定手段、有定性手段、时体手段往往具有显性的有标记形式,而语用对比手段往往为隐性的无标记形式。然而根据上文分析,除了语用对比,还存在其他多种无标记形式来实现有界化,比如通过语篇的各种逻辑关系来显示出级差性,或者多个形容词并举来强调状态性和高程度义等。对于这类不存在显性标记形式,但是通过语篇实现有界化的情况,我们将其称为篇章层面的有界化手段。

然而需要指出的是,现代汉语中虽然存在无标记形容词谓语句,但实际上更多以有标记形式出现,尤其是用于复句的无标记形容词谓语极为少见,即使这些句子在语义上暗含比较义或者程度义,但在形式上仍以有标记的情况居多。

2.2 古汉语无标记形容词谓语句

2.2.1 古汉语无标记形谓句的类型

古汉语中无标记形容词谓语句可分为以下几类:用于简单句式、复杂逻辑关系句、对比格式、对话语境、并举格式以及主谓谓语句中。为了更好地比较、分析古今汉语无标记形容词谓语句的差异,我们在列举相关古汉语形容词谓语句用例时,还将其进一步译为现代汉语。

2.2.1.1 用于简单句式

1. 句子具有性状描写义

(25) 其庭小。(《左传·昭公十八年》)——庭院很小

(26) 其车美。(《左传·襄公二十七年》)——乘坐的车子非常豪华

(27) 其耆欲深者,其天机浅。(《庄子·大宗师》)——他们天生的智慧也就很浅

(28) 屋庐子悦。(《孟子·告子下》)——屋庐子听了很高兴

(29) 蓝田惊喜。(《世说新语·假谲》)——蓝田侯也很惊喜

其中形容词谓语是对事物性状的描写,相对自足且独立,与上下文不存在明显的事理逻辑关系,也未能通过语境获得显著的比较义或者高程度义。这种用法在先秦以及魏晋南北朝时期的语料中较为常见,而在现代汉语中却完全不合语法,需要添加相关标记形式,使句子有界化,并进一步增强描写的准确性和形象性。

2. 句子具有判断义

(30) 先王卜以臣为葆,吉。(《吕氏春秋·贵直论》)——卦象是吉利的

(31) 白狗黑。(《庄子·天下》)——白狗是黑的

(32) 面白。(《搜神记》第六卷)——脸是白的

形容词谓语表示对事物性状的判断,同样在古汉语中可由形容词独立充当谓语,而在现代汉语中则需要用相应的判断句式来表达。

2.2.1.2 用于复杂逻辑关系句

普通的简单句式中,形容词谓语句和上下文并无明显的逻辑关联,主要表达一种静态的性状描写义或判断义。而在复杂逻辑关系句中,形容词谓语句和相邻的句子或者短语存在很强的逻辑关系,并在这种前后语境中暗含了比较、程度或者动态变化义。和现代汉语不同的是,复杂逻辑关系句不仅包括复句[例(33)—例(36),例(41)和例(42)],还包括紧缩句[例(37)和例(38)]和连动句[例(39)和例(40)]。复杂逻辑关系句中的关联词可以出现[例(33)—例(38)],也可以不出现[例(39)—例(42)]。具体如下:

(33) 其奸回昏乱,虽大,轻也。(《左传·宣公三年》)——即使鼎再大

(34) 贾季乱,且罪大,不如随会。(《左传·文公十三年》)——而且罪行十分严重

(35) 救者多,乃得免。(《世说新语·雅量》)——营救他的人很多

(36) 若久,少间此等小人自然退听,不容他出来也。(《朱子语类》第七十一卷)——如果久了

(37) 君子之车,既庶且多。(《诗经·大雅·卷阿》)——车辆既多又华美

(38) 尧老而舜摄也。(《孟子·万章上》)——是尧老了而叫舜代理的

(39) 长子老身死。(《庄子·至乐》)——她为你养大了孩子,自己却衰老了,现在人家死了

(40) 饥困欲死。(《抱朴子·仙药》)——饥饿困乏,快要死去

(41) 近,不告而驰之。(《左传·襄公二十四年》)——车子走近了

(42) 人各有耦,齐大,非吾耦也。(《左传·桓公六年》)——齐国太强大

上述例句无论关联词语是否出现,都蕴含着显著的逻辑关系,如转折[例(33)]、并列[例(34)]、承接[例(33)、例(38)—例(41)]、假设[例(36)]、递进[例(37)]、因果[例(42)]等,我们同样可以从语境中推得相应的程度义、比较义或者动态义,实现了语义上的有界化。从历时的视角来看,从先秦到明清时期,这种句式都未曾消失过,但是使用频率呈逐渐下降趋势,至于现代汉语,偶尔也可以见到这种无标记形式(详见章节 2.1 的分析),不过从上文的现代汉语翻译中可以很明显地看出来,在译作白话文时大多都在原有的基础上添加了有界性标记,尤其以程度标记和动态标记最为常见。

2.2.1.3 用于对比格式

不论是在古汉语还是现代汉语中,对比格式都是形容词独立用作谓语的主要形式之一。这种对举既可以连用在同一分句中,也可以分开出现。例如:

(43)国之诸市,<u>屦贱踊贵</u>。(《左传·昭公三年》)——假腿贵,鞋子贱

(44)<u>吉人之辞寡,躁人之辞多</u>。(《世说新语·品藻》)——贤能的人话少,浮躁的人话多

2.2.1.4 用于对话语境

(45)子墨子曰:"籍设而攻不义之国,鼓而使众进战,与不鼓而使众进战而独进战者,其功孰多?"吴虑曰:"鼓而进众者,<u>其功多</u>。"(《墨子·鲁问》)——击鼓使大家作战的人功劳多

(46)公谓万曰:"鲁君庸与寡人美?"万曰:"<u>鲁君美</u>。"(《新序·义勇》)——鲁君美

用于对话语境的无标记形容词谓语句在古汉语和现代汉语中同样十分常见。

2.2.1.5 用于并举格式

形容词谓语并举的形式和对比基本上是一致的,既可以在同一小句中并举,也可以数个小句并举,结构形式非常整饬,语义内容相似或相关。例如:

(47)<u>主贤世治</u>。(《吕氏春秋·观世》)——君主贤明,世道太平

(48)<u>其为利也薄,其为权也轻</u>。(《庄子·列御寇》)——他们获利是很微薄的,他们内心的打算也是微不足道的

(49)<u>今长大美好</u>。(《庄子·盗跖》)——如今我身材高大魁梧,面目英俊美好

(50)<u>发白者黑,齿落者生</u>。(《抱朴子·金丹》)——头发白的变黑了,掉落的牙齿重新生长

(51)<u>得之者贵</u>,不待黄钺之威。<u>体之者富</u>,不须难得之货。(《抱朴子·畅玄》)——掌握了玄道的人会非常显贵,不必借用黄钺的威风。体会到玄道的人会特别富有,无须凭借贵重的资财

需要指出的是,现代汉语中并举格式往往以"$S_0+(S_1+A_1)+(S_2+A_2)+(S_3+A_3)+\cdots\cdots$"形式或"$S+A_1+A_2+A_3$"形式出现,相比较而言,古代汉语中并举形式更加丰富,如例(50)为形容词、动词并举,共同用作句子谓语,例(51)则是两个独立的句子并举。

2.2.1.6 用于主谓谓语句

(52) 今吾才小, 小足以化子。(《庄子·庚桑楚》) ——我的才干很小

(53) 临川誉贵。(《世说新语·品藻》) ——临川的名声高贵

主谓谓语句也是现代汉语无标记形容词谓语句的常见形式, 相关语义和形式特征并无太大差异, 此处不再赘述。

2.2.2 古汉语无标记形谓句的使用

为了更加深入考察不同历史时期形容词独立充当句子谓语的详细情况, 我们也对从先秦至明清 12 部典籍中所有的无标记形容词谓语句进行了详尽的数量统计, 具体为先秦时期的《论语》《庄子》《孟子》, 魏晋南北朝时期的《抱朴子》《搜神记》《世说新语》, 宋元时期的《景德传灯录》《朱子语类》《新校元刊杂剧三十种》, 以及明清时期的《西游记》《红楼梦》《儿女英雄传》。需要注意的是, 如前文所指出的那样, "本章所谓形容词谓语句的有标记和无标记是指性质形容词在用作谓语时是否附加相关的句法标记, 是否独立用作谓语的情况", 所以我们在统计时并未将状态形容词充当谓语的情形计算在内。(见表 2)

表 2 不同历史时期无标记形谓句和有标记形谓句的使用情况

时期	代表文献	无标记形容词谓语		有标记形容词谓语	
先秦	《论语》	56.2%	(168)	43.8%	(131)
	《庄子》	43.3%	(333)	56.7%	(436)
	《孟子》	38.3%	(124)	61.7%	(200)
魏晋南北朝	《抱朴子》	41.1%	(555)	58.9%	(795)
	《搜神记》	32.2%	(209)	67.8%	(441)
	《世说新语》	39%	(246)	61%	(385)
宋元	《景德传灯录》	28.5%	(265)	71.5%	(664)
	《朱子语类》(1—30 卷)	19.5%	(620)	80.5%	(2557)
	《新校元刊杂剧三十种》	32.5%	(247)	67.5%	(513)
明清	《西游记》	29.8%	(808)	70.2%	(1903)
	《红楼梦》	14.4%	(621)	85.6%	(3702)
	《儿女英雄传》	9.2%	(123)	90.8%	(1207)

通过将不同历史时期无标记形容词谓语句的使用情况进行对比,可以看出从古到今无标记形容词谓语的使用频率一直在持续下降。在先秦时期的《论语》《庄子》《孟子》中,形容词独立充当句子谓语的比例占所有形容词谓语句总数的56.2%、43.3%以及38.3%,是一种非常普遍的语言现象,不过考虑到三本文献成书时间上的差异,无标记形容词谓语句的使用频率已经开始呈现下降趋势了。

进入魏晋南北朝时期,无标记形容词谓语句的比例与先秦相比又有所降低,《抱朴子》《搜神记》《世说新语》中的占比分别为41.1%、32.2%和39%。从后面章节中对有标记形谓句的分析中可以看出,魏晋南北朝时期有标记的程度义、动态义、比较义和判断义形谓句不论在使用数量上还是在句式结构的丰富程度上都有了较大的发展,其中最为显著的便是程度义形谓句中的"程度副词+A"以及"A+数量"结构,这些形式的形容词谓语句分别通过凸显级差性、激活度量性以及增强量级的序列性等多维角度进一步强化了形容词以及形容词谓语句的数量特征。

宋元时期,形容词在用作谓语时已经呈现出显著的有界化趋势,其中变化最大的便是程度标记和时体标记使用数量的增多,随之而来的便是无标记形容词谓语句的比例持续下降,但也呈现出一定的差异性。宋元时期的《景德传灯录》和《新校元刊杂剧三十种》中无标记比例稍高,分别为28.5%和32.5%,但是在《朱子语类》中,无标记形谓句在所有形谓句总数中的占比已经下降至19.5%,这大概是由于该文献内容以对话为主,口语性更强。

至于明清,各类有标记形谓句已经发展得颇为成熟了,句式之丰富达到了前所未有的程度,相应地,《西游记》《红楼梦》《儿女英雄传》中无标记形容词谓语句的占比已经低至29.8%、14.4%,甚至9.2%,和最初有标记和无标记比例几近持平的情况形成了鲜明的对比。

2.3 本章小结

本章分别考察了现代汉语以及古汉语中无标记形容词谓语句的类型。古汉语无标记形容词谓语句的形式要更加丰富和复杂,主要表现为如下几点。首先,除了具备现代汉语无标记形容词谓语句的所有结构类型外,古汉语无标记形容词谓语句存在一些特殊的用法,比如形容词单独用作谓语时可以对事物的性状进行描写或判断,而这类句式在现代汉语中是完全不合语法的。其次,虽然其他无标记形式在古今汉语中都存在,但是在使用频率和适用范围上来看,现代汉语远远无法与古代汉语相比。比如复杂逻辑关系句中的无标记形容词谓语,不仅包括复句,还包括紧缩句和连动句,此类用法在古汉语中没有任何使用限制,但是在现代汉语中虽然可以找到相关用例,但是通常限于复句,且十分少见。此外,根据前文的分析,我们还发现了现代汉语无标记形容词谓语句的一个重要特征,即性质形容词在一些情形下虽然可以独立用作谓语,但事实上却在篇章层面上实现了有界化。综上,古汉语中形容词在用作谓语时要独立和自由得多,在句法上对有界性标记并没有依赖性,和现代汉语存在很大差异,从而从一个侧面说明汉语形容词谓语句从古到今发生了无界性到有界性的转变。

此外,我们对先秦至明清12部代表性文献中所有的无标记形容词谓语句进行了详尽的数量统计,简单梳理了汉语无标记形容词谓语句的演变历程。先秦时期,形容词可以较为独立地用作句子谓语,而添加标记往往是出于表义的需求,甚至也可以使用无标记形式,而通过语境来表达程度义、动态义和判断义。但是这一境况从魏晋南北朝时期开始发生了转变,至于宋元和明清,汉语有标记形谓句形式愈加丰富,结构愈加复杂,甚至伴随着形容词谓语句有界性的建立,添加标记不再仅仅为了表义,甚至变成了强制性的句法要求,相应地,无标记形谓句使用频率已经很低了。整体来说,这一变化始于魏晋南北朝,发展于宋元,而成熟于明清时期。

第3章 现代汉语有标记形容词谓语句

现代汉语形容词在用作谓语时,很少以光杆形式出现,而往往会附加多种标记形式,常见的有程度副词、程度补语、数量词组、比较成分、时体标记、语气成分,以及使用构形重叠等,共同用作句子谓语句,是为有标记形容词谓语句。这些标记形式主要有两种用途,一方面承担着相应的语义表达功能,另一方面,在汉语谓语结构有界性的要求下充当完句成分。综合考虑这两点因素,我们从语义功能角度出发,以显性句法标记为判定依据,将汉语形容词谓语句分为数量义形谓句、动态义形谓句、比较义形谓句和判断义形谓句四大类,并进一步梳理各类型形谓句的下位句式成员和形式特征。

3.1 程度义形容词谓语句

亚里士多德在《范畴篇 解释篇》中提出了十种基本逻辑范畴:实体、数量、性质、关系、地点、时间、状况、具有、动作和承受。语义范畴是认知范畴在人类语言中的投射,形容词主要表事物的性质属性,人类对数量范畴的认知反映在事物的性状上,便有了程度之分,因此形容词的数量特征则往往表现为程度性(张国宪,1995;邢福义,1996;Paradis,2001、2008;石毓智,2003)。此外,吕叔湘(1942)在《中国文法要略》里指出,"性状"不像"物件"那样能计数,但"程度的差别也就是数量的差别,只要有测量的标准,程度也可以用精确的数量来表示",可以通过借用部分数量词表达程度,比如"两米高""三米深""十公里远"。因此,数量、程度、度量三者之间的关系非常密切,我们也将表度量之义的形谓句归入程度义形谓句之中。

程度性是形容词最重要也是最具有跨语言意义的特征(张国宪,2006)。程量等级的表示在不同的语言中会采用不同的方式,如形态、词汇、语法、语用等。汉语缺乏严格意义上的形态标记,主要采用词汇和语法手段来表达程度义(蔺璜、郭姝慧,2003)。在前人研究的基础上(参见吕叔湘,1942;李琳,2004;张颖,2007;蔡丽,2010;吕文杰,2013),我们将汉语中常见的程度义形容词谓语结构归纳如下。

3.1.1 词汇层面

词汇层面的程度表达方式即"S+A$_{状态}$"类形容词谓语句。例如：

(1) 鼻子<u>通红</u>,不停地流鼻涕。(莫言《生死疲劳》)

(2) 那时候正是初春,天上<u>阴沉沉</u>。(王小波《怀疑三部曲》)

状态形容词可以单独用作谓语是学术界的普遍共识。朱德熙(1982)指出,性质形容词单独用作句子谓语并不自由,往往在一种对比或对照意义的语境中方能实现,而状态形容词可以自由地充当句子谓语。沈家煊(1997)根据标记理论(markedness theory),分别对3万字左右的口语材料和约3万字的书面语材料进行了调查,状态形容词用作谓语时有77.5%是不加标记的,性质形容词有71%是加标记的,因此状态形容词用作谓语时为无标记,性质形容词用作谓语时为有标记。此外,蔺璜(2002)指出,状态形容词在句法上的典型特征是谓语性,与性质形容词相比,在充当谓语上是自由的。

状态形容词的句法特征和其语义特征密切相关。在语义层面上,状态形容词具有典型的程度性和有界性。朱德熙(1956、1982)指出状态形容词总是"跟一种量的观念发生联系"。张国宪(2000)指出,典型的状态形容词为多音节词语,其量是显性的,外在形式上是有标记的,比如"雪白""冰凉"等,前一个语素将后一个语素的程度显现出来,"红通通""绿油油"等则是利用后面的语素来显现前面语素的程度。李宇明(2000)在《汉语量范畴研究》中论述到"状态形容词包含着高程度义",比如"一清二楚"是"非常清楚",比"清楚"的程度要高。因此,现代汉语形容词谓语句具有有界性特征,状态形容词总是表示一定的量段或者量点,所描述的性状是有界的,所以可以单独用作句子谓语(沈家煊,1995)。

虽然状态形容词往往可以独立用作句子谓语,属于无标记形容词谓语句,但是状态形容词所蕴含的程度义是不言而喻的,为了考察的全面性和系统性,我们也将其纳入程度义形谓句的研究范围。

关于状态形容词范围的界定,学界也存在一定争议。朱德熙(1956)将形容词分为简单形式(性质形容词)和复杂形式(状态形容词)两大类,其中复杂形式包括(a)重叠式,(b)带后加成分的形容词,(c)"煞白、冰凉、通红"

等一类的形容词,(d)由程度副词以及某些表示程度的代词跟形容词构成的词组,以及(e)由并列的形容词构成的词组。这种分类方式是最为宽泛的。后来的学者对状态形容词和性质形容词的划分多依据朱德熙先生的观点,只不过普遍将形容词构成的词组排除在外,比如李劲荣和范开泰(2006)从外部构成形式上将状态形容词分为7个类别:AABB式(含A里AB式)(如"客客气气")、ABB式(如"胖乎乎")、BA式(如"雪白")、ABCD式(如"花里胡哨")、AA式(即叠音词"滔滔"类)、联绵词(如"斑驳")、"~然"式词。持有类似观点的还有黄伯荣和廖旭东(1983)、齐沪扬和王爱红(2001)、张国宪(2007)等。此外,还有学者认为,也应该将形容词的重叠式和状态形容词区分开来,比如李宇明(1999)总结出状态形容词共包括前加型(如"雪白")、后加型(如"白生生")、中加型(如"花乎溜哨")和叉加型(如"一干二净")四种形式,指出部分形容词的重叠式(如"亮闪闪、暖和和")和后加型的状态形容词(如"臭烘烘、黑森森")表面形式一致,但事实上有很大不同,前者存在相应的基式,后者则没有。

基于前人的相关研究,我们也将朱德熙(1956)的词组类状态形容词以及部分形容词的重叠式(主要是基式为性质形容词的AA重叠式和AABB重叠式)排除在外,因此作为本书研究对象的状态形容词有如下几种形式:

1) AA式:主要是叠音式状态形容词,如"滔滔""绵绵""漫漫"等。

2) XA式:偏正式状态形容词,如"雪白""通红""火热"等。

3) AB式:双音节联绵词,如"斑驳""苍茫""滂沱"等。

4) ABB式:包括无基式的状态形容词"白茫茫""黑乎乎""胖嘟嘟"等,以及有基式的状态形容词"闪亮亮""油腻腻""阴沉沉"等。

5) BBA式:包括无基式的状态形容词"麻麻黑""麻麻亮""蒙蒙亮"等,以及有基式的状态形容词"笔笔直""冰冰凉""喷喷香"等。

6) AABB式:有别于双音节性质形容词的构形重叠,如"战战兢兢""兢兢业业""郁郁苍苍""羞羞答答"等。

7) ~然式:如"释然""哗然""茫然"等。

8) 中缀式:以A里AB/XY、A不XY式最为常见,如"胡里胡涂""古里古怪""花里胡哨""黑不溜秋""酸不溜丢"等。

9) 其他类型:如ABC(稀巴烂)、ABXY(老实巴交)、ABCD(稀里哗啦、喊哩喀喳)等。

3.1.2 词组层面

词组层面的数量表达方式主要有由状中结构充当谓语的"S+程度副词/数量+A①",以及由述补结构充当谓语的"S+A+程度/数量补语"结构。

3.1.2.1　S+程度副词+A

程度副词是现代汉语程度范畴中最常用的表现形式之一,所以传统语法中通常用是否可以受程度副词修饰来作为形容词的句法形式判定标准。程度副词具有黏着性强、定位性强、语义指向单一的特点(蔺璜、郭姝慧,2003)。通常认为现代汉语的程度副词是一个相对封闭的系统,但是各家对程度副词的界定标准不一,内部成员的划定也就存在很大差异。丁声树(1953)和朱德熙(1982)列出的数量较少,分别为10个和17个,但是也有些学者依据不同的标准,划定出了较大数量的程度副词,比如李泉(1996)列出了75个,杨荣祥(2005)列出了61个,张谊生(2004)列出了88个,而蔺璜和郭姝慧(2003)也列出了85个之多。

关于程度副词的量级划分方面,学者们也存在着较大分歧。主要有以下几种代表性分类方式。其一,王力(1943)在《中国现代语法》中从有无比较的角度将程度副词分为绝对和相对两大类,"凡无所比较,但泛言程度者,叫做绝对的程度副词;凡有所比较者,叫做相对的程度副词"。典型的绝对程度副词有"极、很、怪、颇、略、些"等,而"一般、一样、最、更、越发"等则是典型的相对程度副词。在此基础上,绝对程度副词又可以分为最高、普通、不足和过度四个层级,相对程度副词的下位又存在平等、最高和比较三个层级。该划分标准对后来的研究产生了很大影响,比如周小兵(1995)、张桂宾(1997)、韩容洙(2000)、蔺璜和郭姝慧(2003)等大致延续了这种分类方式。其二,还有一些学者直接根据程度层级的高低进行分类,比如杨伯峻和何乐士(2001)则将程度副词分为表示程度高、程度在变化中、程度轻微、程度正恰合适以及程度差不多五个层级。其中表示程度高的程度副词又可进一步划分为表示程度至极、过甚、很高三个次类。而陈群(2006)则将程度副词分为"太"类、"最"类、"很"类、"稍"类、"更加"类五个层级。相比较而言,由于程度副词的层级系统的建立需要一个漫长的历时过程,所以在不同历史时期,程度副词的种类和数量都有很大差异,所以历时层面的研究多采用更为灵活的分类方式。

---

① 如果不做特殊说明,本章后面出现的 A 皆指的是性质形容词。

此外,还有学者从句法或者认知等方面进行分类,从而丰富了研究视角和研究方法。比如夏齐富(1996)从句法功能的角度入手,把程度副词区分为可修饰谓词、体词和只可修饰谓词两大类。张国宪(2006)根据量级比较参照体的差异,将程度表述分为客观量和主观量,下位皆可进一步分为微量、中量、高量和极量四个量级。刘伟乾(2009)从认知语言学的角度区分了典型程度副词和非典型程度副词。

在前人研究的基础上,结合历时研究的特殊性,我们将程度副词分为如下五个量级:

1. 极量

常见的表极量的程度副词有"极、极度、极其、极为、至、最、最为、顶"等。用以修饰形容词谓语的用例如下:

(3)天空像经过净化的湖泊,<u>极</u>蓝、<u>极</u>高。(刘玉民《骚动之秋》)

(4)昨天夜里<u>极度</u>紧张。(周而复《上海的早晨》)

(5)我在那个晚上<u>极其</u>无聊。(余华《我为什么要结婚》)

(6)花样名目<u>最</u>多。(钱锺书《围城》)

(7)这种图案<u>最为</u>丰富。(老舍《正红旗下》)

(8)丽琳<u>顶</u>好!(老舍《文博士》)

2. 过量

常见的表过量的程度副词有"太、过、忒、过分、过于、太过"等。用以修饰形容词谓语的用例如下:

(9)主意<u>太</u>好了!(王火《战争和人》)

(10)今儿的邪劲<u>过</u>大,非比一般。(冯骥才《三寸金莲》)

(11)兄弟们<u>忒</u>大胆。(徐兴业《金瓯缺》)

(12)由于<u>过分</u>喜悦,心在跳个不停。(梁斌《红旗谱》)

(13)<u>过于</u>精明了。(毕飞宇《推拿》)

(14)无他,目标<u>太过</u>明显。(芙蓉三变《非诚勿扰》)

3. 高量

常见的表高量的程度副词有"很、挺、怪、真、老、十分、万分、非常、异常、特、特别、相当、十分、好、好不、甚、颇、颇为、蛮、够、多、多么、大、何等、何其、尤、尤其、尤为"等。用以修饰形容词谓语的用例如下:

(15)祥子心中<u>很</u>高兴。(老舍《骆驼祥子》)

(16)可是人<u>挺</u>好的。(顾城《英儿》)

(17)尤二爷的脸<u>真</u>白。(老舍《裕兴池外》)

(18)周朴心中<u>十分</u>愉快,迈开快步向团部走去。(魏巍《东方》)

(19)听了父亲的解释,<u>非常</u>高兴。(王旭烽《南方有嘉木》)

(20)在她生气的时候,上唇<u>特别</u>长。(萧红《生死场》)

(21)英国女士<u>大为</u>惊讶。(余秋雨《千年一叹》)

(22)实在也<u>够</u>富足<u>的</u>了。(余秋雨《蜡梅》)

(23)惊叫的人群中,女人们的惊叫<u>尤为</u>尖锐。(莫言《生死疲劳》)

4. 微量

常见的表微量的程度副词有"稍、稍稍、稍微、稍为、略、略略、略微、略为、些微、微微、较、比较、较为、有点儿、有些"等。用以修饰形容词谓语的用例如下:

(24)小鱼<u>稍</u>大,那人仍是出于好奇……(史铁生《我的遥远的清平湾》)

(25)日子<u>稍微</u>窘迫。(沈从文《黑魇》)

(26)个头<u>略</u>高,不胖,但决不显瘦弱。(刘玉民《骚动之秋》)

(27)屠小英心中<u>微微</u>不悦,但更多的是羞躁。(莫言《十三步》)

(28)宝康又说,"<u>比较</u>深沉。"(王朔《顽主》)

(29)概是龙孜的日照<u>较为</u>强烈,她比以前更黑了一些。(格非《春尽江南》)

(30)天气有点儿冷,<u>有点儿</u>黑,风也有点儿尖。(俞平伯《重过西园码头》)

(31)我微微<u>有些</u>局促。(丁玲《我在霞村的时候》)

5. 变化量

常见的表变化量的程度副词有"更、更加、更为、越、越加、越发、愈、愈加、愈发、愈益、益发"等。用以修饰形容词谓语的用例如下:

(32)好像他的脾气变得好了,而她的<u>更</u>坏。(丁玲《夜》)

(33)这时,他们的心情<u>更加</u>平静。(余秋雨《白莲洞》)

(34)陷得越深,下滑也<u>越加</u>厉害。(余秋雨《沙原隐泉》)

(35)这个想法变得越来越真实,因此他也<u>越发</u>紧张。(余华《爱情故事》)

(36)气味<u>愈发</u>浓郁。(毕淑敏《预约死亡》)

(37)声势<u>益发</u>浩大。(梁实秋《雅舍菁华》)

3.1.2.2 S+数量短语+A

丁声树(1961)较早指出,有些度量衡量词构成的数量结构可修饰形容词,如"一米长、五斤重"。之后邢福义(1965)也肯定了具有度量意义的形容词可以受表示度量衡的数量结构修饰,如"一丈多高、八丈远、六七尺宽、八公斤重"。

刘焱(1997、1999)指出"量词修饰形容词"这一语言现象不仅客观存在,而且还形成了相对独立的类型系统,根据不同量词的语义特征,总结出与形容词搭配的量词小类有:量度量词(如"寸、尺、丈")、比况量词(如"人、脚、巴掌")、摹状量词(如"片、团、丝")、空间量词(如"脸、身、肚子")、时间量词(如"阵")和其他量词(如"些、分、份")。何杰(2001)把常与形容词组配的量词分为:范围量词(如"片")、临时量词(如"脸")、借用动量词(如"抹")、不定量词(如"点")、动量词(如"阵")和度量衡量词(如"米")。相比较而言,何晓霞(2007)和余瑞雪(2009)的分类更加细致一些。何晓霞(2007)将能够和形容词搭配的量词分为七类,除了形态量词("丝"类)、器官量词("脸"类)、行为量词("抹"类)、时段量词("阵"类)、不定量词("些"类)、度量衡量词("米"类),还单独列出了种属量词("种"类)。余瑞雪(2009)也将进入数量形结构的量词共分为七类,并提出了集体量词(队、副、对、排、串)的概念。

此外,刘焱(1999)认为,不同量词选择的形容词也有所不同,经常可以与量词相搭配的形容词有量度形容词、颜色形容词、氛围形容词、性情形容词和心理状态形容词。何晓霞(2007)将能够进入"一+量+形"格式的形容词分为以下四个小类:表颜色或表性状的视觉域形容词、感知域形容词、情态域形容词、度量域形容词。余瑞雪(2009)指出性质形容词和状态形容词都可以出现在数量形结构中,能进入数量形结构的形容词可分为度量类、颜色类、情感类、状态类、表情脸色类五大类。

关于形数量的结构类型,吴春相(2015)将其分为说明性、评价性、描绘性三大类,以及计量类、测量类、估量类、度量类、判断类和描绘类共六个小类,并对其中的数、形成分进行了系统分析。(见表3)

表3 数量形结构的类别、特点

表达类别	语义特点	数	量	形
说明性	计量	多种选择	摹状量词	颜色类
	测量	多种选择	度量衡类量词	距离、重量等
	估量	有限选择	借用容器等量词	距离、重量等
评价性	度量	有限选择	表程度量词	多种选择
	判断	只能为"一"	表种类量词	多种选择
描绘性	描绘	只能为"一"	摹状量词、借用器物和身体器官的量词	多种选择

吴春相(2015)将数量形结构的研究统一放在句子的焦点位置进行比较分析,所以不少论述都是针对宾语位置上的数量形结构的。我们在吴春相(2015)的基础上,对谓语位置上的数量形结构进行重新梳理。具体如下文所述。

1. 客观度量类结构

客观度量类结构包括表3说明性数量形结构中的计量以及测量两种类型,本书分别记为客观度量类Ⅰ式和客观度量类Ⅱ式。这两类结构的特点都是表达一种较为精确的客观计量概念。其中客观度量类Ⅰ式中的数词可以有多种选择,量词多为摹状量词,而形容词皆表示颜色概念。颜色类形容词在语义上可通过转喻或借代来指代具有这一属性的某类事物,而量词则是对事物性状的描摹,所以该结构本质上是对具有某种色彩的事物进行计数。例如:

(38)她的一张脸像是划破了的鱼肚皮,<u>一块白</u>,<u>一块红</u>,血汗斑斑。(白先勇《一把青》)

(39)冬天的田野,<u>一片白</u>,和天都溶在一起了。(曹禺《日出》)

客观度量类Ⅱ式中的数词也是没有限制的,而量词多为度量词和借用时间量词,这类结构中的形容词都是表示度量衡概念的,因此都是对事物在这些方面所具有的性状特征,依据一定的测量标准,进行客观的精确计量。例如:

(40)这条鱼<u>两斤重</u>。

(41)这间房子<u>三米高</u>。

需要注意的是,我们会说"这个房子一百平方米大""这张桌子两米长",却不说"这个房子一百平方米小""这张桌子两米短"。也就是说,进入测量类"数量形"结构中的正反义形容词呈现有标记和无标记的对立。"数+量$_{度量衡}$+A"结构中的形容词,主要表客观事物三维性质或质量,所以其数量取值要有一定的范围,从理论上说,积极成分的数量修饰语可以为任何大于0的量,而消极成分的数量修饰语只能取小于"一定量"并且大于0的值。因此,存在语义覆盖现象,积极义形容词的语义范围要大于消极义形容词。

2. 主观估量类结构

主观估量类结构主要包括表3说明性数量形结构中的估量类以及评价性数量形结构中的度量类,本书分别记为主观估量类Ⅰ式和主观估量类Ⅱ式。主观估量类Ⅰ式中的形容词一般和客观度量类Ⅱ式中的测量类一致,多表示空间距离、重量、容量、温度等度量衡概念,因此进入该结构的正反义形容词也存在有标记和无标记的对立,但是如果数词为"一"的话,"一"经常省略,比如"鸡蛋大""巴掌大小"。此外,该类结构的特殊之处还在于量词一般为借用器物或器官的量词,如"一瓶多""一巴掌大小""两口袋多",所以这种结构所表示的量明显带有说话人的主观揣度,具有了明显的主观性(subjectivity)(吴春相,2015)。例如:

(42)梨才<u>鸡蛋大</u>,老寿就搬上凉床,上梨园那个小窝棚里住去了。(茹志鹃《剪辑错了的故事》)

(43)小可怜儿,<u>巴掌大小</u>,眼儿很惊恐,却很乖。(六六《温柔啊温柔》)

主观估量类Ⅱ式中的量词十分有限,常见的有如"分"和"成",其特别之处在于量词本身是一种抽象测量标准,然后依据十级度量层级来对事物的程度高低进行估量,比如"一分""三分""五成熟"。然而由于缺乏统一的客观测量依据,所以这种估量也是极其主观的,具有明显的主观性特征。例如:

(44)灿亮的眼睛像两弯明月,<u>七分沉静</u>,<u>三分腼腆</u>。(芙蓉三变《非诚勿扰》)

(45)好,替我叫一客龙虾牛柳,<u>三成熟</u>,我立刻到。(亦舒《香雪海》)

3. 主观描述类结构

主观描述类结构即表3中的描绘性数量形结构。陈秀然(2007)指出,非表量数量形短语中的量词,其表量功能较弱,形象性功能很强。由于计量义已经弱化,所以能进入该结构的数词以"一"最为常见,而量词往往在本义的基础上引申出主观小量义或者主观大量义,形容词往往是更为抽象的颜色类、情感类、状态类形容词。例如:

(46)他<u>一脸严肃</u>。(劳马《班干部》)

(47)可是如今屋里<u>一片昏暗</u>,<u>一片寂静</u>。(余华《一九八六年》)

(48)此次出来,禁不住<u>一脸喜色</u>,<u>一身轻松</u>。(王朔《懵然无知》)

3.1.2.3 形补结构

1. 形补结构的类型

现代汉语形补结构从形式上主要分为两大类:第一类为不带形式标记的形补结构,也有些学者称其为粘合式形补结构,即形容词后直接跟补语成分;第二类为带有形式标记的形补宾结构,也称为组合式形补结构,常见的形式标记是补语标记"得""到""成"等。结合前人的相关研究(朱德熙,1982;马庆株,1992;张谊生,2000;赵日新,2001;刘月华等,2001;蔡丽,2010;王俊毅,1996;武钦青,2012),我们将形补结构具体分为如下几种类型。

1)粘合式形补结构。不带形式标记的形补结构即形容词后直接带程度补语,主要有两种类型。

其一,补语由程度性成分充当,常见的有副词、形容词、动词,如"形+极、多、死、坏、透、大发、不过、非常、万分、透顶、过分、着、去、远(了/啦)疯、傻、蒙"等,表示某种状态的程度之高,如:

(49)好极了。

(50)热死了。

(51)你高兴大发啦,净胡说八道。

(52)他身体好多了。

(53)这个苹果熟透了。

其二,补语由具体的数量成分充当,构成"S+A+数量短语"。可以分为两种情况,第一种表达度量之义,用于其中的形容词以及数量成分和客观度量类"S+数量短语+A"十分相似,大多数情况下由表示度量衡概念的形容词充当谓语,由数词和度量词构成的数量结构充当补语,此外,颜色类形容词也可以进入该类结构,与之搭配的量词通常为摹状量词。例如:

(54)这个房间长二十米,宽十五米。

(55)婵子余惊未消,听这一问,脸上青一块红一块。(冯德英《苦菜花》)

此外,"S+A+数量短语"还可以表达比较的结果之义,补语以"(一)些/点(儿)"更为常见,并且没有相对应的"S+数量短语+A"结构。例如:

(56)他晚了几天。

(57)身体好些了。

(58)这个大点。

2)组合式形补结构。常见的补语标记有"得""成""到""个"等。

句式一:"A 得 C"结构

这类形补结构极为常见,补语可以由动词性词组、形容词性词组以及程度副词充当,并构成一些常见的特殊结构,如"A 得+很/过分/慌/紧/厉害/不得了"等。具体来说又可以分为如下几类:

甲式:"A 得+NP+VP"

即由"NP+VP"充当补语,表示状态 A 致使 NP 处于某种结果性状态中,具有致使义和结果义,并据此语用推理出一种高程度义。能进入甲式的多为心理感官类形容词,如"高兴、难过、紧张、累、冷、热、甜"等。但是像"大、红、弯"和人的心理感官无关的形容词也可以进入该构式,只不过很少见。例如:

(59)高兴得他一个劲儿地咂嘴儿。(刘流《烈火金钢》)

(60) 累得他筋疲力尽。(汪曾祺《故里三陈》)
(61) 家珍累得一点力气都没了。(余华《活着》)

甲式可进一步分为Ⅰ式和Ⅱ式。Ⅰ式中,形容词的语义指向为NP,NP为形容词的强制性语义成分,即使不出现在形容词之后,也需要在句中其他地方出现,如例(59)和例(60)可以转换成"他高兴得一个劲儿地咂嘴儿""他累得筋疲力尽"(即下文中的乙式)。由于形容词A和其后的NP存在语义关系,所以整个构式的致使义和结果义更加显著。Ⅱ式[如例(61)]则不同,形容词的语义指向为整个句子的主语,则无法将补语位置上的NP前置充当句子主语,如"*一点力气累得都没了",致使义和结果义稍弱,状态义更加凸显。[+心理状态/生理感受]义形容词可以同时进入Ⅰ式和Ⅱ式,如例(59)—例(61),而[-心理状态/生理感受]义形容词只能进入Ⅱ式。

乙式:"A 得+VP"

"A 得+VP"的补语通常由VP充当,少数情况下也可由AP充当,如例(64)。和甲式相比,乙式兼具状态性和程度性,但并不含有或仅含有微弱的致使义和结果义。此外,基本上所有类型的形容词都可以用于该构式,使用上并不受限。例如:

(62) 高兴得手舞足蹈。(周而复《上海的早晨》)
(63) 嘴突然大得像个盆子。(贾平凹《秦腔》)
(64) 花依旧红得那么高傲,那么艳丽。(古龙《英雄无泪》)

丙式:"A 得+$C_{程度}$"

即狭义层面的程度补语结构,补语由本身含有程度义的成分充当,与此相对,我们将"A 得+NP+VP"和"A 得+VP"视为广义层面的程度补语结构。马庆株(1992)指出,这类程度补语的成分的意义有两个方面:词汇意义和语法意义。除了程度意,还不同程度地保留着本来的意义,而不同的程度补语的词汇意义有不同程度的虚化。常见的有"A 得+很/多/过分/慌/紧/厉害/不得了/了不得/要命/要死/邪乎/吓人/可怜/够瞧的/凶/邪行/够呛/够受的/够劲/不行/可以/什么似的"等。例如:

(65) 天黑得很。(梁斌《红旗谱》)
(66) 两个人都瘦得厉害。(戴厚英《流泪的淮河》)

不难看出,以上三种类型的"A 得 C"结构的补语或本身表程度,或描述了一种具体的状态、结果,语义内涵较为复杂。事实上,结果补语、状态补语、程度补语之间的关系是十分复杂的,各家对补语的分类一直存在分歧。马真(2002)认为在带程度补语的述补词组中,有一些程度补语是用结果来表示程度的,如"看得忘了吃饭","忘了吃饭"是由"看"所引出的一种结果,但实际意义不在强调"看"的结果,而是在强调"看"的程度。庆力(1989)分析了程度与结果的关系,认为汉语程度结构内部隐含着一种因果关系,但其着眼点不在于一般的因果推论,而是借由原因所及结果来表示程度,是一种结果—程度补语,如"精神紧张得像一根快要绷断的琴弦/他激动得全身都在痉挛/我紧张得牙齿都在打战"。黄伯荣和廖旭东(2002)认为情态补语与结果补语、程度补语的意义有相似之处,比如"他高兴得手舞足蹈"可以说"高兴"的结果是"手舞足蹈",或者说"高兴到手舞足蹈的程度",主要是说明"高兴得手舞足蹈的样子"。不难看出,表状态或评价的补语在结构中很多是为了表达形容词的程度加深(丁加勇、谢樱,2010)。

此外,马庆株(1992)指出程度补语表示程度和幅度,只表示程度高,不表示同样的程度和较低的程度;而程度状语可以表示各种程度。结合前人的相关研究,我们将"A 得 C"结构统一归为程度补语结构,其核心语义特征为表达了一种高的程度义,或者直接由程度性成分表达程度之高,或者借由状态或结果表示程度之高。

句式二:"A+成 NP"结构

补语由名词性词组充当,表示由 A 所导致的一种非同一般的状态结果,因此也表达了一种高的程度义。例如:

(67)乱成一锅粥。

(68)累成一摊泥。

(69)高兴成什么样。

(70)脸红成一个苹果。

句式三:"A+到 NP/VP"结构

补语可以由动词性词组和名词性词组充当,可以和"地步/程度"一起组成"形+到……(地步/程度)"的形式,补语是对形容词 A 所达到状态的说明,由此也表达了一种高的程度义。例如:

(71)好到极点。

(72)长辈喜欢你聪明,但并不愿意你聪明到自鸣得意的程度。(李元秀《做个沟通高手》)

(73)你也算读了十几年书,料不到你居然胡涂到这个地步!(巴金《家》)

句式四:"A+个 VP/NP"结构

补语一般由动词性词组充当,表示程度之高,也可以由数量词组充当。例如:

(74)难受个半死。

(75)焦守志急个团团转,"谈几年了,你也该珍惜。"(柳建伟《突出重围》)

(76)辛辛苦苦忙个十天半月。(1994年《人民日报》)

2.形补结构的语义特征

虽然从整体上来说,形补结构可表程度、度量和比较,但是其中最为核心的是高程度义,即对形容词A所描写的性状进行程度加深。通过对前文所列举的表高程度义的形补结构进行分析,我们发现补语主要有如下几种语义类型:

1)大量类。即补语本身具有大量义,便很容易从中引申出高程度义。例如"A多了""A万分"。

2)足够类。即充当补语的成分表达了一种足够的状态,从而暗含了一种充足、充分的量。例如"A得够劲""A得够呛""A得够受""A得够瞧的"。

3)心理生理类。这些词语往往和人的某种超越正常范围的心理、生理反应相关,当某种状态A使人产生这种心理、生理反应时,那就说明A的程度性很高了。例如"A得慌""A得吓人""A傻了""A疯了""A蒙了"。

4)极性状态类。这类结构表示程度义的基础在于只有A的程度足够高才能实现从状态"非X"到状态"X"的转变,且状态X往往是一种极性状态。例如:

Ⅰ.生命类。从"生"到"(近于)死"的转变,如"A死了""A得要死""A得要命""A得不行①""A个半死""A个贼死"。

Ⅱ.非生命类。从"非透/非坏"到"透了/坏了"的转变,如"A透了""A坏了"。

5)非常规状态类。极性状态类是对极性状态的描述,但非常规状态补语只是强调这种状态非同一般。例如"A非常""A得可以②""A得紧""A得可爱"。

6)比拟类。通过将本体比拟为具有典型状态A的喻体,从而获得了一种高程度义。例如"A得+比拟""A得什么似的""A+成NP"。

7)比较类。通过比较,突出状态程度之高。例如"再A不过""A无比"。

8)地点类。通过地点的高低远近,引申出大量义和程度义。例如"A极

---

① "不行"有接近死亡的意思,如"老太太病得快不行了"。

② "可以"有好、不坏的意思,如"这篇文章还可以",因此也是一种非一般的状态。

了""A 远了""A 到 NP/VP"。

3.1.3 句子层面

句子可以依据不同的语气分为陈述句、祈使句、疑问句和感叹句四大句类,汉语形容词还可以用于感叹句来获得程度义。从句法形式来看,感叹句往往需要添加语气词来标示情感,常见的有"了、呢、啦、着呢、着哩、呀、啊"等。例如:

(77)你疯了!
(78)妙啊!
(79)枫叶红着呢!
(80)身体好着哩!
(81)这里好美呀!
(82)这件衣服多漂亮啊!

从上面的用例中可以看出,感叹句中不仅经常后附语气词,而且在形容词前通常还需要添加程度副词,方可完句。但是从历时的视角来看,古汉语中"形容词+语气词"是可以独立成句的,比如"甚矣""美哉""悲夫"等,关于这一历时变化,我们将在章节 4.2 中详细讨论。

3.1.4 构形层面的标记形式

重叠式是一种常见的语言现象,动词、名词、形容词、副词等都可以有相应的重叠形式。较早对重叠式进行研究的是萨丕尔(Sapir,1921),他从跨语言的事实中观察到重叠表达的意义通常包括遍指、复数、重复、惯常行为、形状的增大、强度的增加、连续性等。我们发现形容词几乎涵盖了上述所有的重叠式句法功能,具体来说主要有三大类:①重叠后形容词的程度会有所变化,常见的有表程度加深、表程度减轻等,如汉语、朝鲜语、老挝语、羌语等;②形容词重叠后会带来时体意义的变化,常见的有表状态持续、表经常、反复等,如景颇语、朝鲜语等;③重叠式表示量的变化等,如表示数量的增加或者遍指,常见的有 North-East Ambae 语、载瓦语等(徐荣妗,2008;Dixon 和 Aikhenvald,2004;丁崇明,2001)。

然而性质形容词重叠式存在一定的分歧,有的学者将其视为状态形容词,有的学者则认为和状态形容词有很大区别。黄伯荣和廖旭东(2002)将性质形容词的重叠和状态形容词区分开来,此外,崔永华(1990)、张国宪(2000)指出性质形容词的重叠属构形而不是构词,所以不是严格意义上的形容词,而是形容词的变体。石毓智(2011)区分了构词重叠和形态重叠,并指出形容词的重叠属于后者。本书采纳他们的观点,即性质形容词的重叠并非状态形容词,因此视为构形层面的程度表达形式,性质形容词在进行构形重叠之后,便会被赋予程度义,通常来说是一种比基式更高的程度,比如"大大的""红红的",有程度加深之义,量级显然要高于"大"和"红"本身。例如:

(83)她的脸<u>红红的</u>。
(84)叶子<u>绿绿的</u>。
(85)房间里<u>干干净净</u>。
(86)书架上<u>整整齐齐</u>。

3.2 动态义形容词谓语句

3.2.1 动态义形谓句的界定

时间是我们认知世界的基本范畴,每种语言都有相应的时间范畴,而不同的时间概念化方式必然会进而影响一个语言的表达形式。Givón(1984)从认知角度,结合时间稳定性特征(time-stability)指出不同的词类具有不同的时间特征。其中动词的时间稳定性最低,具有动态性,经常和时间成分连用。相应地,名词的时间稳定性最高,具有恒定性,一般不与时间成分搭配。而形容词居于二者之间,会在两极中间地带游离。也就是说,形容词的时间稳定性有可能高也有可能低,不同语言有不同的概念化方式,而这一差异会进一步影响形容词句法行为,造成了动词性形容词和名词性形容词的分化。通常认为汉语形容词具有动词性特征,而英语形容词则属于名词性一类。汉语形容词更加靠近动词一端,其时间稳定性也会偏低,在一定句法环境中便会激活动态性。

动态性和时间概念密切相关。人们对时间的认知反映在语言层面主要表现为时范畴和体范畴。所谓时范畴,即以某一时刻为准,从外部观察整个事件发生的时间,所得出的"过去、现在、将来"等时间观念;所谓体范畴,是指深入过程内部观察其各个阶段的情况时,所得出的动作的起始态、进行态、完成态等。前者一般称为"时制"(tense),它指示事件发生的时间,后者一般称为"时态"(aspect),它表现事件处于某阶段的特定状态(戴耀晶,1997)。

而现代汉语形容词的动态性主要表现在形容词和表达时体概念的动态

标记的共现上。黎锦熙(1924)和吕叔湘(1942)较早指出在形容词后添了"了",表示一种状态的开始或完成,形容词本身也就带有动作意味。自此,形容词的动态性语义特征便引起了学者们的广泛关注。

目前关于形容词的动态性的讨论主要集中在如下几个方面。首先,关于"形容词+时体成分"中形容词的词类问题,一些学者认为带动态助词是动词的语法特征,形容词接动态助词后就变成了动词。持这种观点的学者主要有丁声树等(1961)、唐广厚和车竞(1985)、李临定(1990)、陈重瑜(2002)。持反对意见的学者则认为形容词和动态助词的连用并不改变形容词的词性,即后接动态助词是动词和形容词共有的语法特征,如王力(1943、1954)、张志公(1959)、邢福义(1980、1981、1990)、朱德熙(1982)、陆俭明(1994)、张先亮(1998)等。李泉(1997)还从语言事实出发,对1360个形容词带动态助词的情况进行穷尽的考察,承认其中有近半数的形容词能带动态助词,并不改变形容词的词性。

此外,学者们讨论较多的便是形容词动态性的句法形态了。主要集中在"形容词+了/着/过"以及"形容词+起来/下来/下去"这类后附动态助词的情况。尽管目前关于汉语中时范畴和体范畴的界定和划分有很大争议,但是通常认为"着/了/过"是典型的体标记,而"起来/下来/下去"则是在趋向补语的基础上进一步语法化了的非典型体标记。总体来说,形容词的动态性和体貌概念密切相关。邢福义(1994)考察了兴发态"起来"、垂临态"下来"、延展态"下去",对形容词后附趋向动词的内部特征进行了详尽的描写并进行了解释。张国宪(1999)则详细讨论了形容词的体形式和体意义,并从体标记的黏附性、句法功能、形容词体与动词体差异几个方面详细讨论了形容词典型体标记的特点。王玉华(2000)和金忠实(1998)则分别讨论了"形容词+了"和"形容词+着"的各种形式意义。其他的相关研究还有刘楚群(2002)、龚晨(2009)、张斌(2010)、梁焱和张延成(2018)、周金雷(2019)、生为和刘振前(2019)等。

汉语形容词在进行概念化时更靠近动词的一端,时间稳定性较低,使得形容词在程度序列之外,还和时间轴建立了对应联系,那么便会很自然地涉及过去、现在、未来的时制概念。虽然学者们普遍认为汉语缺乏严格意义上的语法时制范畴,但是在语义层面上却有着丰富的时制表达方式,如时间名词、时间副词或者时间短语等,汉语形容词谓语也可以经常受上述成分的修饰,比如"秋天树叶黄了""米饭已经熟了""他的身体在上周慢慢好了起来"。

不过需要注意的是,虽然"时""体"存在差别,但也是密切相关的。完成体倾向于表达过去的事件,非完成体倾向于表达非过去(现在或将来)的事件,所以不少语言中的时标记都是由体标记进一步语法化而来。而在词汇(包括一些时间短语)层面上,这种交叉性更是显著,不少标记既表达时意义,又表达体意义。所以对形容词谓语句的动态标记进行分类时,我们先依据句法形态的特征,将其分为语法性动态标记和词汇性动态标记。其中语法性动态标记包括"A+着/了/过/起来/下来/下去"这几种附加语法标记的情况,由于"着/了/过/起来/下来/下去"所表达的体意义是学界普遍认可的,我们认为上述结构主要表达的仍是体意义。但是论及词汇性动态标记,由于语义特征过于复杂,为了避免重复分类,我们则不严格区分它们表达的是时意义还是体意义,而主要依据所表达具体含义将其分为表过去已然、表现在进行、表将来未然、表初终、表早晚、表长时、表短时、表持续、表逐渐和表频率几大类型。具体情况列举如下。

3.2.2 动态义形谓句的结构类型

3.2.2.1 语法性动态标记

1. A+了

吕叔湘在《现代汉语八百词》中将"了"分为"了$_1$"和"了$_2$"。其中"了$_1$"用在动词后,主要表示动作的完成,"了$_2$"用在句末,主要肯定事态出现了变化或者即将出现变化,有成句作用。其中形容词与"了$_1$"结合的情况主要有两种:"A+了$_1$+N"以及"A+了$_1$+数量"(吕叔湘,1980)。而用于句末的"了",即"……+A+了"结构,通常认为其中的"了"既附着形容词之后又附着句尾,应看作是"了$_{1+2}$"重合式(吕叔湘,1980;李泉,1997;王玉华,2000)。例如:

(87)她红了脸。
(88)他又高了两寸。
(89)暗了一会儿。(老舍《杀狗》)
(90)麦子黄了,被风一吹,荡起滚滚的麦浪。(冯德英《苦菜花》)

2. A+着/过

"A+着/过"一般很少独立用作谓语,往往需要添加其他成分,如在谓语形容词前加上修饰语,用于"A着N"特殊结构中或者后面有后续句等。例如:

(91)小崔红着倭瓜脸,程长顺嘬着鼻子,二人辩论得很激烈。(老舍《四世同堂》)
(92)"怎么会呢?我也年轻过……"(谌容《梦中的河》)
(93)因为尼都萨满一度胖过,又比妮浩高,神服对她来说过于肥大。

(迟子建《额尔古纳河右岸》)

3. A+起来/下来/下去

"A+起来/下来/下去"虽然也有独立用作句子谓语的用例,但是通常情况下也需要附加其他的动态性成分,如体标记"了"、时间副词、时间名词等。例如:

(94)大家安静下来,都又各谈各的事。(老舍《茶馆》)

(95)马路渐渐热闹起来。(曹禺《日出》)

(96)她一心挂两头,人一天一天瘦下去了。(周而复《上海的早晨》)

4. AA/ABAB 式重叠

通常认为性质形容词的重叠表达一种程度义,其典型重叠模式为"AA"或者"AABB",如"大大的""高高兴兴",但是在现代汉语中,部分性质形容词还可以以"ABAB"形式进行重叠,比如"高兴高兴""热闹热闹",而"ABAB"是典型的双音节动词的重叠形式,因此当性质形容词以该形式进行重叠式时,便获得了"尝试、轻微和短暂"等动词重叠式的语法意义(李宇明,1996)。此外,部分性质形容词在进行"AA"式重叠时也有类似的情况,例如"让他静静""把饭热热"。上述情形可以被视为形容词的动态化现象,即"形容词带上了某种表示性状变化的成分,具有一定的动态,但并未完全转化为动词"(邢福义,1980)。石锓(2004)还将其和表达程度义的形容词 AA 式、AABB 式、ABB 式、A 里 AB 式和 ABAB 式等重叠形式进行了比较,性质形容词的 ABAB 式重叠具有独特的句法语义特征,比如不能加词尾"的"、只能做谓语、表达"尝试、轻微、短时"等语法意义等。例如:

(97)把杰民找来,我们热闹热闹。(张爱玲《半生缘》)

(98)让老厂长一块跟咱们高兴高兴。(李国文《冬天里的春天》)

(99)让他一个人静静。

能进入该式的性质形容词也受到一定的限制,李凤吟(2006)以及隋娜和胡建华(2021)都认为进行 AA/ABAB 式重叠的性质形容词通常能进行为述人的可控形容词,这主要受其表义特征的限制,AA/ABAB 式重叠具有致使性,这便要求做谓语中心的形容词或动词必须具有可控的语义特征来满足句式义的要求。

3.2.2.2 词汇性动态标记

词汇层面的动态表达形式非常丰富,常见的有时间副词、时间名词,以及由时间短语或其他时间成分充当状语或者补语的情况。从语义上来看,由于不少词汇性动态标记具有时体混合的特征,所以我们未严格区分它们所表达的究竟是时意义或者体意义,同时考虑到语言发展演变的特殊性,便于进行后续的历时考察,我们只是依据其所表达的语义特征,将此类标记分为表过去、已然,表现在、进行,表将来、未然,表初终,表早晚,表短时,表长时,表持续,表时序,表逐渐和表频率几大类型,不同类型下可以有时间副词、时间名词、时间短语或其他时间成分充当状语或者补语等多种表达形式。例如:

1. 表过去、已然

(100)他<u>曾经</u>浑浑沌沌,什么都不闻不问。(茅盾《腐蚀》)

(101)桃<u>已经</u>熟了,有一股香气。(贾平凹《秦腔》)

2. 表现在、进行

(102)自己这时候<u>正</u>忙,没工夫理他。(钱锺书《围城》)

(103)开田和暖暖一直<u>在</u>紧张地忙着。(周大新《湖光山色》)

3. 表将来、未然

(104)他们已经粗暴了,或者<u>将要</u>粗暴了。(鲁迅《野草》)

(105)她<u>将来</u>大了,好记住这一回事。(季羡林《歌唱塔什干》)

4. 表初终

(106)农事也<u>开始</u>繁忙起来。(路遥《平凡的世界》)

(107)堆了30多年啦,今天这里<u>终于</u>干净了。(新华社2001年6月份新闻报道)

(108)少安这下<u>才</u>明白了。(路遥《平凡的世界》)

5. 表早晚

(109)<u>早</u>好了,一点儿不痛。(钱锺书《围城》)

(110)"青香蕉""红香蕉""大红袍""印度青"<u>熟得晚</u>。(莫言《苍蝇·门牙》)

6. 表短时

(111)他的脸<u>忽然</u>黑起来。(老舍《四世同堂》)

(112)他的脸<u>顿时</u>煞白。

7. 表长时

(113)我对一些问题看法<u>常常</u>很糊涂。(周而复《上海的早晨》)

(114)监测仪<u>一直</u>很正常。(余华《夏季台风》)

8. 表持续

(115)风<u>还</u>是很大,路上<u>还是</u>很静寂。(老舍《老张的哲学》)

(116)江上<u>仍然</u>很静。(姚雪垠《李自成》)

9. 表时序

(117)三至五天腿伤便好了。(李文澄《努尔哈赤》)

10. 表逐渐

(118)场面渐渐热闹。(张卫《你别无选择》)

11. 表频率

(119)你母亲也总是很乐观。(史铁生《老人》)

(120)她刚刚恢复的脸色又红了起来。(余华《四月三日事件》)

3.3 比较义形容词谓语句

根据物体具有的某种属性的量或者度,建立一定的先后顺序关系(ordering),并进行比较,是人类具有的基本认知能力之一(Sapir,1944;罗琼鹏,2017)。"比较"这一认知范畴投射在语言中便表现为比较句。比较句就是表示比较关系,且由相关的比较参项(comparative parameter)构成的一定格式的句子,其中"比较参项"主要是指构成比较的比较主体(subject)、比较基准(standard)、比较标记(marker)、比较结果(adjective)四个部分(Stassen,1985;李兰,2003)。

马建忠(1898)最早对比较句进行了论述,比照印欧语言的"平级、比较级、最高级"的概念,将汉语中的"比"分为"平比、差比和极比"三类,后来的学者多是对该框架的修正和补充。比如,黎锦熙(1924)在《马氏文通》的基础上,又增加了"审决"的概念,如"与其……不如……",相当于现代汉语中的选择复句。吕叔湘先生在《中国文法要略》(1942)中列举了11种表达"异同—高下"关系的句子类型,认为比较关系可分为"类同、比拟、近似、高下、不及、胜过、尤最、就动作比较、得失、倚变"等十类。高名凯(1986)提出"比词"的概念,将比较范畴分为差级(comparative)和极级(superlative)两类。

尚平(2006)指出,早期研究者在比较句系统的划分上存在诸多差异,主要在于对表比较范畴的划定主要参考意义层面,所以内部成员多寡不一,后来的研究者们越来越逐渐注重汉语比较句在句法结构上所独具的特点,将意义与形式紧密结合起来。赵金铭(2001)借鉴认知语言学的原型论,从语义上界定了比较范畴的四个次范畴,不及、近似、等同和胜过,在此基础上结合形式将每个次范畴内部的"家族"成员按照"典型句式—常用句式—次常用句式—文言遗存句式"依次列出。刘炎(2002)建立了一个"以语义为纲、以句式为载体、以语用为参照的比较系统",将现代汉语的比较范畴分为平比和差比两大类,极比被归入差比,但由于在"语义·句法"之外,还参照了语用功能,所以分类标准并非特别统一。许国萍(2005)也注意形式与意义的结合,根据事物的同异高下,先划分出平比和差比。而同又可以分为等同与近似,异可以分为极、胜过和不及。此外,基于原型范畴,建立了比较句法范畴的核心成员范围,分别为表近似的"X 有 Y(那么)R",表等同的"X 跟/像 Y 那么/一样 R",表极比的"X 最 R",表胜过的"X 比 YR",表不及的"X 不像 Y 那么 R""X 不比 YR""X 没有/不如 Y(那么)R",并提出如果缺少其中至少一种属性就会远离比较的典型结构而边缘化。

本书对比较句的划分则主要依据许国萍(2005),首先根据事物性状等级的差异,划分出平比和差比,平比分为等同与近似,差比分为极、胜过和不及。此外,将所要讨论的比较义形容词谓语句限定在句法层面上,即利用一定的句法手段来表达一种比较意义。而现代汉语中的极比句多为由"最""至"等程度副词构成的句子,我们认为上述极比句是词汇性比较句,不属于本书所界定的比较句的范围,而将"最/至+A"用作谓语的形谓句统一在程度义形容词谓语句中进行讨论。

由于本书的研究对象为比较义形容词谓语句,要求形容词充当整个句子的核心谓语,据此我们需要将由动词性成分充当句子谓语的句式排除在外。比较范畴中相当一部分比较标记存在语法化高低差异的问题。如"赶不上、比不上、无异于、不亚于",实词义仍很明显,如果用在"X 赶不上 Y""X 比不上 Y""X 无异于 Y""X 不亚于 Y"句式中,整个句子仍是一个动词谓语句。此外,"像、不如"等比较标记,在不同的句法环境中呈现不同的句法特征,比如在"X 像 Y""X 不如 Y"这样的格式里,"像"和"不如"都是充当动词谓语,因此不在本书的研究范围之内。但是在"X 像 Y+A""X 不如 Y+A"这样的格式里,"像"和"不如"的句法地位下降,可重新分析为介词,核心谓语由形容词充当,则是比较义形容词谓语句中的重要成员。

而关于比较义形容词谓语句内部成员的认定,则主要在赵金铭(2001)所列举的40余个词汇句式上,进行进一步的调整和筛选。赵金铭(2001)依据"典型句式—常用句式—次常用句式—文言遗存句式"列出比较范畴家族成员。(见表4)

表 4　赵金铭列举的词汇句式(转引自耿直,2012)

句式类型	近似	等同	胜过	不及
典型句式	……像…… ……好像…… ……像……这么…… ……像……似的 ……似的	……跟……一样…… ……跟……那么…… ……跟……一般…… ……跟……相同	……比…… ……比……还/更 ……比……一点儿/些	……不如……
常用句式	……跟……相近似 ……跟……差不多 ……跟……不相上下	……有……那么…… ……等于…… ……相当于……	……比……形+动+数量补语 ……比……动+得+程度补语 ……比……助动+动	……没有那么…… ……不及……
次常用句式	……好似…… ……如同……	……不比…… ……比得上…… ……赶得上……	……比……还(名)	……比不上…… ……赶不上……
文言遗存句式	……近似于…… ……犹如……	……无异于…… ……不下于…… ……不亚于……	……高/重/大/强于…… ……高/胜/长/过……	……次于……

依据前文所述,我们进一步将上述句式缩小范围,将其限定为由形容词充当谓语核心,且使用句法手段进行表达的相关句式上。具体如下:

3.3.1　平比义形容词谓语句

3.3.1.1　表等同

1."和"类平比句

"和"类平比句的比较标记主要由"和、跟、与、同"等介词充当,其句法形式通常为"X+和/跟/与/(如)同+Y+一般/一样/相同"以及"X+和/跟/与/(如)同+Y+一般/一样/+A"。例如:

(121)父亲脸上没有表情,<u>和山峰一样</u>。(余华《现实一种》)
(122)<u>和他相同</u>,他心里才觉舒畅。(鲁迅《并非闲话》)
(123)<u>囤尖跟房檐一般高</u>。(周立波《暴风骤雨》)
(124)全身洒满了小小的红星,正<u>和南天竹一般大小</u>。(茅盾《蚀》)
(125)李楠在第四节拿下13分,<u>与刘玉栋一样多</u>。(新华社2002年4月份新闻报道)
(126)古旧的城墙<u>同瓦一般黑</u>。(废名《桃园》)

2."有"字句

吕叔湘(1980)在《现代汉语八百词》中将表性质、数量达到某种程度的"有"字句分为两种情况:

1)有……[+那么]+形

(127)这花开得<u>有碗口那么大</u>。
(128)这孩子已经<u>有我那么高了</u>。

2)有+数量

(129)这条鱼足足<u>有四斤重</u>。

赵金铭(2001)将表比较的"有"字句列为比较范畴家族成员中表等同关系的"常用句式"。其肯定形式表示数量与比较,比较标记由"有"来充当。但是关于"有"的词性,一致存在争议,朱德熙(1982)、吕叔湘(1980)、张豫峰(1999)以及刘月华等(2000)都认为"有"为动词。不过也有一些学者持反对意见,认为"有"为介词,如宋玉柱(1979、1987)和林泰安(1986、1993)。我们认为,表比较的"有"字句中的"有"和其他比较句式中的比较标记"像、如、似"等处在相同的句法位置上,而且意义也从较为实在的"领有"之义逐渐虚化为引介比较对象,应当可以看作是一个准词了。伴随着"有"的句法位置的边缘化,充当比较结果的形容词便会逐渐向谓语中心位置迁移,所以我们也将其归入比较义形容词谓语句的下位句式。

3.3.1.2 表近似

表近似的平比义形容词谓语句主要为"像"类平比句,由"像、如、若、似"等介词充当比较标记,句法形式为"X+如/似/像+Y+一般/一样/这样/那样/这么/那么+A",以及"X+如/似/像+Y+一般/一样"。此外,比较标记为"和/跟/与/同"、比较结果为"相似"的"X+和/跟/与/同+Y+相似"句式也可以表达近似比较义。例如:

(130)<u>像亲兄弟一样</u>,那该多好!(李文澄《努尔哈赤》)
(131)公寓却<u>如平时一般</u>,很平安,寂静。(鲁迅《彷徨》)

(132)像我一样简单不过,就得了。(叶圣陶《倪焕之》)
(133)天空仍如从前一样明净。(余华《河边的错误》)
(134)这样你就和我相似了。(王小波、李银河《爱你就像爱生命》)

3.3.2 差比义形容词谓语句

3.3.2.1 表胜过

1. 比字句

比字句是现代汉语差比句最主要的表达方式,其基本形式为"X 比 Y+A/V",X 为比较基准,Y 为比较对象,"比"为比较标记,A/V 为比较结果。鉴于本书的讨论围绕形谓句展开,所以只考察由形容词充当比较结果的情况。具体来说,又可以分为如下几种情况。

1)X 比 Y+A

(135)你们的力气比我多。(余华《许三观卖血记》)

2)X+比+Y+状+A

(136)即便你的官比这更大,也一样把他怎么不了。(张平《抉择》)

3)X+比+Y+A+补

(137)昌全哥的水平比我高多啦!(周克芹《许茂和他的女儿们》)
(138)她比我大 10 岁。(余秋雨《老屋窗口》)

4)X+比+Y+状+A+补

(139)比你还高点吧!(李準《黄河东流去》)
(140)他比哥哥更热情些。(巴金《家》)

5)X+状+比+Y+(状)+A+(补)

(141)汗珠儿更比珍珠大!(老舍《青蛙骑手》)
(142)可比我还大两岁呢。(张恨水《北雁南飞》)

2."于"类差比句

"于"类差比句式产生时间最早的差比句式,不过在宋代已经急遽衰落,明清时期基本为比字句所取代。但是有些语符频率(token frequency)较高的句式被保留了下来,如"X+高/低/重/大/强/多+于+Y"。此外,比较标记还可以由"过"充当。例如:

(143)一会儿惊喜大于惊惶,一会儿惊惶大于惊喜。(王旭烽《南方有嘉木》)

3.3.2.2 表不及

许国平(2005)指出,处于量级序列中的比较,不论肯定形式是极比、平比、差比,它们的否定形式都可以产生出"少于、不及"义,主要句式有"X 不像 Y 那么+A""X 不比 Y+A""X 没有/不如 Y(那么)+A"①。例如:

1) X 不像 Y 那么+A

(144) 我不像你那么自由。(林语堂《京华烟云》)

2) X 不比 Y+A

(145) 你对人的奉献一点也不比牛少,更不比马少。(莫言《会唱歌的墙》)

3) X 没有/不如 Y(那么)+A

(146) 一个月以前,他没有这样高。(毕淑敏《一厘米》)

(147) 起初,火光不如月光明亮。(莫言《食草家族》)

3.4 判断义形容词谓语句

3.4.1 判断义形谓句的界定

判断是人类的一种基本思维方式,既可以是对思维对象是否存在以及事物之间是否具有某种关系的肯定或否定,也可以对事物是否具有某种属性进行肯定或者否定,投射在语言中便以各种形式的判断句来表达相关逻辑关系。

汉语中关于判断句的研究最早主要围绕系词展开,在系词的命名和内部成员的判定上存在很大争议。如马建忠(1898)把表决断口气,介于起词与表词之间的"是、非、为、即、乃"等称为"断辞",亦为"决词"。金兆梓(1922)首次使用了"系词"这一名称,列举了"是、为、乃、系"为系词,属于"联系虚字"。黎锦熙(1924)把"是、不是、为、即、乃、非"等称为"决定的同动词",用以说明事物是什么,或者说明事物的种类、性质或形态。杨树达(1930)则把"是、为、乃、则、即、曰、谓、惟、维、非、否、不、无"等称为"不完全内动词"。

从吕叔湘(1942)的《中国文法要略》起,学者们开始普遍使用"系词"这一术语。此外,判断句作为一个独立的句子类型也被单独列出。自此,判断

---

① 根据前文所述,本书的考察对象主要限定为陈述性肯定句,但是在比较句中,我们可以利用否定形式来表达不及或者极比,所以此类特殊句式也被纳入考察范围之内。

句又出现了另外一个十分富有争议的话题：谓语是否仅限于名词性成分。比如吕叔湘(1942)认为在判断句的基本式中主语和谓语都是名词或指称词。王力(1944)后来也提出"以名词（或性质相似的伪语）为谓语的句子我们把它叫作判断句"。朱星(1980)也持有这样的看法，指出古汉语判断句等同于名词谓语句，判断句谓语直接由名词性成分构成。但事实上，王力先生在《中国现代语法》(1943)中将现代汉语中的句子分为叙述句、描写句和判断句三大类时，也曾指出描写句的谓语通常为形容词及形容词词组，可以通过添加"是……的"标记来转换为判断句，比如"这所房子很大"可变为"这所房子是很大的"。还有一些学者在定义判断句时明确提到，除了名词性成分之外，包括动词性成分在内的其他成分也能充当判断句的谓语。如易孟醇(1989)、张文国和张能甫(2003)、向熹(1993)、李佐丰(2004)等都认为判断句谓语虽然以名词性成分为主，但并不限于名词性成分，古汉语中存在由谓词或谓词性短语做谓语的特殊判断句。

此外，关于判断句的语义特征，也存在一定争议。刘忠华(2002)认为判断句的本质特点是名词性谓语与主语具有等同或类属的语义关系，不存在所谓的"判断句的活用"现象。但是大多数学者还是认为判断句存在一些引申用法。比如王力(1958)认为凡说明事情的可能性、解释原因、进行推理等，都属于判断的范围。向熹(1993)指出判断句的常见引申用法有说明原因、解释意义、进行比喻等。此外，许嘉璐(1992)也认为判断句有表示隐喻、表示原因等活用方法。本书采纳后一种观点，认为判断义形容词谓语句的意义不仅表示对某种关系或者属性的肯定和否定，也包含一些引申意义。

基于前人的相关研究，我们对汉语判断义形容词谓语句界定如下。在形式上，主要借助"是……的"框架，构成"是+A+的"结构（比如"这杯水是凉的"），其中的"是"和"的"也存在省略的情况；在意义上，主要表示对事物性质或状态的判断，但是也包括说明原因、解释意义、比喻、表某种复杂关系等引申义用法。

3.4.2 判断义形谓句的结构类型

单从句法形式来看，现代汉语中"是+A+的"结构有四种下位句式，分别由性质形容词、状态形容词、"状语+$A_{性质}$"以及"$A_{性质}$+补语"来充当谓语核心成分。具体如下：

1) NP+是+$A_{性质}$+的

(148) 天是蓝的。

(149) 表姐会关心人，水是热的。（毕淑敏《预约死亡》）

2）NP+是+状语+A$_{性质}$+的

(150) 衣服是最新的。

(151) 在礼节上,瑞丰是比东阳胜强十倍的。(老舍《四世同堂》)

3）NP+是+A$_{性质}$+补语+的

(152) 这些西红柿都是熟透了的。

(153) 那声响是巨大得惊人的。(司马中原《狂风沙》)

4）NP+是+A$_{状态}$+的

(154) 这酒是碧绿的。(江曾祺《七里茶坊》)

(155) 那树叶子依然是绿油油的。(张恨水《北雁南飞》)

但是上述各式是否皆为判断义形容词谓语句,这是一个非常复杂的问题,因为现代汉语中,形容词谓语主要依赖形式标记"是……的"来表达判断义,但是已有成果关于"是"和"的"都存在很大争议。

"是"的争议主要涉及其三种性质:判断动词、语气副词以及焦点标记。关于"的"的争论共涉及其三种属性:结构助词、语气助词和时体助词。这也就导致了学界对"是……的"句式的性质判定一直争议不断,或认为均为判断句,或认为可分为判断句和强调句,或认为可以做更详细的划分,除了表判断和强调外还可以表达某种语气等。

朱德熙(1978、1982)认为这所有"是……的"句式中的"是"都是判断动词。持有类似看法的还有吕叔湘(1979)、杨石泉(1997)、曾骞(2013)和屠爱萍(2013)等。吕叔湘(1979)指出"是"的强调作用和判断作用很难划清,可以将其用法一元化,基本作用为肯定,而联系、判断、强调只不过是肯定的轻重差异。杨石泉(1997)认为汉语中并不存在"是……的"句,所谓的"是……的"句,就是以"的"字结构为宾语的"是"字句,只不过比一般"是"字句更富于肯定、强调的意味。曾骞(2013)认为VP前的"是"应当和NP前的"是"一样,为判断动词,其语法功能是"加强肯定"。屠爱萍(2013)通过对"是……的"句构件的显性形式和隐性形式的综合考察,认为所有"是……的"句统一的判断性质。

赵淑华(1979)则主张三分法,认为"是……的"有三种形式:第一类中,"是"是谓语中主要动词,"是"加上"……的"构成谓语,其作用在于说明主语的类别。第二类中的"是"不是谓语中的主要动词,表示强调,而"的"表示动态,这类句子表示某一动作、情况已经完成或实现。第三类"是……的"句,"是"和"的"都表示语气,有时表示强调、肯定或态度坚决,有时表示语气的委婉或缓和。

吕必松(1982)则认为"是……的"句式有两种,一种形式是表示过去时,一种形式是表示肯定和确信的语气,和上述学者观点不同的是,他指出这两种类型在本质上与"的"字结构做宾语的"是"字句是有区别的,不应把它们混淆在一起。持有类似观点的还有张宝林(1994)、刘月华(2001)等。

因此,形容词充当谓语的"是+A+的"也颇富争议。大多学者认为可以分为表判断和表强调两大类,如赵淑华(1979)、吕必松(1982)和石毓智(2011)等。但是鉴别标准存在差异。吕必松(1982)提出两种区分判断义和强调义的方法。首先,将"是……的"从句中去掉以后,观察句子的意思是否发生改变。其次,用否定式来检验,其中表判断的"是……的"否定式为在"是"前加"不",而表强调的"是……的"否定形式一般是把"是……的"中间的成分变为否定式。而石毓智(2011)则认为"是……的"表判断还是强调主要取决于"是"后成分的数量语义特征,如果是离散的,如"是+$A_{性质}$+的"以及"是+最/比较+A+的"表判断,如果是连续的,如"是+$A_{性质}$""是+很 A/$A_{状态}$+的"则表强调。可以看出,学者们并没有提出统一的鉴别标准。此外,吕必松(1982)同时指出,"是+A+的"句式两种意义的区分,很多时候并不是那么明确,总体来说严重依赖语境,比如"这是很容易的",否定式既可以是"这不是很容易的",也可以是"这是很不容易的",所以最终还是通过语境来判断"是……的"的意义。

事实上,之所以"是……的"的功能和意义这么难以区分,和"是""的"本身的历时演变存在密切联系。目前学界比较认可的是表强调的"是"便是由表判断的"是"演化而来,如王力(1989)认为"是"在用为系词以后,还产生许多种活用法,其中最主要的就是承认或否认某一件事实,有时候是追究原因。石毓智和李讷(2001)则指出由判断词向焦点标记演化是人类语言发展的共通特点,大约在公元 5 世纪左右,"是"的各种焦点标记用法已经产生。也就是说,动态地来看,"是"的判断义和强调义是密不可分的,这也导致了共时平面上"是"的意义功能的复杂性。正如石锓(2020)所指出的,古汉语中指示代词"是"在构成判断句"T,是……也"时就带有一种表示强调/确认的语法意义,那么由指示代词语法化而来的系词"是"也具有很强的强调/确认义,而在系词"是"基础上演变出的焦点标记的"是"自然也具有很强的确认/强调意义。

鉴于在共时平面上"是+A+的"的判断义和强调义很难划清界限,在历时层面上两种意义又具有承继关系,我们将所有句法形式为"是+A+的"的皆纳入判断义形容词谓语句的研究范围内,其中"是"兼具判断功能和强调功能,而"的"兼有名词化结构助词和传达确信的语气助词双重身份(参考屠

爱萍,2013)。只不过在不同的语境中,会激活不同的特性,语用功能可能会呈现出渐变性特征。试比较:

(156) a. ——这件大衣是什么颜色的?
　　　　——这件大衣<u>是</u>红<u>的</u>。
　　　b. ——这件大衣是红的? 我怎么看着不太像?
　　　　——这件大衣<u>是</u>红<u>的</u>。
(157) a. ——哪个产品是新出的?
　　　　——这个产品<u>是</u>最新<u>的</u>。
　　　b. ——这个产品是最新的? 我怎么看着不太像?
　　　　——这个产品<u>是</u>最新<u>的</u>。
(158) a. ——哪个苹果是熟透了的?
　　　　——这个苹果是熟透了的。
　　　b. ——这个苹果是熟透了的? 我怎么看着不太像?
　　　　——这个苹果是熟透了的。

根据前后语境,例(156)—例(158)中的 a 句显然判断义最强,主要是根据事物的性状对主语进行分类,但也传达了肯定与确信之意。而 b 句中"是……的"的强调和确信功能十分显著,判断义减弱,但是仍具有语义真值贡献,可以对事物是否具有某种属性进行肯定或者否定。

综上,既然本书研究的为判断义形容词谓语句,那么只要该形容词谓语句含有判断义,那么不论强弱,都应当被纳入研究范围之内,加之从历时层面来看,"是……的"强调义也是在判断义的基础上演变而来,难以割裂,我们不再对"是+A+的"进行细分,认为只要形式上以"是……的"作为标记的形容词谓语句皆归为判断义形容词谓语句。

3.5　本章小结

以上我们对现代汉语中的有标记形容词谓语句进行了讨论,以显性句法标记为判定依据,根据语义功能的不同,将汉语形容词谓语句分为程度义形谓句、动态义形谓句、比较义形谓句和判断义形谓句四大类,并依次梳理了各类型形谓句的下位句式成员及其句法语义特征。

第一,程度义形谓句在意义上表达事物性状的量和相应级次序列中的层级对应关系,程度性是形容词最重要也是最具有跨语言意义的特征,因此在语言中有着极其丰富的表达形式,汉语中主要有词汇、词组、句子、形态四个层面的表达手段。其中词汇层面的程度表达方式即"S+A$_{状态}$"类形容词谓语句,由状态形容词充当句子谓语。词组层面的数量表达方式主要有由状中结构充当谓语的"S+程度副词/数量+A$_{性质}$"句式,以及由述补结构充当谓语的"S+A$_{性质}$+程度/数量补语"句式。句子层面的表达形式是指形容词还可以通过用于感叹句来获得程度义。构形层面的表达形式即性质形容词通过构形重叠来获得程度义。

第二,动态义形谓句主要用以描述事物的性状随着时间的流逝,在量级上发生的高低起伏的动态变化。通常认为汉语形容词具有动词性特征,时间稳定性偏低,在一定句法环境中便会激活动态性,在用作谓语时可以借助语法性动态标记、词汇性动态标记和形态类动态标记来表达动态义。

第三,比较句就是表示比较关系,且由相关的比较参项(比较主体、比较基准、比较标记和比较结果)构成的一定格式的句子。本书将比较义形谓句限定为由形容词充当谓语核心,且使用句法手段进行表达的相关句式上。具体可以分为平比义形谓句和差比义形谓句,平比义形谓句主要包括表等同意义的"和"类平比句和"有"字句,以及以表近似意义的"像"类平比句和"X+和/跟/与/同+Y+相似"结构。差比义形谓句主要包括表胜过意义的比字句和"于"类差比句,以及表不及意义的"X 不像 Y 那么+A""X 不比 Y+A""X 没有/不如 Y(那么)+A"结构。

第四,判断义形谓句在形式上,主要借助"是……的"框架,构成"是+A+的"结构,其中的"是"和"的"也存在省略的情况;在意义上,主要表示对事物性质或状态的判断,但是也包括说明原因、解释意义、比喻、表某种复杂关系等引申义用法。下位主要有"NP+是+A$_{性质}$+的""NP+是+状语+A$_{性质}$+的""NP+是+A$_{性质}$+补语+的""NP+是+A$_{状态}$+的"几种表达形式。

第4章 程度义形容词谓语句的历时演变

程度义形谓句是现代汉语形容词谓语句中数量最多、形式最为丰富的一类,表达方式极其多样化,如词汇层面的状态形容词、词组层面的"程度副词/数量结构+A"和"A+程度/数量补语",构形层面的形容词重叠式,以及在句子层面上后附感叹语气词等。然而这种级差性并非形容词本身与生俱有的。Kennedy(1997)指出形容词本身不具有程度序列性,而是通过在具有某种属性特征的客体和程度序列之间建立关联而获得的,即对个体的某一属性进行抽象度量,然后和本体范畴的程度序列产生关联,从而使得形容词也随之获得了级差性语义特征。因此,从本质上来说,形容词的语义特征是连续的、模糊的,具有无界性。而程度性和级差性则代表着离散性、精确性、有界性,是形容词的非默认属性,所以需要借助其他手段来实现,这样一来,便需要一定的时间历程,不断发展完善相应的表达方式。下面我们将从词组、句子、构形以及词汇四个层面出发,分先秦、魏晋南北朝、宋元、明清四个历时阶段,考察分析汉语程度义形容词谓语句的演变历程。

需要指出的是,早期形容词谓语多以光杆形式出现,但伴随着语言的发展,形式越来越复杂,形容词在充当谓语时经常受多重成分修饰,比如"她的身体比之前好多了""这个苹果是熟透了的",在这里形容词谓语的相关标记不仅包括"比"字结构,还包括程度补语"多""透",动态助词"了"、判断标记"是……的"等,这便导致了其语义功能呈现多元性和复杂性,不能单纯将其归入某一类功能语义类型。为了使我们的考察更为全面和系统,对于这类复合标记形式,将依据标记类型的差异,采用不同标记类型分别计数、拆分重组的方式,在对程度义、动态义、比较义、判断义形谓句进行分析讨论时,将分别计数1次,特在此做以说明。

4.1 词组层面的表达形式

根据前文所述,程度义形谓句在词组层面的表达形式主要有"程度副词/数量结构+A"状中结构和"A+程度/数量补语"述补结构。上述句式都有着十分复杂的句法语义特征,前者主要表现在不同历史时期程度副词的更迭变换上,而"A+程度补语"更是经历了从无到有、从简单到复杂的漫长演变历程,至于近现代时期,下位句式已极其丰富。下面我们将分别论述两种结构的历时演变进程。

4.1.1 "程度副词/数量结构+A"式形谓句

"程度副词+A"和"数量结构+A"的产生时间存在很大差异,"程度副词+A"在先秦时期就已经出现,而"数量结构+A"一直到宋元时期才偶有用例,所以在先秦和魏晋南北朝时期我们将着重梳理"程度副词+A"句式的演变过程,宋元和明清时期再引入对"数量结构+A"句式的考察分析。

4.1.1.1 先秦时期

最早的程度义修饰性成分可追溯至甲骨文时期。根据杨逢彬(2001)的考察,这一时期形容词用作谓语主要有两大类:形容词独立用作谓语以及形容词前有修饰性成分。其中可以视为程度性修饰成分的主要有"大"和"弘",例如:

(1)王占曰:大吉。(《甲骨文合集》36530)
(2)(王占曰):弘吉,在十月,遘大丁翌。(《甲骨文合集》36511)

"大"和"弘"用以修饰形容词,可以表达一种高程度义,但仍为形容词,高程度义由自身的语义特征带来,程度副词尚未产生。

与甲骨文相比,金文中形容词的修饰语丰富得多。郭莉(2004)指出西周金文中表示程度的副词有六个:亟、大、丕、否、孔、乳。从现有的语料情况来看,这一时期人们对程度的认知和区分主要在于丰富化而非细致化,程度修饰语主要集中在表程度高的类型中,但是也出现了表程度至极的"亟"。例如:

(3)父廼是子。——父亲是这样的慈爱(《沈子簋》;转引自管燮初,1981)

(4)寏(寒)祁上下,亟熙桓慕,昊照亡斁。——宣示上下,极美好,有大谋,皇天照临不厌(《史墙盘》;同上)

(5)害屖(胡迟)文考乙公遽爽,得屯无□谏,蠃齤戍曆。——竭忠尽力的文考乙公非常明智,婚后无讽刺,不误稼穑(《史墙盘》;同上)

(6)曰古文王,初鳘龢于政。——古代文王,一开始就政治完全和谐(《史墙盘》;同上)

(7)先帝其严在帝左右,敷狄不恭。——先王的英灵在上帝左右,尽远丕恭(《狱钟》;同上)

(8)王曰:白父,孔显又光。——王说,白父,非常显赫而又光荣(《虢季子白盘铭文》;同上)

(9)唯王身厚稽。——祝愿君王盛美(《师酉簋》;同上)

(10)丁丑,王卿,大宜。——丁丑日,王宴飨,很合宜(《天亡簋》;同上)

(11)畏天疾威。——皇天威严(《毛公鼎》;同上)

综上,从甲骨文到金文时期,形容词的层级性特征还在萌芽阶段,只分化出"甚"类和"极"类两个大类,和后来复杂的程度层级相比还存在很大差异。

吕雅贤(1992)以《周易》《诗经》《论语》《孟子》《左传》《墨子》《荀子》《庄子》《韩非子》为研究对象,全面而深入地考察了从先秦到西汉时期程度副词的发展。根据语义差别,将程度副词分为六类:①"最"类——表极度;②"甚"类——表甚度;③"微"类——表微度;④"更"类——表递度;⑤"信"类——表实度;⑥"渐"类——表渐度。其中,《周易》中上述类型的程度副词都没有出现,《诗经》中有"最"类、"甚"类、"更"类、"信"类,而"微"类和"渐"类都是在战国出现萌芽,至西汉才逐渐发展完善。

此外,吕雅贤(1992)还指出,先秦程度副词较少,表示性状和动作的程度,很多是形容词而不是副词。常见的形容词有"甚、至(致)、真"等。例如"甚",先秦九部书中有八部都用,并且使用次数呈上升趋势,在《史记》中做状语已超过其他用法,比例为255:166。说明"甚"到汉代已向副词转化。因此,程度副词一直到西汉才大量产生。

显然,先秦时期,可以用于修饰形容词谓语的程度义成分大部分仍是形容词之类的实词,尚未完全虚化为程度副词,但是为了行文方便,而且考虑到虽然不同程度副词的语法化时间存在差异,但是用以修饰形容词谓语时皆表达一种程度义,所以我们不再对同一个词在不同历史时期所具有的不同词性做具体的区分,而是统一称其为"程度副词"。

以下便是先秦时期不同量级"程度副词+A"式谓语的使用情况。

1. 表极量

先秦时期,常见表极量的程度副词主要有"尽、至、极、綦、最"等,皆可用以修饰形容词谓语,标示相应的程度量级。例如:

(12)<u>尽</u>美矣,又<u>尽</u>善也。(《论语·八佾篇》)

(13)无弗与者,<u>至</u>足矣。(《孟子·尽心上》)

(14)洪泉<u>极</u>深,何以寘之?(《楚辞·天问》)

(15)知者易为之兴力,而功名<u>綦</u>大。(《荀子·王霸》)

(16)夫六晋之时,知氏<u>最</u>强。(《韩非子·难三》)

2. 表过量

常见表过量的程度副词主要有"太、大$_1$、泰、已、过"等,"程度副词$_{过量}$+A"的相关用例如下:

(17)旱既<u>太甚</u>,则不可推。(《诗经·大雅·云汉》)

(18)彼谮人者,亦已<u>大甚</u>!(《诗经·小雅·巷伯》)

(19)人而不仁,疾之<u>已</u>甚,乱也。(《论语·泰伯》)

(20)东门之位不若叔孙,而<u>泰</u>侈焉,不可以事二君。(《国语·周语》)

(21)三正父登过,<u>过</u>慎于武,设备无盈。(《逸周书》卷五)

3. 表高量

常见表高量的程度副词在形式上是最为丰富的,常见的有"弘、孔、肆、殊、甚、大$_2$、深、重、何其"等,"程度副词$_{高量}$+A"式形谓句用例如下:

(22)天方荐瘥,丧乱<u>弘</u>多。(《诗经·小雅·节南山》)

(23)吉甫作诵,其诗<u>孔</u>硕。其风<u>肆</u>好,以赠申伯。(《诗经·大雅·崧高》)

(24)美无度,<u>殊</u>异乎公路。(《诗经·魏风·汾沮洳》)

(25)臣之罪<u>甚</u>多矣。(《左传·僖公二十四年》)

(26)吊者<u>大</u>悦。(《孟子·滕文公上》)

(27)必败国且<u>深</u>乱。(《国语·晋语一》)

(28)<u>何其</u>久也!(《吕氏春秋·先识览》)

4. 微量

常见表微量的程度副词较少,常见的有"小、少"等,例如:

(29)民亦劳止,汔可<u>小</u>安。(《诗经·大雅·民劳》)

(30)多为之故,以变其志,志<u>少</u>疏,乃可也。(《国语·晋语二》)

5. 程度变化

常见的表程度变化的程度副词相比较而言还是丰富一些,主要有"弥、愈、益、加、滋、愈益"等,"程度副词$_{变化}$+A"充当句子谓语的用例如下:

(31) 仰之<u>弥</u>高,钻之<u>弥</u>坚。(《论语·子罕》)
(32) 亲之过大而不怨,是<u>愈</u>疏也。(《孟子·告子下》)
(33) 群臣辑睦,兵甲<u>益</u>多。(《国语·晋语三》)
(34) 威仪<u>加</u>多,而民行<u>滋</u>薄。(《晏子春秋·外篇·第八》)
(35) 魏王虽无以应,韩之为不义,<u>愈益</u>厚也。(《吕氏春秋·审应览》)

6. 其他量级

此外,还有一些表其他量级的程度副词,比如几近量和正恰量,只不过在每个历时分期都较为少见,所以将其单独列出。这一时期主要是表几近量的"汔、庶、殆",皆可用以修饰形容词谓语,标示相应的量级。例如:

(36) 民亦劳止,<u>汔</u>可小安。(《诗经·大雅·民劳》)
(37) 四方既平,王国<u>庶</u>定。(《诗经·大雅·江汉》)
(38) 然无术学,<u>殆</u>与萧、曹、陈平异矣。(《史记·张丞相列传》)

此外,我们选取《论语》《庄子》《孟子》这三部具有代表性的先秦典籍共计13万余字的语料作为考察对象,详尽统计了其中"程度副词+A"类程度义形谓句的使用情况。(见表5)

表5 先秦时期"程度副词+A"类谓语的使用情况

文献		《论语》	《庄子》	《孟子》
"程度副词+A"的出现频次	表极量	4	10	5
	表过量	1	11	2
	表高量	1	35	16
	表微量	0	1	1
	程度变化	2	11	8
	其他量级	3	3	1
在程度义形谓句中的占比		10%	21%	41.8%
在所有形谓句中的占比		3%	7.8%	9.4%

结合表5中的相关数据,先秦时期"程度副词+A"类程度义形谓句具有如下几个显著特征。

首先,从音节构成来看,先秦时期用以修饰形容词谓语的程度副词基本为单音节程度副词,三部先秦典籍中均未出现双音节程度副词,即使将考察范围放宽至整个先秦时期,也仅见"愈益"的极少数个例。

其次,从程度副词的内部情况来看,尽管这一时期程度副词的层级体系已初具规模,但是各程度量级的使用情况存在显著差异,并且春秋时期的《论语》和战国时期的《庄子》《孟子》也存在很大不同。《论语》中的"程度副词+A"类谓语十分少见。较晚出现的《孟子》中的程度副词却要丰富得多,最为常用的是表高量的程度副词"大""多""甚","程度副词$_{高量}$+A"用作句子谓语的用例共 16 个,其次便是表程度变化的程度副词"益""愈""滋""加",在形谓句中共出现了 8 次,表极量的程度副词仅有"至",不过也出现了 5 例。

最后,从"程度副词+A"充当谓语的整体情况来看,在整个先秦时期,形容词经常独立用作句子谓语,受其他成分修饰的情况并不像后来那样常见,而且其中受程度副词修饰的情况就更为少见了,出现频率在所有形容词谓语句的占比并不高,这一点从三部先秦典籍中也可以略窥一二,《论语》《庄子》《孟子》中,"程度副词+A"类谓语的使用频率占形谓句总数的比例极低,分别为 3%、7.8%、9.4%,不过在程度义形谓句中的占比有所不同,《论语》这一比例仅为 10%,但是在《庄子》《孟子》中就要高得多,分别为 21%、41.8%,结合三者的成书时间,可以看出呈现逐步增长的趋势。

总体来说,和现代汉语中的情况迥然不同,先秦时期"程度副词+A"类形谓句的使用频率很低,而且根据前文所述,这一时期所谓的"程度副词",其实大多还处在由实词(最为常见的是形容词)向虚词的语法化过程中,无论是内部成员的多样性还是使用频率都十分有限。

4.1.1.2 魏晋南北朝时期

魏晋南北朝时期,不同量级的"程度副词+A"式谓语皆有了显著的发展。主要表现在程度副词的愈加丰富和使用频率的大幅提升上,具体如下。

1. 表极量

魏晋南北朝时期,常见表极量的程度副词中,除先秦时期的"至、致、极、最、尽"等,还新出现了"穷、纯、绝",以及双音节复合程度副词"最其、最为"等。"程度副词$_{极量}$+A"充当句子谓语的用例如下:

(39)此<u>至</u>佳,那得在?(《世说新语·言语》)

(40)弘治至<u>羸</u>,不可以致哀。(《世说新语·赏誉》)

(41)庾亦强饭,<u>极</u>欢。(《世说新语·尤悔》)

(42)正如真长、子敬比,<u>最</u>佳。(《世说新语·排调》)

(43)古书者虽多,未必<u>尽</u>美。(《抱朴子·钧世》)

(44)盗跖<u>穷</u>凶而白首。(《抱朴子·塞难》)

(45)水性纯冷,而有温谷之汤泉。(《抱朴子·论仙》)

(46)蜀汉绝远,刘备尝用之。(《三国志·魏书·二李臧文吕许典二庞阎传》)

(47)宝精爱炁,最其急也。(《抱朴子·微旨》)

(48)汉武享国最为寿考,已得养性之小益矣。(《抱朴子·论仙》)

2. 表过量

魏晋南北朝时期,常见的表过量的程度副词仍是不多,除先秦时期的"太、过",还新出现了"过乎、伤"。例如:

(49)阿兄形似道,而神锋太俊。(《世说新语·赏誉》)

(50)陛下昼过冷,夜过热,恐非摄养之术。(《世说新语·夙惠》)

(51)纯威无恩,刑过乎重。(《抱朴子·君道》)

(52)伤早黄烂,伤晚黑涩。(《齐民要术》卷三)

3. 表高量

魏晋南北朝时期,常见表高量的程度副词中,先秦时期就已产生的主要有"甚、殊、大$_2$、孔、弘、何其、肆、深"等。例如:

(53)在乡里,甚穷馁。(《世说新语·德行》)

(54)大喜,故往见之。(《抱朴子·祛惑》)

(55)意欲从君,谗言孔多。(《搜神记》卷十六)

(56)与诸葛渭滨之师,何其殊哉!(《三国志·吴书·陆逊传》)

(57)群凶肆丑,专窃国柄。(《宋书·列传·武三王》)

(58)经籍深富,辞理遐亘。(《文心雕龙·事类》)

此外,这一时期还出现了一大批新的高量义程度副词,形式愈加丰富,常见的有"酷、特、奇、偏、颇、尤、乖、笃、盛、良、重、悬、巨",以及双音节程度副词"大为、颇为、殊自、深自、大自"等。例如:

(59)韩康伯年数岁,家酷贫。(《世说新语·夙惠》)

(60)唯共推太尉,此君特秀。(《世说新语·品藻》)

(61)允妇是阮卫尉女,德如妹,奇丑。(《世说新语·贤媛》)

(62)然于才性偏精。(《世说新语·文学》)

(63)收名赫赫,受饶颇多。(《抱朴子·正郭》)

(64)必以天辅时,三奇会尤佳。(《抱朴子·仙药》)

(65)此三者乖殊。(《抱朴子·塞难》)

(66)且自度性笃懒而才至短。(《抱朴子·自叙》)

(67)时四月中盛热,不能往。(《抱朴子·祛惑》)

(68)先以轻兵挑之,战良久。(《三国志·魏书·武帝纪》)

(69) 故头重痛,不得举也。(《搜神记》卷三)
(70) 故心中悬痛,不得饮食也。(《搜神记》卷三)
(71) 魏郡张奋者,家本巨富。(《搜神记》卷十八)
(72) 作此轻行,大为不易。(《搜神记》卷五)
(73) 文典以怨,颇为精切,得讽论之致。(《诗品·上》)
(74) 若殊自不足,亦不割己也。(《抱朴子·自叙》)
(75) 猥蒙开示,深自庆幸。(《全梁文·答云法师书》)
(76) 而休仁得吾召入,大自惊疑。(《宋书·列传·文九王》)

4. 表微量

魏晋南北朝时期,常见表微量的程度副词中,除先秦时期的"小""少",还有"微""稍""差"等。例如:

(77) 丞相小极,对之疲睡。(《世说新语·言语》)
(78) 身今少恶,裴逸民亦近在此,君可往问。(《世说新语·文学》)
(79) 使行阵整直,两行微相近。(《齐民要术》卷二)
(80) 常令寒食前得再酘乃佳,过此便稍晚。(《齐民要术》卷七)
(81) 唯烈日草燥时,差稀耳。(《抱朴子·登涉》)

5. 表变化量

魏晋南北朝时期常见的表程度变化的程度副词也是十分丰富的,承前而来的主要有先秦时期的"愈、弥、益、加、滋、愈益"等。例如:

(82) 商老身愈贱而名愈贵,幽厉位弥重而罪弥著。(《抱朴子·广譬》)
(83) 治兵多而益善,所向无敌。(《抱朴子·任能》)
(84) 周室以姬国四十,历年滋多。(《三国志·魏书·韩崔高孙王传》)
(85) 虞於是奉职修贡,愈益恭肃。(《三国志·魏书·二公孙陶四张传》)

除此之外,这一时期常用的还有"更、倍、转",以及一批双音节复合程度副词"尤加、更加、转更、愈更、更益、弥复"等。用以修饰形容词谓语的例句如下:

(86) 至千则老者更少,日还一日矣。(《抱朴子·释滞》)
(87) 历年倍多,树木尚小。(《齐民要术》卷四)
(88) 以朱衣自拭,色转皎然。(《世说新语·容止》)
(89) 於是笃信之心,尤加恭肃。(《抱朴子·勤求》)
(90) 振策长驱,推人於险,有不即避,更加撼顿。(《抱朴子·疾谬》)
(91) 昔道士梁硕年七十乃服之,转更少。(《抱朴子·仙药》)
(92) 及妊娠,愈更嫉妒,乃置药食中。(《三国志·魏书·钟会传》)

（93）水浸之木，<u>更益</u>柔肕。（《齐民要术》卷五）
（94）鼻根过患，<u>弥复</u>顽嚚。（《全梁文·六根忏文》）

6. 表其他量

这一时期，表其他量级的程度副词，除了有"几近"之意的"庶、几、殆"之外，还有表正恰量的"正"。例如：

（95）<u>庶</u>同嵇、向笃徒之哀。（《全梁文·伤友人赋》）
（96）兵缠紫极，圣朝肝胆，社稷几<u>殆</u>。（《全刘宋文》）
（97）建安之初，国家纲纪始<u>弛</u>。（《三国志·蜀书·关张马黄赵传第六》）
（98）雉化为蜃，雀化为蛤，与自然者<u>正</u>同。（《抱朴子·黄白》）

同样，我们选取《世说新语》《抱朴子》《搜神记》近35万字的语料，详尽统计了其中"程度副词+A"类程度义形谓句的使用情况。（见表6）

表6　魏晋南北朝时期"程度副词+A"类谓语的使用情况

文献		《抱朴子》	《搜神记》	《世说新语》
"程度副词+A"的出现频次	表极量	39	16	26
	表过量	5	6	11
	表高量	84	122	109
	表微量	7	11	10
	程度变化	55	14	18
	其他量级	6	2	2
在程度义形谓句中的占比		40.8%	60.6%	58.3%
在所有形谓句中的占比		12.8%	25.3%	23.9%

总体来说，"程度副词+A"类形谓句有了很大的发展。首先便表现在双音节程度副词开始大量出现，主要有两种构词形式：其一，"词根+后缀"，使用较多的后缀是"自"，如"深自、殊自、大自"，以及"为"，如"最为、大为、颇为"等；其二，同义并列，常见的有表高量的"深独、甚独、殊甚"，以及表程度变化的"尤加、愈更、更加、更益、弥复、转更"等，都是由表等同量级的程度副词并列构成。双音节程度副词在这一时期大量萌发应该和汉语双音节化的发展趋势密切相关。石毓智（2002）指出，公元5世纪到12世纪，即魏晋南北朝到南宋是双音化发展的关键时期。程湘清（2003）的研究结果表明这一步伐从东汉时开始大大加快，这一时间脉络与双音节程度副词的发展也是

一致的。从上面所列举的相关用例中可以看出,双音节程度副词通常用以修饰双音节形容词,程度副词的双音节化在一定程度上也应当受到了形容词双音节化的影响。

此外,从程度副词的内部情况来看,相较于先秦时期,魏晋南北朝时期程度副词的层级体系业已完备,从表6中可以看出,尽管高量类程度副词仍占据绝对优势,但是其他量级的程度副词不论在成员数量和使用频率上,都有了大幅提升。比如在《抱朴子》中,表极量的程度副词有"最、最为、最其、极、至、纯、穷、绝、尽"等,表程度变化的程度副词有"更、弥、益、愈、滋、转、加、尤加、更加"等,"程度副词$_{极量}$+A"和"程度副词$_{变化量}$+A"相关用例分别也高达39例和55例,已经十分常见了。《搜神记》和《世说新语》中的情况也十分类似,尽管"程度副词$_{高量}$+A"仍占据了绝对优势,但是"程度副词$_{极量}$+A"和"程度副词$_{变化量}$+A"的使用频率也有了显著提升。

还需注意的是,根据第2章中的论述,整体来看魏晋南北朝时期形容词独立用作句子谓语的情况大幅下降。在这一进程中,最大的变化便是"程度副词+A"类谓语大幅提升,《抱朴子》《搜神记》《世说新语》中的使用频率分别占所有形容词谓语句总数的12.8%、25.3%、23.9%,以及占所有程度义形谓句总数的40.8%、60.6%、58.3%,是魏晋南北朝时期形容词谓语句最为显著的一大发展。

4.1.1.3 宋元时期

宋元时期不同量级"程度副词+A"式形谓句继续得以发展。

1. 表极量

先秦和魏晋南北朝时期就已出现的表极量的程度副词有"最、最其、最为、至、致、极、绝、尽、穷"等。其中"致"和"最其"用以修饰形容词谓语的用法已十分少见。例如:

(99)教义虽最圆妙,然其趣入门户次第。(《景德传灯录》卷十三)

(100)纵横无照最为微妙。(《景德传灯录》卷三十)

(101)西北地至高。(《朱子语类》卷一)

(102)天包乎地,其气极紧。(《朱子语类》卷二)

(103)情与才绝相近。(《朱子语类》卷五)

(104)学问工夫尽多,圣人去富贵贫贱上做工夫。(《朱子语类》卷二十六)

(105)虽桀纣之为穷凶极恶,也知此事是恶。(《朱子语类》卷五十九)

此外,宋元时期也出现了一批新的表极量义的程度副词,可用以修饰形容词谓语,表达事物性状的最高级,如"极其、尽自、最是",此外还出现了

"顶",如例(109)中的"顶好",但是并未直接充当句子的谓语,而是用作补语,我们也先暂列于此。具体用例如下:

(106)日<u>极其</u>精巧。(《朱子语类》卷七)

(107)圣贤千言万语,<u>尽自</u>多了。(《朱子语类》卷七)

(108)他在半上半下处,<u>最</u>是难。(《朱子语类》卷四十八)

(109)圆图说得<u>顶</u>好。(《朱子语类》卷二)

2. 表过量

先秦和魏晋南北朝时期就已出现的表过量的程度副词有"太、大₁、过、过乎"。例如:

(110)日又<u>太</u>寂寞生。(《景德传灯录》卷七)

(111)<u>大</u>难<u>大</u>难,好去珍重。(《景德传灯录》卷二十八)

(112)便是只管一向<u>过</u>高了。(《朱子语类》卷十六)

(113)如"行<u>过乎</u>恭,丧<u>过乎</u>哀,用<u>过乎</u>俭",皆是过于小。(《朱子语类》卷七十三)

宋元时期新出现的表计量的程度副词有"太恁、大杀、大煞、忒、忒煞、太煞、过于"等。例如:

(114)日<u>太恁</u>贫寒生。(《景德传灯录》)

(115)看他怎么道,也<u>大杀</u>惺惺。(《景德传灯录》卷十二)

(116)恁地说,则<u>大煞</u>分明了。(《朱子语类》卷五十九)

(117)中间<u>忒</u>细密,于小小事上不肯放过。(《朱子语类》卷三十二)

(118)陈少南要废鲁颂,<u>忒煞</u>轻率。(《朱子语类》卷二十三)

(119)曾子是以言下有得,发出'忠恕'二字,<u>太煞</u>分明。(《朱子语类》卷二十七)

(120)君子<u>过于</u>厚,小人<u>过于</u>薄,观此则仁与不仁可知。(《朱子语类》卷二十六)

3. 表高量

先秦和魏晋南北朝时期就已出现的表高量的程度副词中,在这一时期仍在使用的有"甚、殊、良、悬、颇、颇为、特、乖、笃、尤、何其、酷、偏"等。"程度副词$_{高量}$+A"的用例部分列举如下:

(121)霞曰:"错判诸方底<u>甚</u>多。"(《景德传灯录》卷十四)

(122)有河名曰金水,其味<u>殊</u>美。(《景德传灯录》卷二)

(123)师<u>良</u>久,僧罔措。(《景德传灯录》卷二十一)

(124)一切有心,天地<u>悬</u>殊。(《景德传灯录》卷十九)

(125)事迹<u>颇</u>异,居无定所。(《景德传灯录》卷十七)

(126)援引故事,颇为详洽。(《梦溪笔谈》卷二十二)
(127)狝猴之类能如人立,故特灵怪。(《朱子语类》卷四)
(128)此乃周公诚意笃切,以庶几其万一。(《朱子语类》卷八十三)
(129)月丽天而尤迟。(《朱子语类》卷二)
(130)先生笑曰:"何其简易也!"(《朱子语类》卷一百九)
(131)遗疮痂,馨香酷烈。(《五灯会元》卷十三)

宋元时期新出现的表高量义的程度副词十分丰富,极大地丰富了汉语程度义形谓句的表达形式,常见的有"甚是、甚生、好、不方(妨)、怎么、非常、千般、万倍、可杀、可煞、特地、多少、几多、苦、煞、如此、恁地、大段、大故、大小大、尤其、分外、十分、许多、多、倒大、倒大来、畅、诸般、恁般、这般、好是、好生、哏(很)"等。现将"程度副词$_{高量}$+A"的用例列举如下:

(132)汝与我璎珞甚是珍妙。(《景德传灯录》卷一)
(133)绍甚生怕怖。(《景德传灯录》卷十八)
(134)药山云:"老兄好聪明。"(《景德传灯录》卷七)
(135)师曰:"汝不妨灵利。"(《景德传灯录》卷二十四)
(136)方丈得怎么黑。(《景德传灯录》卷二十二)
(137)此乃换骨,非常痛也。(《景德传灯录》卷三)
(138)直饶巧说千般妙。(《景德传灯录》卷二十二)
(139)合则万倍乖。(《景德传灯录》卷四)
(140)镜湖水可煞深。(《五灯会元》卷七)
(141)大地雪漫漫,春来特地寒。(《五灯会元》卷十四)
(142)适来见维那白槌了,多少好。(《五灯会元》卷十)
(143)为爱寻光纸上钻,不能透处几多难。(《古尊宿语录》卷三十三)
(144)农事初兴未苦忙,且支漏屋补颓墙。(陆游《农桑》)
(145)若天之高,则里数又煞远。(《朱子语类》卷二)
(146)四方八面皆如此光明粲烂。(《朱子语类》卷四)
(147)四方八面都恁地光明皎洁。(《朱子语类》卷四)
(148)龟山说"反身而诚",却大段好。(《朱子语类》卷十八)
(149)子路地位高,品格亦大故高。(《朱子语类》卷四十)
(150)将这身来放在万物中一例看,大小大快活!(《朱子语类》卷一百一十七)
(151)此一段,尤其切要。(《朱子语类》卷十八)
(152)这般意思却又分外好。(《朱子语类》)
(153)那时节已是淘去了浊,十分清了。(《朱子语类》卷十六)

（154）那一柄青龙刀落处都多透！（关汉卿《杂剧·关大王独赴单刀会》）

（155）倘或纰缪，倒大羞惭。（王实甫《杂剧·崔莺莺待月西厢记》）

（156）倒大来闲快活。（马致远《[南吕·四块玉]叹世》）

（157）畅豪奢，听鼓吹喧天那欢悦。（曾瑞《[黄钟]醉花阴·元宵忆旧冻》）

（158）我量力求财，在家出外，诸般快，涌迸也似钱来。（《新校元刊杂剧三十种·散家财天赐老生儿》）

（159）将军直恁般狠！（《新校元刊杂剧三十种·诸葛亮博望烧屯》）

（160）俺这打鱼人好是快活！（《新校元刊杂剧三十种·陈季卿悟道竹叶舟》）

（161）他每都很利害。（《新校元刊杂剧三十种·散家财天赐老生儿》）

（162）人参价钱哏好有。（《老乞大》）

（163）我好生饱了。（《老乞大》）

4. 表微量

先秦和魏晋南北朝时期就已出现的表微量的程度副词有"略、稍、稍稍①、稍自②、少、微、差"等。用以修饰形容词谓语的用例部分列举如下：

（164）才略晴，被日头略照，又蒸得雨来。（《朱子语类》卷九）

（165）高宗稍稍聪明，故说命之言细腻。（《朱子语类》卷七十九）

（166）若稍自着意，便自见得。（《朱子语类》卷一百一十四）

（167）注中引"既喜其寿，又惧其衰"，微差些。（《朱子语类》卷二十九）

（168）和靖虽差低，而却无前弊。（《朱子语类》卷二十一）

宋元新产生的微量义程度副词有"一分、较、略略、有些（子）、些、些娘"等。"程度副词$_{微量}$+A"的相关用例列举如下：

（169）伊川说得好，曰："理一分殊。"（《朱子语类》卷一）

（170）如得木气多者，仁较多。（《朱子语类》卷四）

（171）才略略有些利害，便一齐放倒了。（《朱子语类》卷二十六）

（172）只是有些子差，便接了。（《朱子语类》卷三十一）

（173）名分轻薄，俸钱些小，家私暴。（《新校元刊·吕洞宾度铁拐李岳》）

（174）穷汉肚肠些娘大。（《新校元刊·看钱奴买冤家债主》）

5. 表程度变化

先秦和魏晋南北朝时期就已出现的表程度变化的程度副词有"弥、转、

---

① 程度副词"稍稍"在东汉时就已出现，不过唐宋起才开始修饰形容词谓语。

② 程度副词"稍自"在西汉时就已出现，也是约唐宋起才开始修饰形容词谓语。

转更、更、更是、更加、更自、加、益、愈、愈加、愈益"等。部分列举如下：

(175)逾三十载其志弥厉。(《景德传灯录》卷二十六)

(176)师转茫然。(《景德传灯录》卷九)

(177)晚后精灵转更多。(《五灯会元》卷十一)

(178)某以为"道"字不若改做"德"字,更亲切。(《朱子语类》卷六)

(179)如今祭勾芒,他更是远。(《朱子语类》卷三)

(180)便是病在这上,便更加仔细便了。(《朱子语类》卷一百一十四)

(181)然后存养之功自此渐渐加密。(《朱子语类》卷二十六)

(182)千有余年,得程先生兄弟出来,此理益明。(《朱子语类》卷四)

(183)一番看,一番见得稳当,愈加分晓。(《朱子语类》卷十)

(184)涵养、持守之久,则临事愈益精明。(《朱子语类》卷十二)

宋元时期新出现的表程度变化的程度副词有"倍加、转加、愈更、益自、尤加、遂加、便加、越"等。其中"倍加"在宋元时期并未检索到相关用例,但是在唐五代较为常见,因为"倍加"也是魏晋南北朝以后新产生的表程度变化的程度副词,所以也将其暂列于此。例如：

(185)见一病儿,倍加尪瘦。(《敦煌变文集·太子成道经》)

(186)即相违,令学人转加疑惑。(《五灯会元》卷二)

(187)师复留五年,愈更迷闷。(《五灯会元》卷十九)

(188)师自是埋藏头角,益自韬晦。(《五灯会元》卷二十)

(189)广疑张子之言尤加精密。(《朱子语类》卷三十)

(190)初间圣人亦只是略为礼以达吾之诚意,后来遂加详密。(《朱子语类》卷三)

(191)意思疏阔,便加细密。(《朱子语类》卷九)

(192)那些儿俺心越焦。(《新校元刊杂剧·尉迟恭三夺槊》)

6. 表其他量级

宋元时期,表其他量级的程度副词,仍十分少见,进入形容词谓语句的表"几近"之意的程度副词主要有"庶几""争些",表正恰量的程度副词主要有"正""恰""正恰"。其中"争些""恰""正恰"为唐五代以来新产生的程度副词。例如：

(193)季札录云："庶几心平气和,可以思索义理。"(《朱子语类》卷十一)

(194)初间只争些小,到后来全然只有一边。(《朱子语类》卷十三)

(195)而裴公请至洪州,与前诗正合。(《景德传灯录》卷九)

(196)师曰："恰好。"(《景德传灯录》卷二十五)

(197)就颜子分上,正恰好了,也只得如此。(《朱子语类》卷二十九)

另外,宋元时期的程度义形谓句还有一个非常大的发展变化,便是"数量短语+A"结构的萌生。根据章节 3.1.2.2 所述,现代汉语中的"S+数量短语+A"下位又可以进一步细分为客观度量类、主观估量类以及主观描述类。但是有趣的是,这三种结构似乎并未经历从客观到主观、从具象到抽象的漫长类推扩展进程,在宋元时期的《景德传灯录》《朱子语类》《新校元刊杂剧三十种》《老乞大》可以找到三类"数量短语+A"结构的具体用例,甚至主观估量类以及主观描述类用例还要多于客观度量类。例如:

1)客观度量类

(198)最深杀的没一丈,都是<u>七八尺来深</u>有。(《原本老乞大》)

2)主观估量类

(199)魂魄是<u>半虚半实</u>底。(《朱子语类》卷三)

(200)若<u>半青半黄</u>,未能透彻,便是尚有渣滓,非所谓真知也。(《朱子语类》卷一)

(201)想伊胆倒<u>天来大</u>!(《元杂剧·汉高皇濯足气英布》)

(202)则为他造恶<u>弥天大</u>。(《元杂剧·小张屠焚儿救母》)

3)主观描述类

(203)师曰:"索战无功<u>一场气闷</u>。"(《景德传灯录》卷十七)

(204)他想所事<u>满心儿快活</u>。(《元杂剧·诸宫调风月紫云庭》)

同样,我们选取宋代的《景德传灯录》《朱子语类》,以及元代的《新校元刊杂剧三十种》三部典籍约 90 万字的语料,对其中的"程度副词+A"类程度义形谓句的使用情况进行了穷尽性数据统计和分析。(见表 7、表 8)

表 7 宋元时期"程度副词+A"类谓语的使用情况

文献		《景德传灯录》	《朱子语类》(1—30 卷)	《新校元刊杂剧三十种》
"程度副词+A"的出现频次	表极量	23	167	11
	表过量	28	55	26
	表高量	115	257	62
	表微量	9	90	7
	程度变化	18	81	18
	其他量级	2	12	1
在程度义形谓句中的占比		46.4%	84.2%	36.9%
在所有形谓句中的占比		18%	20.1%	14%

表8 宋元时期"数量结构+A"类谓语的使用情况

文献	《景德传灯录》	《朱子语类》(1—30卷)	《新校元刊杂剧三十种》
出现频次	4	8	5

首先,《景德传灯录》《朱子语类》《新校元刊杂剧三十种》中的程度副词一部分是对先秦和魏晋南北朝时期程度副词的继承,另一部分是唐五代以来新近产生的,总体来看,新产生的程度副词基本以双音节为主,很少有单音节的程度副词产生。根据前文所述,魏晋南北朝时期双音节程度副词的构词形式以根缀式和并列式为主,宋元时期还新增加了偏正复合式程度副词,如"十分、万分、一点、非常"等,以及重叠式程度副词,如"略略、稍稍、少少"等。

其次,"数量词组+A"结构的出现,也极大地丰富了形容词谓语的数量修饰性成分。尽管使用频率并不高,元明时期三本典籍中也仅一共出现了17例,但是表客观度量、主观估量以及主观描述的三种下位句式皆已出现,为明清时期的进一步发展奠定了基础。

最后,承接魏晋南北朝时期的发展趋势,《景德传灯录》《朱子语类》《新校元刊杂剧三十种》中,"程度副词+A"式谓语仍然是程度义形谓句最主要的下位句式,占比分别为46.4%、84.2%、36.9%,但是在所有形容词谓语句中的占比呈现出些许的下降趋势,所占比例分别为18%、20.1%、14%,这应当和宋元时期形容词谓语句的其他各类标记形式空前丰富化存在密切联系。

4.1.1.4 明清时期

明清时期不同量级"程度副词+A"式形谓句发展迅速。

1. 表极量

先秦和魏晋南北朝时期就已出现的表极量的程度副词中,在明清时期仍在使用的主要有"至、极、最"等。宋元时期新出现的表极量的程度副词中,在明清时期得以承继的主要有"尽、尽自、最为、最是、极其、顶"等。用以修饰形容词谓语的例子部分列举如下:

(205)你那水面上营生,<u>极</u>凶<u>极</u>险。(《西游记》第九回)

(206)诸般兵刃且休题,惟有吾当钯<u>最</u>切。(《西游记》第十九回)

(207) 他在岸上觉到不济,在水底也尽利害哩。(《西游记》第四十九回)

(208) 妆模做样,尽自矜持。(《二刻拍案惊奇》卷二)

(209) 两家来往,极其亲热的。(《红楼梦》第二回)

(210) 原泡高粱是顶好的。(《施公案》第三百八十一回)

明清时期新出现的表极量的程度副词较少,能用于修饰形容词谓语的主要有"极顶、备极、极致、极为"。例如:

(211) 只如南北戏文,极顶好的,多说《琵琶》、《西厢》。(《初刻拍案惊奇》卷二十八)

(212) 落得与诸君游宴数日,备极欢畅。(《二刻拍案惊奇》卷二十七)

(213) 因又拉了宝玉的手,极致殷勤。(《红楼梦》第一百十四回)

(214) 只是我听人说,你公公平常待你极为刻薄。(《老残游记》第十六回)

2. 表过量

明清时期表过量义的程度副词,基本皆为早期"过"类程度副词的继承,比如先秦和魏晋南北朝时期就已出现的"过""太",以及在宋元时期出现的"忒、忒煞、过于",此外这一时期也新增了"太生"。例如:

(215) 诗句太多,恐看官每厌听,不能尽述。(《二刻拍案惊奇》卷十七)

(216) 若要与你,又忒容易了。(《西游记》)

(217) 这老官儿真个忒煞古怪。(《醒世恒言》卷四)

(218) 你也过于小心了。(《红楼梦》第三十六回)

(219) 太生娇俏了,可知心就嫉妒。(《红楼梦》第六十九回)

3. 表高量

先秦和魏晋南北朝时期就已出现的表高量的程度副词中,这一时期仍可用于修饰形容词谓语的主要有"颇、酷、颇为、大为、深自、殊、尤、甚、特、偏、深、奇、良、何其"等。例如:

(220) 这老儿颇贤,即令安排斋饭。(《西游记》第十四回)

(221) 拗性酷贪,还是图他撒脱。(《二刻拍案惊奇》卷十四)

(222) 从直招了,押往法场处斩,大为痛快。(《包公案》卷二十一)

(223) 武王深自谦让。(《封神演义》第八十八回)

(224) 凡铅物值虽贱,变化殊奇。(《天工开物·五金》)

(225) 以绵线登花机者名曰花绵,价尤重。(《天工开物·乃服》)

(226) 市井俗人喜看理治之书者甚少,爱适趣闲文者特多。(《红楼梦》第一回)

(227) 关脉独洪,肝邪偏旺。(《红楼梦》第八十三回)

(228) 菜既奇丰,碗亦奇大。(《镜花缘》第十二回)

(229) 贫道代为尔计,所费良多。(《秀云阁》第七十九回)

宋元时期新出现的高量义程度副词中,这一时期仍在使用的主要有"恁么、多、好、十分、甚是、甚生、如此、这般、恁般、尤其、非常、万分、分外、恁地、千般、诸般、好生、很(狠)、可煞"等。部分用例列举如下:

(230) 倒恁么利害!(《水浒全传》第五十八回)

(231) 喏也不唱一个,好大胆无礼!(《西游记》第三十九回)

(232) 祖师听说,十分欢喜。(《西游记》第二回)

(233) 这场事甚是利害呀!(《西游记》第九十回)

(234) 沙僧也甚生惭愧,连忙遮掩。(《西游记》第七十六回)

(235) 这泼猴如此怠懒,我告菩萨去来!(《西游记》第五十七回)

(236) 其中惟画,尤其得意。(《警世通言》卷二十六)

(237) 意态妖娆,非常标致。(《醒世恒言》卷八)

(238) 见如此勤谨,万分欢喜。(《醒世恒言》卷十七)

(239) 那晚月色分外皎洁。(《醒世恒言》卷二十九)

(240) 不幸昨夜三更鼓死了,好是苦也!(《金瓶梅》第六回)

(241) 好生奇怪!(《红楼梦》第三回)

(242) 昨日冯紫英荐了他从学过的一个先生,医道很好。(《红楼梦》第十一回)

明清时期也新出现了一批表高量的程度副词,仍以双音节为主,如"老大、这样、这等、这等样、万般、真个、好不、何等、生、老、真真、真正、真个、上、怪、甚实、格外、大大、够、满、蛮、可、可霎"等。例如:

(243) 这菩萨也老大愈懒!(《西游记》第三十五回)

(244) 这童子这样可恶!(《西游记》第二十五回)

(245) 这个小和尚,这等利害!(《西游记》第八十一回)

(246) 请你去的,不期你这等样灵。(《西游记》第三十一回)

(247) 青冉冉,杂草万般奇。(《西游记》第十九回)

(248) 见一座碧瓦楼台,真个壮丽。(《西游记》第十回)

(249) 成亲之日,好不热闹。(《二刻拍案惊奇》卷二)

(250) 官府动笔判个"简"字,何等容易!(《二刻拍案惊奇》卷三十一)

(251) 脖项生疼。(《醒世姻缘传》第七十八回)

(252) 北直隶还近,别的也都老远的。(《醒世姻缘传》第八十三回)

(253) 岂知宝玉叹道:"真真难得!"(《红楼梦》第一一八回)

(254)真正晦气,白闹了这么一天!(《红楼梦》第八十八回)

(255)你主子真个倒巧。(《红楼梦》第五十五回)

(256)必是上好的。(《红楼梦》第三十四回)

(257)我怪闷的,来瞧瞧你作什么呢。(《红楼梦》第十九回)

(258)只是二目光芒甚实不佳。(《七剑十三侠》第六十五回)

(259)这一天格外炎热。(《二十年目睹之怪现状》第三十一回)

(260)北侠大大不乐。(《小八义》第九十四回)

(261)算了,够酸的了!(《儿女英雄传》第八回)

(262)来这么一百八十的,也满不要紧。(《儿女英雄传》第三十一回)

(263)姑娘可淘气呀,最爱装个爷们。(《儿女英雄传》第十四回)

(264)可奎怪,素臣见的,明明是一窖元宝。(《野叟曝言》第六十四回)

(265)蛮好,倪几家头一淘去。(《九尾龟》第一百十四回)

4. 表微量

先秦和魏晋南北朝时期出现的表微量的程度副词有"微、略、稍、稍稍、稍自"等。例如:

(266)上者出火成翠毛色,中者微青,下者近土褐。(《天工开物·陶埏》)

(267)衬钱比他们略多些儿。(《西游记》第七十六回)

(268)宝玉听了,心里稍稍安顿,连忙到贾政这边来。(《红楼梦》第八十一回)

(269)幸良人颇怜爱,稍自宽慰。(《聊斋志异》卷四)

宋元时期产生的程度副词有"有些(儿)、一分、略略、微微、较"等。例如:

(270)我老猪也有些饿了。(《西游记》第二十回)

(271)司理道:"一分酒醉,十分心醉。"(《喻世明言》卷十七)

(272)邢夫人、尤氏也略略宽怀。(《红楼梦》第一百零八回)

(273)吃到下午时候,两人都微微醉了。(《儒林外史》第四十一回)

(274)廉洁到任未及三月,所以较少。(《海国春秋》第八回)

明清时期新出现的表微量的程度副词有"稍有些、有几分、有点儿、比较"等。用以修饰形容词谓语的用例如下:

(275)如稍有些尫羸,还要见责。(《西游记》第四回)

(276)若变小女儿,有几分难哩。(《西游记》第四十七回)

(277)腹中有点痛疼。(《封神演义》)

(278)有时逢着大风,驶行便比较容易。(无垢道人《八仙得道》)

5. 表程度变化

先秦至于宋元时期就已出现的表程度变化的程度副词有"更、更加、更自、越、愈、愈加、弥、转、益、愈益、转加、尤加、益自"等。例如：

(279) 再细些<u>更</u>好！（《西游记》第四回）

(280) 那妇人见了他三众，<u>更加</u>欣喜。（《西游记》第二十三回）

(281) 口里也说不出话来，心中<u>更自</u>着急。（《西游记》第一百十二回）

(282) 这行者背上<u>越</u>重了。（《西游记》第四十回）

(283) 那道士<u>愈加</u>着忙，又添香、烧符、念咒打下令牌。（《西游记》第四十五回）

(284) 所以越弄得市上无米，米价<u>转</u>高。（《二刻拍案惊奇》卷一）

(285) 久之，举<u>益</u>豪，名<u>益</u>重。（《儿女英雄传》第三十九回）

(286) 修道之心，<u>愈益</u>坚决。（《八仙得道》第九十四回）

(287) 延至冬十月，<u>转加</u>沉重。（《杨家将》第五回）

(288) 湣王自孟尝君去后，<u>益自</u>骄矜。（《东周列国志》第九十四回）

明清时期新出现的表程度变化的程度副词有"越加、越越、一发、越发、益发、亦发"等。例如：

(289) 行者闻得这话，<u>越加</u>嗔怒。（《西游记》第十五回）

(290) 反觉得精神颜色，<u>越越</u>强壮。（《醒世恒言》卷三十八）

(291) 心下<u>一发</u>糊涂。（《二刻拍案惊奇》卷十五）

(292) 如今出了阁，又在那府里办事，<u>越发</u>历练老成了。（《红楼梦》第十三回）

(293) 贾母听说，<u>益发</u>高兴起来。（《红楼梦》第四十三回）

(294) 贾珍见父亲不管，<u>亦发</u>恣意奢华。（《红楼梦》第十三回）

6. 表其他量级

明清时期，和其他历史时期一样，表几近量和正恰量的程度副词十分稀少，之前就已产生的"庶几、庶乎、殆、几"，以及"正、恰"，这一时期仍然被保留了下来。例如：

(295) 何不保举此人，<u>庶几</u>两全。（《封神演义》第二回）

(296) 得有今日，<u>庶乎</u>无愧。（《儿女英雄传》第三十八回）

(297) 弟因内地山水连年游玩<u>殆</u>遍，近来毫无消遣。（《镜花缘》第八回）

(298) 人各有专菜，<u>几</u>与西人同。（《清宫禁二年记》卷上）

(299) 礼部乃风化之原，此人<u>正</u>好。（《二刻拍案惊奇》卷十五）

(300) 今得到来，<u>恰</u>好！（《二刻拍案惊奇》卷二）

此外还产生了新的表几近量的副词"几乎"以及表正恰量的副词"正好、恰正、恰好"。例如：

(301) 几乎累死，后来却得明白。(《二刻拍案惊奇》卷三十八)

(302) 若论斯哈哩国，正好早哩。(《西游记》第五十九回)

(303) 如今恰好全了。(《红楼梦》第五十一回)

(304) 才貌恰正相等。(《儿女英雄传》第二十三回)

明清时期，"数量短语+A"结构得以继承发展，客观度量类的Ⅰ式和Ⅱ式，以及主观估量类的Ⅰ式和Ⅱ式皆已完备，此外，主观描述类的"数量短语+A"愈加丰富，是使用频率最高的"数量短语+A"结构。例如：

1) 客观度量类

Ⅰ式：计量义

(305) 见一大树，刮去了皮，一片白，上写两行字。(《水浒全传》第二十三回)

(306) 一块红一块白，好像个妖怪一般。(《九尾龟》第一百十五回)

Ⅱ式：测量义

(307) 膝腕半围团，金莲三寸窄。(《西游记》第七十二回)

(308) 木头栅栏一丈高，二尺宽厚。(《三剑侠》第一回)

2) 主观估量类

Ⅰ式：度量类

(309) 苍蝇不过豆粒大小，如何容得？(《西游记》第三十四回)

(310) 迎风捻了一捻，就碗来粗细。(《西游记》第四十四回)

Ⅱ式：估量类

(311) 面如傅粉三分白，唇若涂朱一表才。(《西游记》第四十一回)

(312) 若变小女儿，有几分难哩。(《西游记》第四十七回)

3) 主观描述类

(313) 贾政等亦已得信，一路悲戚。(《红楼梦》第九十五回)

(314) 宝钗一见，满心欢喜。(《红楼梦》第六十七回)

(315) 今儿还没有歇过来，浑身酸疼。(《红楼梦》第十九回)

(316) 一则，是这位姑娘生性豪爽，一片天真。(《儿女英雄传》第九回)

同样，我们也选取了《西游记》《红楼梦》《儿女英雄传》三部明清典籍共计200余万字的语料作为代表，对其中的"程度副词/数量短语+A"式形容词谓语进行穷尽性的数据统计和分析。(见表9、表10)

表9　明清时期"程度副词+A"类谓语的使用情况

文献		《西游记》	《红楼梦》	《儿女英雄传》
"程度副词+A"的出现频次	表极量	47	134	18
	表过量	21	127	30
	表高量	393	470	260
	表微量	38	90	47
	程度变化	27	273	121
	其他量级	4	9	6
在程度义形谓句中的占比		35.1%	56.7%	66%
在所有形谓句中的占比		16.3%	24.4%	35.2%

表10　明清时期"数量结构+A"类谓语的使用情况

文献	《西游记》	《红楼梦》	《儿女英雄传》
出现频次	28	15	13

　　首先,可以明显看出,这一时期"程度副词+A"结构用以充当谓语的形谓句仍然十分丰富,不仅旧有的程度副词仍然很活跃,而且还出现了一批新的程度副词。不过三本文献的具体使用情况还是有一些差异,《西游记》中"程度副词+A"的出现频率稍微要低一些,在程度义形谓句以及所有形谓句中的占比分别为35.1%和16.3%,但是《红楼梦》和《儿女英雄传》中使用频率再次有所提升,两项占比分别为56.7%和24.4%,66%和35.2%。整体来说,虽然稍有浮动,"程度副词+A"类谓语仍是形容词谓语句最为常见,也是最为重要的一种用法。

　　此外,"数量结构+A"的进一步发展完善,也极大丰富了形容词谓语的句式类型,但是仍然是一种低频句式,在《西游记》《红楼梦》《儿女英雄传》中分别仅出现了28次、15次和13次。

　　综上,受程度副词修饰的形谓结构早在先秦时期就已经出现,一直延续至现代汉语中,从古至今皆是形容词谓语句最核心的下位句式之一。用于修饰形容词的程度副词也经历了漫长的发展历程,内部成员愈加丰富,程度层级体系愈加完善,相应地,"程度副词+A"形式的形容词谓语在程度表达上也经历了从较为单一到愈加丰富的过程。而"数量结构+A"虽然一直到宋元时期才产生,但是在短时间内却迅速完善了相关下位句式,明清时期已经相对成熟了。

但是值得一提的是,尽管"程度副词+A"在用作句子谓语时,其外在句法形式一直以来并未发生巨大变化,但漫长的历史演变进程也导致了一些有趣的细微变化。在宋代的语料中我们发现了程度副词连用的个例,并且这种用法逐渐发展开来,说明使用频率较高的"程度副词+形容词"谓语结构在长期使用中也会经历语义弱化,为了加强语义表达,或者使用新兴的程度副词,或者采用程度副词连用,甚至是程度副词和程度补语结构叠加的形式。程度副词连用可以是同等程度层级的,也可以是不同程度层级的,都在不同层面进一步细化了形容词的程度层级,并加强了形容词谓语句的状态描写特征:

(317)最甚深,最甚深,法界人身便是心。(《五灯会元》第四卷)

(318)论咱的官位可也勾了,止有家财略略少些。(《全元曲·包待制陈州粜米》)

(319)林冲烘着身上湿衣服,略有些干。(《水浒传》第十回)

(320)一轮红日当天,没半点云彩,其日十分大热。(《水浒传》第十五回)

(321)此女颇有些聪明伶俐,善知音律,极能针指。(《水浒传》第三十回)

(322)老马得胜越发诈,比前加倍更酷贪。(《聊斋俚曲集·富贵神仙》)

(323)嗓子儿怪疼的要不得。(《金瓶梅》第五十四回)

(324)今早心腹里,都觉不十分怪疼了。(《金瓶梅》第九十五回)

(325)屡蒙厚赐,太过于厚。(《醒世姻缘传》第六十七回)

(326)也很够欢喜的。(《老残游记续集》第四回)

"程度副词+A"结构的进一步发展还表现在从唐五代时起在"程度副词+A"基础上附加语气词或者助词,即"程度副词+A+语气词/助词"结构的情况逐渐增多,如"程度副词+A+生/也/矣/了/了也""怪/挺/够+A+的"。从单一标记到标记形式的叠加,也使得"程度副词+A"形式更为复杂,表义也更加丰富。例如:

(327)子问太高生。(《祖堂集》第四卷)

(328)师便掩耳云:"太多也。"(《祖堂集》第四卷)

(329)其地位亦甚高矣。(《朱子语类》第二十九卷)

(330)到得可与权时节,也是地位太煞高了也。(《朱子语类》第三十七卷)

(331) 也就<u>太狠心了</u>,外头这么怪冷的。(《红楼梦》第一百十三回)

(332) 欧阳德昨天见我们,<u>还挺好的</u>。(《彭公案》第七十八回)

(333) 又想有五百银子给我家父母,<u>也很够欢喜的</u>。(《老残游记续集》第四回)

4.1.2　形补式形谓句

作为语法层面上的程度表达形式,形补结构在形容词谓语句中占有十分重要的地位。章节3.1.2.3主要从共时层面讨论了现代汉语形补结构的结构类型以及语义特征,虽然从整体上来说,形补结构可表程度、度量、比较等多种意义,但是其中最为核心的是高程度义,即对形容词A所描写的性状进行程度加深。作为述补结构的一种,形补结构的产生和发展深受动补结构的影响,也经历了漫长的演变历程。因此,有必要从历时层面对形补结构形成与发展进行系统的考察。本章节主要梳理不同历史时期形补结构的整体使用情况,对于具体句式的构式化和语法化历程,如粘合式形补结构中的"A+程度副词"结构以及"A死""A透""A坏"结构,组合式形补结构中的"A得C""A得慌""A得紧""A得不行""A得可以""A得+比拟"等结构,将在第8章中进行详尽的考察分析,此处不再展开讨论。

形补结构最早出现的便是"A+数量"结构,在先秦时期的语料中就已经出现,例如:

(334) 城中<u>广二丈五尺二</u>,<u>长二丈</u>。(《墨子备·城门》)

(335) 渔人之入海,<u>海深万仞</u>。(《管子·禁藏》)

但是这一时期的"A+数量"应当分析为主谓结构更加合适,原因主要在于两点。首先,"A+数量"存在平行的表达形式"NP+之+A+数量"[如例(336)—例(338)],以及"其+A+数量"[如例(339)—例(341)],上述结构中的形容词通过"NP+之+A"以及"其+A"将形容词指称化为一个名词性结构,用作句子主语,而非谓语,相应地,谓语便由数量结构来充当。例如:

(336) <u>周垣之高八尺</u>。(《墨子·备城门》)

(337) <u>谷之重一也</u>,今九为余。(《管子·山至数》)

(338) <u>沣水之深千仞</u>,而不受尘垢。(《淮南子·道应训》)

(339) <u>其长三寸九分</u>。(《吕氏春秋·仲夏纪第五》)

(340) 无厚,不可积也,<u>其大千里</u>。(《庄子·天下》)

(341) 增城九重,<u>其高几里</u>。(《楚辞·天问》)

其次,句法结构的发展演变无法脱离这一时期所处的总体句法环境。动结式述补结构最迟到南北朝时期才得以确立(王力,1958;梅祖麟,1991;

蒋邵愚,1999),也就意味着述补结构自魏晋南北朝时期才开始得以形成和发展。形补结构作为述补结构的下位构式,也必然受其限制。事实上,各类形补结构一直到宋代以后才开始大量出现,而且其演变发展也往往受到了各类动补结构的影响与推动。

综上,将先秦时期的"A+数量"分析为形补结构并不合适,而应该视为主谓结构。但是语言的发展演变具有连续的传承性,而且在缺乏外在形式标记的情况下,我们很难指定一个具体的时间作为"A+数量"由主谓结构重新分析为述补结构的分界线。因此在进行数据统计分析的时候,我们还是统一将各个历时分期的表层形式为"A+数量"的有关用例皆归入了程度义形容词谓语句,而不是以某个时间节点为界,将这一延续性割裂开来。而对于其他的形补结构,如"A 甚/极/非常/万分/死/透/坏"等,我们也采用同样的处理方式,保持统计标准的一致性。

述补结构的形成对汉语的发展演变产生了重大的影响,在谓语中心语 V 后创造一个补语位置 C,作为对 V 的补充说明,其句法地位低于 V,因此当句中两个不存在先后顺序关系的谓词相比邻时,已经很难将其看作一种连动结构,而应视为述补结构。在这种大的环境的影响下,一批表层结构为"S+A+X"的句式便逐渐由主谓结构重新分析为述补结构。

宋元时期是形补结构发展的重要转折点,自此出现了一批又一批新兴的表达形式。宋代已经发展得较为完善的形补结构,除了前文中的"A+数量"之外,还有以"A 甚""A 非常"为代表的"A+程度副词"类结构、表渗透之义的"A 透"结构以及以"得"为补语标记的各类"A 得 C"结构。例如:

(342)中夜之间<u>寒甚</u>,拥数床棉被,犹不暖。(《朱子语类》第二卷)

(343)忽有凉风袭众,身心<u>悦适非常</u>,而不知其然。(《五灯会元》卷一)

(344)席上青衫<u>湿透</u>,算感旧,何止琵琶。(司马光《锦堂春》)

(345)<u>乐得大段颠蹶</u>。(《朱子语类》第三十一卷)

(346)"在"字又<u>紧得些子</u>。(《朱子语类》第十五卷)

元代新产生的形补结构有限,不过这一时期的"A 杀""A 得紧"结构已经较为成熟了。例如:

(347)这等<u>悭吝的紧</u>。(《全元曲·看钱奴买冤家债主》)

(348)<u>虚弱得紧</u>,胃口倒了。(《全元曲·幽闺记》)

明清以来,形补结构进入了爆发式增长期,新兴的形补结构成批出现,并得以大量运用,常见的如"A 极""A 无比""A 万分""A 坏""A 死""A 得很""A 得慌""A 得不行"等。例如:

(349)<u>欢喜极了</u>,反有堕下泪来的。(《初刻拍案惊奇》第五卷)

(350) 年方一十八岁,美丽不凡,<u>聪慧无比</u>。(《二刻拍案惊奇》第十一卷)
(351) 审得伍和,<u>狠毒万分</u>,习奸百出。(《包公案》第九十五则)
(352) 你若<u>饿坏了</u>我,你有罪愆。(《西游记》第七十七回)
(353) 儿子<u>糊涂死了</u>。(《红楼梦》第六十八回)
(354) 当初谁叫你<u>快活透了</u>,今日有许多眼泪!(《警世通言》第三十一卷)
(355) 这家子<u>远得很</u>哩!(《西游记》第二十二回)
(356) 小神<u>饿得慌</u>,那里管他甚么好?(《三宝太监西洋记》第五十五回)
(357) 实在<u>累得不行</u>。(《彭公案》第一百五十六回)

为了考察不同历史时期形补结构充当谓语的具体情况,我们也对从先秦至明清 12 部典籍中所有的形补式形谓句进行了详尽的数量统计。(见表 11—表 14)

表 11　先秦时期"A+程度补语"类谓语的使用情况

文献	《论语》	《庄子》	《孟子》
总数	1	4	1
在程度义形谓句中的占比	0.9%	1.2%	1.3%
在所有形谓句中的占比	0.3%	0.4%	0.3%

表 12　魏晋南北朝时期"A+程度补语"类谓语的使用情况

文献	《抱朴子》	《搜神记》	《世说新语》
总数	43	80	13
在程度义形谓句中的占比	9%	28.4%	4.3%
在所有形谓句中的占比	2.8%	11.9%	1.8%

表 13　宋元时期"A+程度补语"类谓语的使用情况

文献	《景德传灯录》	《朱子语类》(1—30卷)	《新校元刊杂剧三十种》
总数	20	23	45
在程度义形谓句中的占比	4.8%	2.9%	13.3%
在所有形谓句中的占比	1.8%	0.7%	5%

表14 明清时期"A+程度补语"类谓语的使用情况

文献	《西游记》	《红楼梦》	《儿女英雄传》
总数	246	662	239
在程度义形谓句中的占比	16.3%	34%	32.7%
在所有形谓句中的占比	7.6%	14.6%	17.4%

表11中的数据显示，《论语》《孟子》《庄子》中已有"A+数量结构"出现，但是十分少见，《论语》和《孟子》中仅各1例，《庄子》中也只出现了4例。

至魏晋南北朝时期，"A+数量结构"的使用数量在各个文献中皆有显著的提升，比如《抱朴子》中共有"A+数量结构"类形谓句37例，甚至还出现了"A+极/过度/如此/之甚/之极"的用例，二者共计43例，占该文献形谓句总数的2.8%，占程度义形谓句总数的9%。《搜神记》中的情况较为特殊，主要是"A+数量结构"使用频率较高，共有相关用例74个，此外也出现了"A+甚/非常/非凡/如此/无比"，导致"A+程度补语"类谓语在所有形谓句以及程度义形谓句中的占比分别高达11.9%和28.4%。《世说新语》中"A+程度补语"类谓语出现了13例，在所有形谓句以及程度义形谓句中的占比则低至1.8%和4.3%。整体来看，受动结式的影响，这一时期的"A+数量结构"处于由主谓结构重新分析为述补结构的进程中，已经可以被视为准形补结构了。

至宋元时期，形补结构的使用频率和魏晋南北朝时期相比呈现出先降后升的发展态势。《景德传灯录》中共有形补类谓语20例，占程度义形谓句总数的4.8%，《朱子语类》共出现了23例，所占比例仅为2.9%，在所有形谓句中的占比相应地也有所下降。但这并不意味着这一时期形补结构开始衰退，事实上，宋元以来，形补结构的下位句式呈现极其丰富的面貌特征。旧有的"A+数量结构"依然保持着较高的使用频率，此外，新形式的形补结构不断产生，如"A+些(子)""A甚""A非常""A煞(杀)"以及各类"A得C"结构等，这样一来由形补结构充当的形谓句便极大地丰富起来。相应地，元代的《新校元刊杂剧三十种》中由形补结构充当谓语的用例为45例，在所有形谓句总数中的占比以及在程度义形谓句中的占比也分别升至5%和13.3%。

明清时期，旧有的形补结构依旧保持着较高的使用频率，同时各类新形式的形补结构不断涌现，常见的有"A极了""A无比""A万分""A异常""A多着""A不尽""A死""A坏""A大发了""A得很""A得慌""A得不行"

"A得可以""A+到+C"等,这样一来,形补类形谓句数量呈现爆发式增长。《西游记》中共有该类句式246例,在程度义形谓句中的占比为16.3%,《红楼梦》中共662例,所占比例为34%,《儿女英雄传》则出现了239例,占比也达到了32.7%,因此在所有程度义形谓句中的占比皆已经仅次于"程度副词+A"式谓语结构。

整体来看,由形补结构充当谓语的情况经历了从无到有、从少到多的历时演变进程,在使用频率上虽然无法和"程度副词+A"类谓语相比,但是由于形补结构形式多样,而且充当补语成分存在虚化程度高低的问题,所以或多或少地保留着一定的原本意义,这样一来,虽然形补结构的核心意义为程度义,但实际所蕴含的意义是十分丰富且形象的,因此也具有很强的独特性和不可替代性。形补结构逐渐成为汉语形容词谓语句的重要成员,也极大地丰富了汉语程度类表达形式。

4.2 句子层面的表达形式

汉语形容词谓语句也会在句末附加各种语气词,即所谓的句子层面的标记形式。从古到今,汉语语气词系统发生了很大的改变,根据孙锡信(1999)的考察,先秦两汉时期的常用语气词有"也、矣、尔、耳、焉、已、乎、哉"等十多个,唐五代时期新增添了"後、无、摩、里、了、着、者、在",而宋元时期起,汉语语气词系统愈加丰富和复杂,常见的有数十个,从而也会丰富形容词谓语句的有标记情况。汉语语气词系统颇为复杂,功能上可表陈述、疑问、感叹、祈使等语气。相应地,不同历史时期常用以表感叹的语气词也有所不同。

先秦和魏晋南北朝时期最为常见的表感叹的语气词并无太大差异,以"哉"和"矣"为主,另外还有"乎""耳""夫""也""耶"等。例如:

(358)天下之不助苗长者寡矣!(《孟子·公孙丑上》)
(359)美哉!泱泱乎,堂堂乎!后世将孰有此?(《韩非子·外储说右上》)
(360)汝痴耳!帝岂复忆汝乳哺时恩邪!(《世说新语·规箴》)
(361)悲夫!生民用心之不钧,何其辽邈之不肖也哉!(《抱朴子·交际》)
(362)汝字復好,何其善也!(《贤愚经》卷三)
(363)复传我姊平安消息,倍何快耶!(《贤愚经·差摩现报品》卷三)

此外,还存在语气词组合使用的情况,但是十分少见,如"也与""也哉""乎哉""矣哉"等。例如:

(364) 舜其大孝也与！（《中庸》第十七章）
(365) 九世之卿族，一举而灭之，可哀也哉！（《左传·襄公二十五年》）
(366) 异乎哉！此非吾所谓道也。（《吕氏春秋·季冬纪》）
(367) 远矣哉！（《宋书·列传·蔡廓、子兴宗》）

唐五代至宋元时期又新产生了一批新的语气词，常见的有"在、了、好、哩、着哩、呵、阿、也啰"等，用于句末表达感叹语气，呈现出与传统文言语气词全然不同的面貌。例如：

(368) 去佛法大远在。（《景德传灯录》第十五卷）
(369) 如公之论，都侵过说，太苛刻了！（《朱子语类》卷二十九）
(370) 人间憔悴好。（刘辰翁《须溪词》）
(371) 我接韩魏公，忙哩！（《新校元刊·岳孔目借铁拐李还魂》）
(372) 俺哥哥，你还健着哩。（《全元曲·便宜行事虎头牌》）
(373) 醉后高眠，倒大清闲快活呵！（《新校元刊·泰华山陈抟高卧》）
(374) 将我这铜斗儿般大院深宅，苦也啰！苦也啰！（《全元曲·相国寺公孙合汗衫》）

明清时期则继续沿用了宋元时期的语气词，并在文字规范以及音变现象影响下产生了一批新的语气词形式（孙锡信，1999），例如"呀、哑、啊、哪、哇、呢、着呢、啦、唔"等。例如：

(375) 嘴上好不疼呀！（《西游记》第三十二回）
(376) 你好痴哑！（《西游记》第五十五回）
(377) 妙啊！这就是病源了。（《红楼梦》）
(378) 雅得很哪！（《红楼梦》第三十七回）
(379) 有，有。多着呢。（《七侠五义》第十九回）
(380) 贾明这个乐儿可就大啦！（《三侠剑》第一回）
(381) 比他爵位大的人，犯这种恶习的，很多很多唔。（《小额》）

同样，我们也对先秦至明清12部典籍中句子层面的程度标记，即表感叹义的语气词，进行了穷尽性的数据统计。（见表15—表18）

表15 先秦时期句子层面的程度表达形式的使用情况

文献	《论语》	《庄子》	《孟子》
总数	40	122	28
在程度义形谓句中的占比	36.4%	36.1%	35.4%
在所有形谓句中的占比	11.1%	13.5%	8%

表 16　魏晋南北朝时期句子层面的程度表达形式的使用情况

文献	《抱朴子》	《搜神记》	《世说新语》
总数	70	5	8
在程度义形谓句中的占比	14.6%	1.8%	2.6%
在所有形谓句中的占比	4.6%	0.7%	1.1%

表 17　宋元时期句子层面的程度表达形式的使用情况

文献	《景德传灯录》	《朱子语类》	《新校元刊杂剧三十种》
总数	76	42	18
在程度义形谓句中的占比	18.1%	5.3%	5.3%
在所有形谓句中的占比	7%	1.3%	2%

表 18　明清时期句子层面的程度表达形式的使用情况

文献	《西游记》	《红楼梦》	《儿女英雄传》
总数	110	86	60
在程度义形谓句中的占比	7.3%	4.4%	8.2%
在所有形谓句中的占比	3.4%	1.9%	4.4%

整体来说,除了语气词内部成员的更替之外,先秦至明清,语气词在程度义形谓句中的使用情况也发生了巨大的改变,主要体现在两个方面。

首先,"A+语气词$_{感叹}$"的使用频率整体呈现不断下滑趋势。先秦时期,"A+语气词$_{感叹}$"充当句子谓语的比例相当高,使用频率基本与"程度副词+A"类谓语持平,甚至要高出很多,比如《论语》中"A+语气词$_{感叹}$"共出现 40 例,而"程度副词+A"类谓语仅 11 例,而《庄子》中二者的比例为 112∶70,《孟子》中稍有不同,"A+语气词$_{感叹}$"的出现频次开始略低于"程度副词+A"类谓语,二者的用例比为 28∶33。

但是进入魏晋南北朝时期,"A+语气词$_{感叹}$"的使用频率便呈现断崖式下滑,《抱朴子》《世说新语》《搜神记》中"A+语气词$_{感叹}$"仅占程度义形谓句的 14.6%、1.8%、2.6%,以及所有形谓句总数的 4.6%、0.7%、1.1%。

宋元至明清时期,则延续了这一下降趋势,不过略有反弹。究其原因,主要有两点:第一,根据前文所述,从唐五代起,语气词系统内部呈现出新旧更迭,新的语气词不断产生,而旧有的语气词有一部分仍然十分活跃,整体来说,汉语语气词系统的内部成员越丰富,相应地,"A+语气词$_{感叹}$"的出现频次也会越高一些。第二,汉语的谓语结构古今呈现出一个极大的差异,便是现代汉语的动词和形容词在用作句子谓语时具有"有界性"特征,往往需要借助一些句法成分将谓语有界化后方可完句,这一进程便迅速发展于宋元,成于明清。而语气词除了可以传达感情信息之外,还具有完句功能(齐沪扬,2002),对此不少学者都进行了相关的讨论。那么在汉语有界化趋势下,人们在句末使用语气词从而使句子更加完整,便是十分自然的事了。

其次,受汉语谓语系统有界化进程的影响,语气词还有另外一个主要的发展趋势,便是句子标记独立完句的情况越来越少见,多和词组层面的标记形式一起共现。虽然语气词具有完句功能,但是影响句子成句的因素很多,更为准确地来说,语气词虽可帮助句子完句,但是通常情况下却不可以独立完句,比如表感叹的"*美啊""*热啦""*好了"基本不可以单独说,而需要使用"好美啊""太热啦""太好了"的形式。现代汉语中可以帮助形容词谓语独立完句的表感叹的语气词只有"着呢"[①],比如"她好着呢""天热着呢",而"着呢"是动态助词"着"和语气词"呢"的复合形式,所以句法功能和单纯形式的句末语气词还是会存在差异。在上述因素的影响下,语气词在句中的句法表现也发生了一定的变化。根据我们对不同历史时期语料情况的考察,先秦和魏晋南北朝时期的语气词经常独立附着于光杆形容词之后,即以"A+语气词$_{感叹}$"形式可以独立用作句子谓语,如例(358)—例(361)。然而随着历时演变,很多情况下语气词已经很难单独承担完句功能了,除了句末语气词外,还需要添加相关的句法标记。在前文宋元以及明清时期的语料中,除了在句末附加感叹类语气词外,形容词谓语前后还往往添加了相应的程度成分,如程度副词"好、好不、可、很、太、这么",或者程度补语"得很"。从单一标记到复合标记形式,说明了汉语形容词谓语句的句法特征日趋复杂。

---

① 但是"树叶黄了"中的"了"通常被视为"了$_1$+了$_2$",即具有动态标记和句末语气词的双重身份。

4.3 构形层面的表达形式

汉语的性质形容词还可以通过构形重叠来被赋予程度义,但是这一程度范畴的表达形式也经历了漫长的历时演变进程。石锓(2010)将形容词的重叠分为两大类:重言和重叠。这种区分是十分必要的,因为二者的基式以及重叠的语法意义都有很大的差异。前者是状态形容词的重叠,如"皑皑""昭昭""霏霏"等,主要是对事物某一具体情貌的展现;而后者是性质形容词的重叠,如"高高的""红红的",表达一种"量"的概念,具有程度义(朱德熙,1956;俞敏,1987;李宇明,1996;石毓智,1996)。

此外,从历时的角度来看,二者的出现时间也有很大的差异。形容词重言在先秦时期就已经大量出现,如:

(382) 今我来兮,雨雪霏霏。(《诗经·小雅·采薇》)

(383) 蒹葭苍苍,白露为霜。(《诗经·秦风·蒹葭》)

而性质形容词的重叠在先秦时期只是零星偶现,真正系统产生是到唐代,主要表现为两点:一是出现了许多新的 AA 式重叠词,如"短短""好好""厚厚""满满""白白""黄黄""新新""薄薄"等;二是先秦至魏晋时出现的 AA 式重叠词使用频率显著增高(石锓,2010)。示例如下:

(384) 白日何短短,百年苦易满。(李白《短歌行》)

(385) 絮时厚厚绵纂纂,贵欲征人身上暖。(王建《送衣曲》)

(386) 青青竹笋迎船出,白白江鱼如馔来。(杜甫《送王十五判官》)

(387) 新新复新新,千古一花春。(孟郊《吊卢殷》)

为了考察不同历史时期形容词构形重叠用作谓语的具体情况,我们同样对从先秦至明清 12 本典籍中所有的构形重叠进行了详尽的数量统计。(见表 19—表 22)

表 19 先秦时期构形层面的程度表达形式的使用情况

文献	《论语》	《孟子》	《庄子》
总数	0	0	0
在程度义形谓句中的占比	0%	0%	0%
在所有形谓句中的占比	0%	0%	0%

表20　魏晋南北朝时期构形层面的程度表达形式的使用情况

文献	《抱朴子》	《搜神记》	《世说新语》
总数	0	0	0
在程度义形谓句中的占比	0%	0%	0%
在所有形谓句中的占比	0%	0%	0%

表21　宋元时期构形层面的程度表达形式的使用情况

文献	《景德传灯录》	《朱子语类》	《新校元刊杂剧三十种》
总数	10	6	19
在程度义形谓句中的占比	2.4%	0.8%	5.6%
在所有形谓句中的占比	1%	0.2%	2.1%

表22　明清时期构形层面的程度表达形式的使用情况

文献	《西游记》	《红楼梦》	《儿女英雄传》
总数	50	53	5
在程度义形谓句中的占比	3.3%	2.7%	0.5%
在所有形谓句中的占比	1.5%	1.2%	0.3%

通过将不同历史时期形容词重叠式用作句子谓语的情况进行对比，可以发现汉语形容词重叠式从古到今发生了如下改变：

首先，构形重叠式形谓句最大的变化便表现在使用频次的从无到有上。根据前文所述，性质形容词的重叠式一直到唐代才开始系统产生，所以我们在先秦时期的《论语》《孟子》《庄子》，以及魏晋南北朝时期的《抱朴子》《世说新语》《搜神记》中都未发现相关用例。一直到宋代的《景德传灯录》和《朱子语类》才出现了"小小（底）""空空""平平正正""含含糊糊""零零碎碎"用作句子谓语的情况，而在《新校元刊杂剧三十种》中则更为常见，共出现了19例，占所有程度义形谓句总数的5.6%以及所有形容词谓语句总数的2.1%，可以重叠的形容词也更加丰富，如"冷冷清清""慌慌忙忙""穷穷苦苦""奸奸诈诈"等，基式以双音节性质形容词为主。至于明清，重叠式谓语的使用频率呈现出稍许的下降，《西游记》中共出现了50例，在程度义形谓句中的占比为3.3%，《红楼梦》中共有53例，占比仅为2.7%，而《儿女英雄传》中的使用频率更低,可被视为形容词重叠式谓语的句子共有 8 例,仅占全书程度义形谓句总数的 0.5%。

其次,从句法层面来看,单音节性质形容词的重叠式经历了从可以单独用作谓语到需要强制添加助词"的"的转变。根据石锓(2010)的考察,形容词重叠在一定程度上继承了形容词重言的句法特征,可以带词尾,如"然、地、底、许、馨、个"等,不过唐五代时期的形容词重叠更多的是不带词尾。然而到宋代,单音节性质形容词用作谓语时便开始带助词"底",明清时期,便已经具有一定的句法强制性了。比如《红楼梦》中单音节性质形容词在重叠时基本使用"AA 的"形式。"的"的强制性也和汉语谓语结构的有界化趋势密切相关。根据 Han(2022),汉语谓语结构的有界化迅速发展于宋元,而成熟于明清时期,这一时间也与"的"的使用轨迹相吻合。石毓智(2011)指出,虽然形容词重叠主要是对某一程度的确立,但是这个程度是一个具有伸缩性的量,代表的是一个不明确也不稳定的量,既无法像"程度副词+A"以及形补结构那样确立一个比较明确的量级,也无法像"是……的"框架那样将形容词结构离散化,这样就需要一个新的结构标记帮其有界化,而这一要求恰好与"的"确立某个认知域成员的功能相符,因此导致"的"替代其他形容词后附成分,成了一个具有强制性的形容词后附成分。

再次,形容词重叠式本来就具有高程度义,一般不需再添加程度副词,不过明末清初的《醒世姻缘传》中,弱程度副词"有些"已开始修饰 AA 式重叠了。例如:

(388)不傻也有些呆呆的。(《醒世姻缘传》第八十一回)

(389)你因甚么见了他便有些馁馁的?(《醒世姻缘传》第九十五回)

清代晚期,弱度程度副词"有点"也可以修饰 AA 式重叠,例如:

(390)我此时虽不觉乏,只是腹中有点空空儿的。(《七侠五义》第三十二回)

(391)下半截一点不凉,仿佛有点温温的似的。(《老残游记续》第一回)

这说明形容词重叠式的程度义有一定的弱化。而在方言中这种弱化更加明显,根据傅国通(1961)、傅左之(1962)以及钱曾怡(1995)的考察,相当于普通话"很"的"老""蛮""蒙""大",以及相当于普通话"一点儿"的"一另儿"在不同地区的方言中也都可以修饰形容词重叠式。例如:老红红/轻轻、蛮大大/高高、蒙短短/矮矮、大长长/胖胖、一另儿大大/甜甜。

最后,至清末近代,还出现了一种新形式的形容词重叠式,即"程度副词+形容词"可以重叠,并用作句子的谓语,甚至还可以附加词尾"的",这也应当和"程度副词+形容词"的程度义弱化密切相关。例如：

（392）这是蒸好的馒头，一屉摞着一屉，<u>很高很高</u>的。(《雍正剑侠图》第二十八回）

（393）起源是<u>很小很小</u>，小的跟芥子一般。(《清朝秘史》第八十回）

（394）作了皇后以后，我的新朋友<u>很多很多</u>了。（老舍《阳光》）

（395）现在的学校可真<u>很远很远</u>了。（沈从文《我读一本小书同时又读一本大书》）

（396）走了多远，我记不清了，总该是<u>很远很远</u>吧。（老舍《月牙儿》）

4.4 词汇层面的表达形式

状态形容词与性质形容词相对，具有典型的描写性，产生时间也比性质形容词要略晚些。郭锡良（2000）指出，甲骨文中只有十几个性质形容词，而状态形容词一直到周代才产生，多是由音变构词所产生的重言词和双声叠韵联绵词，此外也有的是单音词或带词尾的复音词，皆可直接用作句子谓语。

自此，状态形容词便作为汉语词类中的重要成员，不断演变发展起来。根据前文所述，现代汉语中状态形容词从形式来看主要有 AA 式（如"滔滔""绵绵"）、XA 式（如"雪白""通红"）、AB 式（如"斑驳""苍茫"）、ABB 式（如"白茫茫""黑乎乎"）、BBA 式（如"麻麻黑""冰冰凉"）、AABB 式（如"战战兢兢""兢兢业业"）、~然式（如"释然""哗然"）、中缀式（如"糊里糊涂""黑不溜秋"）和一些少见的其他类型（如"稀巴烂""老实巴交"等）。显然，现代汉语中的状态形容词已经极其丰富。事实上，古汉语中的状态形容词也是十分多样化的，甚至有些类型在现代汉语中已经消失不见。从形式上来看可以粗略分为 A 式、AX 式、AB 式、AA 式、AABB 式、ABB 式、XA 式、中缀式，以及其他少见的类型。

1. A 式

A 为单音节状态形容词，先秦时期更为常见，在汉语双音节化趋势的影响下，魏晋南北朝起逐渐减少，明清已经非常少见。可直接用作句子谓语，例如：

（397）野有蔓草，零露漙兮。(《诗经·郑风·野有蔓草》)

（398）巧笑倩兮，美目盼兮，素以为绚兮。(《论语·八佾》)

（399）人莫之识，邈矣辽哉！(《抱朴子·畅玄》)

2. AX 式

即附加式状态形容词,其实存在前加和后加两种形式,前加式的词头有"有""其"等,只不过基本见于《诗经》时期,后世多不用。例如:

(400)彤管有炜,说怿女美。(《诗经·邶风·静女》)

(401)北风其凉,雨雪其雱。(《诗经·邶风·北风》)

相比较而言后加式状态形容词要丰富得多,即在 A 后附加词尾,构成状态形容词。越是早期,词尾越丰富,比如先秦时期常见的词尾有"乎、尔、诸、焉、如、然、若"等。两汉时期的状态形容词后缀有"然、尔、若"等,六朝以后则几乎只剩下"然"了,别的后缀已不太常见(余忠,2010)。用作形容词谓语的例子如下:

(402)焕乎,其有文章。(《论语·泰伯》)

(403)皋陶、庭坚不祀忽诸。(《左传·文公五年》)

(404)胸中不正则眸子眊焉。(《孟子·离娄上》)

(405)霸者之民驩虞如也,王者之民皞皞如也。(《孟子·尽心》)

(406)而容崖然,而目冲然,而颡頯然,而口阚然,而状義然。(《庄子·天道》)

(407)茫茫然宠辱不汨其纯白。(《抱朴子·逸民》)

(408)众人哄然,以为不调庙之故。(《朱子语类》卷三)

3. AB 式

多是语音上具有双声叠韵关系的联绵词。例如:

(409)一之日觱发,二之日栗烈。(《诗经·豳风·七月》)

(410)绝险绵邈,嵔崒崎岖,和气絪缊。(《抱朴子·滕文公上》)

4. AA 式

即叠音式状态形容词,A 一般不能单说。也可经常用作句子谓语,例如:

(411)淇水汤汤,渐车帷裳。(《诗经·卫风·氓》)

(412)中丹煌煌独无匹,立之命门形不卒。(《抱朴子·微旨》)

5. AABB 式

存在有基式和无基式两种情况。充当句子谓语的用例如下:

(413)战战兢兢,如临深渊,如履薄冰。(《诗经·小雅·小旻》)

(414)恢恢荡荡,与浑成等其自然。(《抱朴子·畅玄》)

(415)鬼的也似自言自语,絮絮聒聒。(《全元曲·朱太守风雪渔樵记》)

6. ABB 式

词根 A 后附词缀 BB 构成,同样也存在有基式和无基式两种情况。此类状态形容词在先秦和魏晋南北朝时期也较为少见,宋元时期开始增多。例如:

(416)君子坦荡荡,小人长戚戚。(《论语·述而》)

(417)夜半黑淬淬地,天之正色。(《朱子语类》卷一)

(418)这会子油腻腻的,谁吃这个!(《红楼梦》第四十一)

7. XA 式

即偏正式状态形容词,该类状态形容词出现时间也较晚,一直到宋元时期才出现。例如:

(419)展转无眠,粲枕冰冷。(柳永《过涧歇近·酒醒》)

(420)堂里老僧头雪白。(《景德传灯录》卷二十三)

(421)一个漆黑,一个大胖。(《儿女英雄传》第十五回)

8. 中缀式

中缀式的出现时间更晚,一直到明清才产生,中缀为"里(哩)"的用例多一些,如"蹀里蹀斜""稀哩胡涂""慌里慌张""叽哩咕噜""糊里胡涂",而中缀为"不"的用例很少,如"而不冷腾""黑不溜俅",但是例(425)的"糊甲糊涂",以及例(428)的"黑不溜俅"并未用作谓语,而是充当状语和定语。例如:

(422)奴家见他拿东拿西,蹀里蹀斜,也不靠他。(《金瓶梅》第二回)

(423)醒来不见俏冤家,稀哩胡涂到处摸。(《聊斋俚曲集·琴瑟乐》)

(424)总是这样慌里慌张,大声小气的!(《儿女英雄传》第三十五回)

(425)连着县太爷也是糊里糊涂的。(《文明小史》第十回)

(426)口里叽哩咕噜,也不知说些甚么。(《官场现形记》第二十回)

(427)他汉子而不冷腾,他老婆跐溜扑笼。(《聊斋俚曲集》第三回)

(428)一个浓眉大眼黑不溜俅的小旦,唧溜了半天,下去了。(《儿女英雄传》第三十二回)

9. 其他类型

此外还有一些不太常见的状态形容词类型,通常产生时间晚,相关用例也十分少见,现简单列举如下。

1) AAB 式

(429)小饮归来,初更过、醺醺醉。(柳永《婆罗门令·昨宵里》)

(430)天地寥寥阔,江湖荡荡空。(《醒世姻缘传》第五十一回)

2) AXAY 式

(431)这长官嘟头嘟脑的,听什么琵琶。(《聊斋俚曲集》)

(432) 女子见这般人浑头浑脑,都是些力巴。(《儿女英雄传》第六回)

3) ABC 式

(433) 一足刚跷一足轻,数茎头发乱鬅松。(贾仲明《杂剧·铁拐李度金童玉女》)

(434) 对门间壁都有些酸辣气味,只是俺一家儿淡不剌的。(乔吉《杂剧·玉箫女两世姻缘》)

4) ABCD 式

(435) 手脚儿滴差笃速。(郑光祖《杂剧·倩梅香骗翰林风月》)

(436) 劈丢扑冬,水心里打沐桶。(尚仲贤《杂剧·洞庭湖柳毅传书》)

为了考察不同历史时期状态形容词充当谓语的具体情况,我们也对从先秦至明清12部典籍中所有的状态形容词类形谓句进行了详尽的数量统计。(见表23—表26)

表23 先秦时期词汇层面的程度表达形式的使用情况

文献	《论语》	《庄子》	《孟子》
总数	62	138	24
在程度义形谓句中的占比	56.4%	40.8%	30.4%
在所有形谓句中的占比	17.2%	15.2%	6.9%

表24 魏晋南北朝时期词汇层面的程度表达形式的使用情况

文献	《抱朴子》	《搜神记》	《世说新语》
总数	189	26	106
在程度义形谓句中的占比	39.3%	9.2%	35%
在所有形谓句中的占比	12.3%	3.9%	14.4%

表25 宋元时期词汇层面的程度表达形式的使用情况

文献	《景德传灯录》	《朱子语类》	《新校元刊杂剧三十种》
总数	157	119	136
在程度义形谓句中的占比	37.4%	15.1%	40.1%
在所有形谓句中的占比	15%	3.6%	15.2%

表26　明清时期词汇层面的程度表达形式的使用情况

文献	《西游记》	《红楼梦》	《儿女英雄传》
总数	539	202	40
在程度义形谓句中的占比	35.7%	10.4%	5.5%
在所有形谓句中的占比	16.6%	4.5%	2.9%

通过将不同历史时期状态形容词用作句子谓语的情况进行对比，可以看出从古到今发生了如下改变：

首先，从状态形容词的内部构成来看，随着社会的发展，人们的社会生活愈加丰富，对语言表情达意的要求也就越来越高，这样一来，主要用以对事物性状特征进行生动化描写的状态形容词也会在历时演变中不断更迭，其形式日益丰富，数量不断增加。早期主要是重言词和双声叠韵联绵词，以及单音词或带词尾的复音词，宋元时期起，更多ABB形式的状态形容词开始加入，进入繁荣期，并新产生了XA式状态形容词，二者皆有很高的能产性，是现代汉语中状态形容词的重要成员。此外，AAB式、ABC式、ABCD式、AXAY式等也陆续登上历时舞台，尽管使用频率不高，但也极大地丰富了状态形容词。到了清代，又产生了中缀式状态形容词，也具有一定的能产性。

其次，作为词汇层面上的程度表达形式，"S+A$_{状态}$"自先秦以来就一直十分活跃。在先秦时期的《论语》《孟子》《庄子》中，状态形容词充当句子谓语的比例占所有形容词谓语句总数的17.2%、15.2%以及6.9%，尤其是在《论语》和《庄子》中，这一比例甚至远超"程度副词+A"类谓语形式。魏晋南北朝时期"S+A$_{状态}$"仍十分常见，《抱朴子》和《世说新语》中占比分别为12.3%和14.4%，但是《搜神记》中的使用频率相比较而言低一些，为3.9%，整体来说已经普遍要低于"程度副词+A"类谓语。宋元时期的情况仍然类似，《景德传灯录》和《新校元刊杂剧三十种》中"S+A$_{状态}$"的占比仍然很高，分别为15%和15.2%，基本和之前没有太大差异，但是《朱子语类》中的占比低一些，为3.6%。在明清时期的《西游记》中，"S+A$_{状态}$"类谓语占所有形谓句总数的16.6%，但是《红楼梦》《儿女英雄传》中的比例却要低一些，仅有4.5%以及2.9%，不仅低于"程度副词+A"类谓语，也要低于形补类形容词谓语句。

虽然我们将状态形容词归为词汇层面上的程度表达形式，但是这种通过生动的状态描写而传达出的程度量级和程度副词还是有差异的，其附加的形象义和色彩义更是具有不可替代性，这也就是为什么尽管数量义形谓句下位句式越来越丰富,但"S+A$_{状态}$"式谓语却一直保持着一定数量的使用频率。

4.5 本章小结

从前文的分析考察中可以看出,汉语程度义形谓句的历时演变呈现出如下特征。

首先,从古至今,程度义形谓句皆是有标记形谓句中出现频率最高的一类,并且一直呈现出稳定增长的态势。在《论语》《孟子》《庄子》所有形谓句中的占比分别为30.5%、22.7%、37.3%①,在魏晋南北朝时期的《世说新语》《抱朴子》《搜神记》中,程度义形谓句使用频率有了大幅提升,所占比例分别达到了31.3%、41.8%、41%。至于宋元,《景德传灯录》《朱子语类》《新校元刊杂剧三十种》中程度义形谓句分别占形容词谓语句总数的38.9%、24%、38%,虽未有显著提升,但是仍然稳居第一位。明清时,程度义形谓句再次呈现快速增长,在《西游记》《红楼梦》《儿女英雄传》中的使用频率提升至形谓句总数的46.4%、43%、53.3%,和先秦时期相比有很大差异。

其次,程度义形谓句的表达方式也日益丰富、完善。在先秦时期,程度义形容词谓语句主要使用词汇层面的表达形式和句子层面的表达形式,相比较而言稍显单一。魏晋南北朝时期,"程度副词+形容词"迅速发展起来,成为使用频率最高的程度义谓语类型。进入宋元时期,不但性质形容词的构形重叠逐渐成熟,而且各类形补结构开始蓬勃发展,能产性极高。至于明清,各种表现形式基本都已发展成熟,但是仍然有新生力量不断加入。

最后,各类下位句式的句法特征和语义特征也向丰富化和复杂化的方向不断演进。比如词组层面的"程度副词+A"结构,不但程度表达越来越丰富,且从宋起出现了程度副词连用的现象,此外,"程度副词+A+语气词/助词"结构也逐渐增多,语义和句法上日益复杂。而形补结构,在经历了漫长

---

① 根据前文所述,随着语言的发展,形容词谓语句的句法形式越来越复杂,程度标记在修饰形容词谓语时也往往会以复合形式出现,比如"略有些干""你好痴哑!""不傻也有些呆呆的"中就分别使用双重程度副词、程度副词和语气词、程度副词和构形重叠的叠加形式,这样一来,便会导致形谓句中程度标记的总数要多于程度义形谓句本身的数量,特此说明。

的演变历程之后,于宋元逐步兴起,并在明清时期进入了爆发期,不断有新的下位结构产生,在使用频率上已经仅次于"程度副词+A"类谓语。又如句子层面的语气词发生了从单一句子标记到句子标记和词组标记叠加的转变:先秦和魏晋南北朝时期,语气词常独立附着于光杆形容词之后,随着语言发展,语气词越来越少独立完句,往往和相关的词组标记共现。再如构形层面的形容词重叠,从可独立用作谓语,到需要强制添加助词"的",再到重叠式可受"有些""有点"的修饰以及"程度副词+形容词"为基式的新型重叠式的出现,都说明了句法语义特征的丰富化和复杂化。

第 5 章 动态义形容词谓语句的历时演变

石毓智和白解红（2006）指出,汉语形容词的语义概念化包含了一个动态的时间过程,与动词的语义特征最为接近,所以最容易发展出动词用法。通常认为汉语形容词具有动词性特征,在用作谓语时,其句法行为和动词具有很大的相似性。根据前文所述,形容词谓语句动态性本质便是事物所呈现的性状随着时间轴的延伸而呈现出起始、结束以及程度高低的起伏变化。人们对时间的认知反映在语言层面主要表现为时范畴和体范畴,因此,动态义形容词谓语句的句法特征主要表现为形容词和动态标记以及其他时间成分的共现上,常见的主要有"A+动态助词""时间副词/时间名词+A"以及表时的介词词组充当形容词的状语或者补语等形式。

从历时的视角来看,时间名词和时间副词的产生时间要远远早于语法性体标记,而不同的时间概念在不同历史时期的表现形式也是多种多样的。下面,我们将分先秦、魏晋南北朝、宋元、明清四个历史阶段,系统考察汉语动态义形谓句的演变过程。

5.1 先秦时期的动态义形谓句

5.1.1 形谓句中常见的动态标记

甲骨文中可以辨识出的形容词谓语时间修饰语往往都是表示时点或者时段概念的时间名词或者介词词组,例如:

(1) 癸亥卜,？贞:翌甲子不雨?甲子雨小。(《甲骨文合集》12973)

(2) 戊辰卜,雨?自今三日庚雨少。(《甲骨文合集》19722)

(3) 己卯卜,贞:王今夕宁。(《甲骨文合集》19722)

(4) □申卜□六月雨多。(《甲骨文合集》19722)

(5)☐之夕允雨多。(《甲骨文合集》19722)

然而至于西周金文时期,这一情况便进一步丰富化和复杂化,除了受时间名词、介词词组修饰外,还可以受时间副词修饰,从而使描写的内容在时间上表现得更加丰富、具体,既可以表达过去已然、将来未然的时体概念,也可以表短时或者长时的时长概念等,例如:

(6)曰古文王,初盩龢于政。(《史墙盘》)——古代文王,一开始就政治和谐。

(7)司余小子弗伋,邦将曷吉(《毛公鼎》;同上)——我小辈还不着急,国家怎么能强盛?

(8)召万年永光,用作团宫旅彝。(《召尊》;同上)——召千万年永远光荣,所以铸造团宫的礼器。

(9)身其康疆,子孙其逢吉。(《尚书·周书》;同上)——身体必定会健康强壮,子孙一定会昌盛吉利。

根据金晓艳(2012)的考察,西周以后,时间标记成分开始大量发展,不仅在数量上大幅激增,而且基本上所有类型的时间标记成分都逐渐发展完善。总体来说,经常用于修饰形容词谓语的时间词除了可以表示时体概念外,还可以用以表时序、频率等。但是这一时期语法范畴的体标记十分少见,只有"矣",是先秦时期常用的语气词,并成为兼表"实现"体意义的语法性标记(左思民,2007)。下面我们将西周以后,下至于西汉时期,经常用以修饰形容词谓语的动态性标记进行考察。具体如下所述。

1. 表过去、已然

表过去、已然义的动态类标记在修饰形容词谓语时,主要用以标记事物的性状在时间轴上的定位先于说话时或者某一特定的参照点,或者事物的性状在说话时或某一时间之前就已实现。常见的有时间副词"既、已、尝、向、既已",时间名词"昔、昔者、少"等,表时间的介词词组,以及语法性体标记"矣"。例如:

1)时间副词

(10)敦弓既坚,四鍭既钧。(《诗经·大雅·行苇》)

(11)怨仇已多,将何以战?(《左传·僖公二十八年》)

(12)牛山之木尝美矣。(《孟子·告子章句上》)

(13)向也虚而今也实。(《庄子·山木》)

(14)以其谋为既已足矣。(《墨子·非攻》)

2)时间名词和介词词组

(15)吾少也贱,故多能鄙事。(《论语·子罕》)

(16)昔舜巧於使民,而造父巧于使马。(《荀子·哀公篇》)

(17)昔者大王贤,王季贤,文王贤,武王贤(《管子·小问》)

(18)人有言"至于禹而德衰,不传於贤而传于子",有诸?(《孟子·万章上》)

3)语法性体标记"矣"

(19)民鲜久矣。(《论语·雍也》)

(20)吾君老矣,国家多难。(《国语·晋语二》)

2. 表现在、进行

表现在、进行义的动态类标记在修饰形容词谓语时,主要用以标记事物性状在说话时的存续状态,或者表示以某一特定的时间为参照点,事物的某种性状正在持续或进行。常见的有时间副词"方$_1$、方将$_1$",时间名词"今、而今、今日、于今、今时"等。例如:

1)时间副词

(21)旅力方刚,经营四方。(《诗经·小雅·北山》)

(22)方将踌躇,方将四顾,何暇至乎人贵人贱哉!(《庄子·田子方》)

2)时间名词

(23)始也,吾以治国为易,今也难。(《国语·晋语二》)

(24)而今贫贱死夭,是不能至于其所欲至也。(《韩非子·解老》)

(25)今日晏闲,敢问至道。(《庄子·外篇·知北游》)

(26)于今为烈,如之何其受之。(《孟子·万章下》)

(27)今时则易然也。(《孟子·公孙丑上》)

3. 表将来、未然

表现在、进行义的动态类标记在修饰形容词谓语时,主要表达事物性状在说话之时尚未发生,但是在该时间点之后将要发生或存在。常见的有时间副词"将""其"等。例如:

(28)余将老,使郤子逞其志,庶有豸乎?(《左传·宣公十七年》)

(29)武王使人候殷,反报岐周曰:"殷其乱矣。"(《吕氏春秋·贵因》)

4. 表短时

表短时义的动态类标记主要表达的是时长方面的概念,在修饰形容词谓语时,可用以描述事物性状持续时间很短,或者事物性状在短时内发生、出现。常见的有时间副词"俄且""俄则""速""少焉""忽"等。例如:

(30)则夫塞者俄且通也,陋者俄且僩也,愚者俄且知也。(《荀子·荣辱》)

(31)莫不欲强,俄则弱矣;莫不欲安,俄则危矣。(《荀子·君道》)

(32)是故溪陕者速涸。(《墨子·亲士》)
(33)少焉气力倦。(《战国策·西周策》)
(34)渊兮汪洋,顾林兮忽荒。(《楚辞·九怀》)

5. 表长时

和表短时义的动态类标记相对,表长时义的动态类标记在修饰形容词谓语时,可用以描述事物性状长时间持续、不变,或者事物性状在长时间之后发生、出现。常见的有时间副词"久、常、长、恒、终日、终身、终岁"等。例如:

(35)国家久安。(《韩非子·安危》)
(36)其酒常美。(《韩非子·外储说右上》)
(37)长安於天下。(《韩非子·奸劫弑臣》)
(38)为之者疾,用之者舒,则财恒足矣。(《礼记·大学》)
(39)终日乾乾,与时偕行。(《周易·乾·文言》)
(40)终身䜣然,乐而忘天下。(《孟子·尽心上》)
(41)将终岁勤动,不得以养其父母。(《孟子·滕文公上》)

6. 表持续

表示事物的性状在句中所指的参考时间内处于持续不变的状态,或者该性状从过去持续到说话之时。常见的有时间副词"素、犹、尚、犹尚"等。例如:

(42)其众素饱,不可谓老。(《左传·僖公二十八年》)
(43)其父兄之食粗而衣恶者犹多矣,吾是以不敢。(《国语·鲁语》)
(44)吾国尚利,孰与坐而割地,自弱以强秦哉?(《战国策·赵策三》)
(45)多实尊势,贤士制之,以遇乱世,王犹尚少。(《吕氏春秋·审分览》)

7. 表时序

表时序的动态类标记主要表达的是事物的性状与另一事件在时间上的先后次序或者相继关系,即某种性状的产生在时间上先于或者后于另一事件,此外也包括同时的时间顺序关系。可以用以形容词谓语句中表时序义的动态类标记主要有时间副词"先、后、乃、遂、同"等。例如:

(46)损,先难而后易。(《易·系辞下》)
(47)有容,德乃大。(《尚书·周书·君陈》)
(48)诸侯遂乱,反陈蔡,君子耻不与焉。(《春秋公羊传·昭公十三年》)
(49)今王与百姓同乐,则王矣。(《孟子·梁惠王下》)

8. 表初终

表初终的动态类标记在修饰形容词谓语时主要描述事物在初始阶段和结束阶段所处的性状特征,形容词谓语中常见的主要有时间副词"初、终、始、卒、始初"等。例如:

(50)初吉终乱。(《周易·既济卦》)

(51)不与姬通,今而始大。(《左传·昭公三十年》)

(52)蔡、卫、陈皆奔,王卒乱。(《左传·桓公五年》)

(53)物之若耕织者,始初甚劳,终必利也。(《淮南子·主术训》)

9. 表早晚

表早晚的动态类标记主要表示说话人认为事物性状出现的时间先于或后于常态中的时间参数,或者认为应该早点儿或者晚点儿发生。常见的有时间副词"早、晚、夙"。例如:

(54)行冬令,则草木早枯。(《吕氏春秋·孟夏纪》)

(55)行春令,则五谷晚熟。(《吕氏春秋·仲夏纪》)

(56)子生三月之末,漱浣夙齐,见于内寝,礼之如始入室。(《礼记·内则》)

10. 表频率

频率义动态标记在修饰形容词谓语时,主要表示事物性状在一段时间之内发生频次的多寡与高低。常用以修饰形容词谓语的主要有频率副词"又、屡、数、复、朝夕、再"等。例如:

(57)是岁,晋又饥。(《左传·僖公十五年》)

(58)回也其庶乎,屡空。(《论语·先进篇》)

(59)称道数当,故无择称之。(《庄子·田子方》)

(60)怒可以复喜,愠可以复悦。(《孙子·火攻篇》)

(61)修其训典,朝夕恪勤。(《国语·周语上》)

(62)一姓不再兴。(《国语·周语下》)

11. 表逐渐

逐渐义时间副词在修饰形容词谓语时,主要表达事物的性状程度随着时间的推移不断加深或减少。这一时期可用以修饰形容词谓语的主要有时间副词"浸、渐",以及出现时间较晚的"渐渐",但是总体来说在先秦时期很少用以修饰形容词谓语。例如:

(63)杀气浸盛,阳气日衰,水始涸。(《吕氏春秋·仲秋纪》)

(64)知虑渐深,则一之以易良。(《荀子·修身》)

(65)聊须臾以时忘兮,心渐渐其烦错。(《楚辞·九叹》)

5.1.2 形谓句中动态标记的使用情况

下面我们再结合使用频率,综合考察各类动态标记在形容词谓语句中的使用情况。我们通过对《论语》《孟子》《庄子》三部典籍中出现的动态义形谓句进行穷尽性考察,统计了各类动态标记的使用数量和总体占比情况。(见表27)

表27 先秦时期动态类形谓句的使用情况

标记类型	《论语》	《庄子》	《孟子》
表过去、已然	31	66	24
表现在、进行	1	5	7
表将来、未然	0	5	5
表短时	0	1	0
表长时	1	1	5
表持续	1	4	5
表时序	1	7	4
表初终	0	3	0
表早晚	0	0	0
表频率	1	3	2
表逐渐	0	0	0
动态义形谓句总数[①]	33	97	37
在所有形谓句中的占比	9.1%	10.7%	10.6%

首先,总体来看,虽然在先秦时期,形容词做谓语时已经可以受动态性成分的修饰,但出现频率并不高,《论语》《孟子》《庄子》中受动态标记修饰的形容词谓语仅占所有形谓句总数的9.1%、10.7%和10.6%。

其次,从所表达的具体的动态语义特征来看,三部先秦典籍中,形容词

[①] 由于动态标记在修饰形容词谓语时往往会叠加出现,比如"牛山之木尝美矣"一句中就使用双重标记形式"尝"和"矣",这样一来,便会导致形谓句中动态标记的数量要多于动态义形谓句本身的数量,本章节中的数据统计皆呈现这一特征,特此说明。

谓语句中使用频率最高的动态标记便是表过去、已然义的动态标记,《论语》《庄子》《孟子》中共分别出现了 31 例、66 例和 24 例,皆有着绝对的数量优势。

最后,从动态标记的个体使用情况来看,出现频次最高的为语法性体标记"矣",《论语》《孟子》《庄子》中分别出现了 26 例、50 例和 16 例;其余标记的使用频率都很低,往往仅出现寥寥数次,甚至 1 次。

综上,先秦时期,一方面,形容词谓语句中的动态标记已经较为丰富,基本上所有语义类型的动态标记皆已出现;另一方面,从使用频率来看,动态标记较少用以修饰形容词谓语,这便导致形容词谓语句的动态性语义特征仍然较弱,还需要漫长的发展历程。

5.2 魏晋南北朝时期的动态义形谓句

至于魏晋南北朝时期,动态义形谓句在句法形式上并无太大变化,仍主要受"时间名词/时间副词/介词词组"修饰,以及"形容词+矣"这几种形式为主,但是动态类标记形式更加丰富,在形谓句中的出现频率也开始大幅提升。具体将在下文中进一步分析。

5.2.1 形谓句中常见的动态标记

1. 表过去、已然

魏晋南北朝时期又产生了许多新形式的表过去、已然义的动态标记,其中可以用以修饰形容词谓语的,除先秦时期就已出现的"已、尝、既、既已、曾、昔、昔者、矣"以及表时的介词词组之外,还出现了新的时间副词"曾、既自、既尔、既已、先自、已自、才₁",以及新的时间名词"在昔、先时、当时、于时"等,形式更为丰富。此外,语气词"矣"仍是这一时期唯一的语法体标记。

1)先秦时期已产生的标记形式

(66)太傅已醉,坐上多客。(《世说新语·言语》)

(67)王修龄尝在东山甚贫乏。(《世说新语·方正》)

(68)既熟,擘莫,与汁。(《齐民要术·卷八》)

(69)名既已殊,体何得一?(范缜《神灭论》)

(70)攸年七八岁,衢曾醉,误伤攸耳。(《三国志·魏书·荀攸传》)

(71)吾昔醉,不识汝面。(《搜神记》卷二十)

(72)斯之为病,由来久矣。(《抱朴子·广譬》)

2)魏晋南北朝时期新产生的标记形式

A.时间副词

(73)将别,既自凄惘,叹曰……(《世说新语·言语》)

(74)既尔穷急,绝念观世音。(《系观世音应验记·彭子乔》)

(75)或修道晚暮,而先自损伤已深,难可补复。(《抱朴子·极言》)

(76)试略问粗处,已自茫然。(《全梁文·发真隐诀序》)

(77)才小富贵,便豫人家事。(《晋书·谢安传》)

B.时间名词

(78)在昔隆昌,洪基已谢。(《梁书·策梁公九锡文》)

(79)臣国先时人众殷盛,不为诸国所见陵迫。(《宋书·夷蛮传》)

(80)当时苦涩,后稍便之。(《抱朴子·仙药》)

(81)于时天月明净,都无纤翳。(《世说新语·言语》)

2. 表现在、进行

这一时期能用于修饰形容词谓语的表现在、进行的时间词,除先秦时期就已产生的"方$_1$、今、而今、今日"之外,还产生了新的时间副词"正、适",和时间名词"当今、方今"等。例如:

1)先秦时期已产生的标记形式

(82)以陛下春秋方刚,心畏雷霆。(《三国志·魏书·明帝纪》)

(83)先贵而后贱,昔富而今贫。(《三国志·蜀志·郤正传》)

(84)今日天气佳,清吹与鸣弹。(陶渊明《诸人共游周家墓柏下》)

2)魏晋南北朝时期新产生的标记形式

A.时间副词

(85)猛将怀暴怒,胆气正从横。(曹丕《广陵于马上作诗》)

(86)盟清泠兮适潺湲,白云起兮吊石莲。(江淹《悦曲池》)

B.时间名词

(87)当今盛美,襄代未闻。[《全梁文·菩提树颂(并序)》]

(88)方今主上圣明。(《三国志·吴志·孙皓传》)

3. 表将来、未然

这一时期能用于修饰形容词谓语的表将来、未然的时间标记,除"将、其"外,还产生了新的时间副词"欲、垂、方将$_2$、将就",以及新的时间名词"后世、明旦、明日"等。例如:

1)先秦时期已产生的标记形式

(89)将熟,又去水。(《齐民要术·水稻》)

(90)国之不亡,以我数人在也,今其殆矣!(《华阳国志》卷九)

2)魏晋南北朝时期新产生的标记形式

A.时间副词

(91)日小欲晚,便使左右取袯。(《世说新语·政事》)

(92)今诞糇粮垂竭,背逆者多。(《宋书·文五王》)

(93)今法章徽仪,方将大备。(《宋书·礼志》)

(94)皇风方当远畅,文轨将就大同。(《全刘宋文·论沙门踞食表》)

B.时间名词

(95)后世稍怠,不能复特为馔。(《搜神记》卷二十)

(96)今日作,明旦鸡鸣便熟。(《齐民要术》卷七)

(97)亦搦破块,明日便熟。(《齐民要术》卷七)

4.表短时

表短时义的时间副词在魏晋南北朝时期也极大地丰富起来。先秦时期就已产生的用以修饰形容词谓语的短时义时间副词,在魏晋南北朝时期大多已经退出历时舞台,仅"速"和"忽"仍较为常用,但是出现了一大批新的短时义时间副词,如"少、暂、登时、奄然、立、须臾、一旦、俄而、俄然、顷者、卒$_1$、倏焉、顿、一时"等,都可以用以修饰形容词谓语。例如:

1)先秦时期已产生的标记形式

(98)虽钩曲庆细而速朽,而犹见用也。(《抱朴子·名实》)

(99)酒,辟诸邪恶,令齑美而速熟。(《齐民要术》卷八)

(100)暂少忽老,迅速之甚。(《抱朴子·勤求》)

2)魏晋南北朝时期新产生的标记形式

(101)肃恭少怠,则慢惰已至;威严暂驰,则群邪生心。(《抱朴子·用刑》)

(102)刮此二物以涂其疮,亦登时愈也。(《抱朴子·登涉》)

(103)入口则奄然身热。(《抱朴子·仙药》)

(104)常天旱燥时溲之,立乾。(《齐民要术》卷一)

(105)须臾则淡,便引出。(《齐民要术》卷八)

(106)一旦富贵,不祥。(《世说新语·贤媛》)

(107)谢太傅寒雪日内集,与儿女讲论文义,俄而雪骤。(《世说新语·言语》)

(108)顷者绵微,守尽晷漏。(《梁书·殷钧传》)
(109)卒腹痛,不任入。(《三国志·吴书·诸葛滕二孙濮阳传》)
(110)含咀之间,倏焉疲暮。(《梁书·王筠传》)
(111)况於名实顿爽,自欺耳目。(《隋书·音乐志》)
(112)往日嫌怨,一时豁然。(《宋书·范晔传》)

5. 表长时

表长时的时间副词也更为多样化,除先秦时期就已出现的"久、永、常、长、终日、恒"外,还新产生了双音节形式的"常自、日久、始终"等。此外,也可以使用"A+补语"的形式,如例(121)"怅惘良久",表长时的"良久"附于形容词后,用作时间补语。例如:

1)先秦时期已产生的标记形式
(113)常有黄鸟数千枚巢其上,时久旱。(《搜神记》卷十八)
(114)形势一连,根牙永固。(《三国志·吴志·胡综传》)
(115)夫贤常少而愚常多。(《抱朴子·名实》)
(116)南林以处温长茂。(《抱朴子·至理》)
(117)担一斛许重,终日不倦。(《抱朴子·杂应》)

2)魏晋南北朝时期新产生的标记形式
(118)莫知始终,常自湛然。(谢灵运《佛影铭·序》)
(119)日久勤劬,自强不已。(《全梁文·桐柏山金庭馆碑》)
(120)惟瑗一人,终始全洁。(《三国志·魏书·窦瑗传》)
(121)家见汉直,谓其鬼也,怅惘良久。(《搜神记》卷十七)

6. 表持续

除先秦时期已经出现的"尚、犹、犹尚、其间"外,这一时期也产生了一批新的可以修饰形容词谓语的持续义时间副词,常见的有"且犹、尚尔、素、宿、本、本自、固自、自昔"等。此外,也可以使用"A+补语"的形式,如例(135)的"纵适一时",例(136)的"大旱七年",或者用表示时长的时间名词来修饰形容词,如例(133)的"百日",例(134)的"千日"等,表示事物在一定时间之内处于某种性状之中。例如:

1)先秦时期已产生的标记形式
(122)长文尚小,载着车中。(《世说新语·德行》)
(123)恩令骤下,而逃伏犹多。(《宋书·孝武帝纪》)
(124)平地无险,犹尚艰难。(《三国志·魏书·程郭董刘蒋刘传》)

2)魏晋南北朝时期新产生的标记形式

A.时间副词

(125)墨家之教,遵上俭薄,磨踵灭顶,且犹非吝。(《南齐书·徐伯珍传》)

(126)时和岁稔,尚尔虚乏,傥值水旱,宁可熟念。(《南齐书·王敬则传》)

(127)家素贫弊,宅舍未立。(《宋书·谢庄传》)

(128)夫出家之士,皆灵根宿固,德宇渊深。(《宏明集》卷八)

(129)君本文弱,素无武干。(《宋书·殷琰传》)

(130)长岑旧知远,莱芜本自贫。(阴铿《罢故章县诗》)

(131)乐正子春,曾参弟子,亦称至孝,固自谨慎。(《三国志·魏书·崔光传》)

(132)亦有元放,兼称稚川,遁形解化,自昔同然。(《全梁文·华阳陶先生墓志铭》)

B.时间名词

(133)以紫苋煮一丸,含咽其汁,可百日不饥。(《抱朴子·黄白》)

(134)狄希,中山人也,能造千日酒饮之,千日醉。(《搜神记》卷十九)

C.时间补语

(135)卿乃可纵适一时。(《世说新语·任诞》)

(136)汤既克夏,大旱七年。(《搜神记》卷九)

7.表时序

这一时期,表先后和承接的时间标记也有了进一步的发展,除承继先秦时期的"前、后、先、乃、即、遂、而后"之外,还新产生了"便、便自、辄、方乃、向来"等,以及表事物性状存续于同一时间的"同时"。例如:

1)先秦时期已产生的标记形式

(137)或前荣而后悴,或始富而终贫。(《全梁文·广绝交论》)

(138)此三人并是高才,冲最先达。(《世说新语·品藻》)

(139)见其直也,乃大惊。(《三国志·蜀书·马超传》)

(140)若得鲤鱼食之,其病即差。(《搜神记》卷十一)

(141)自以体含德厚,识鉴机先,迷途遂深,罔知革悟。(《宋书·恩幸传·徐爰》)

2)魏晋南北朝时期新产生的标记形式

(142)心气恶,小苦思,便愤闷。(《宋书·范晔传》)

(143)便自轩昂,目不步足。(《抱朴子·刺骄》)

(144)丞相见长豫辄喜,见敬豫辄嗔。(《世说新语·德行》)

(145)一人所得倍於众伴,方乃欢喜,踊悦无量。(《百喻经·劫盗分财喻》)

(146)向来转剧,食顷便亡。(《搜神记》卷十六)

(147)与大麦同时熟。(《齐民要术》卷二)

8. 表初始

这一时期可用以修饰形容词谓语的初终义动态标记也是十分丰富的。除了先秦时期的"初、始、终"外,还新产生了"初时、初自、方$_2$、甫、新、肇、终然、竟"等。例如:

1)先秦时期已产生的标记形式

(148)江枫晓落,林叶初黄。(萧纲《与萧临川书》)

(149)观让通而吝,曷始智而终愚。(谢灵运《撰征赋》)

2)魏晋南北朝时期新产生的标记形式

(150)初时怅然,意欲留俟之。(《搜神记》卷十八)

(151)前仰寻先际,初自茫渺。(宗炳《明佛论》)

(152)胄子始集,学业方兴。(《宋书·文帝本纪》)

(153)昔内难甫宁,珍玮散佚。(《宋书·文武王》)

(154)天雨新晴,北风寒切,是夜必霜。(《齐民要术》卷四)

(155)永元肇乱,坐弄天爵。(《梁书·文学传上·钟嵘》)

(156)但应有粗精,终然自殊耳。(《全刘宋文·答何衡阳书》)

(157)遂诣金城太守苏则降,就竟平安。(《三国志·魏书·二李臧文吕许典二庞阎传》)

9. 表早晚

魏晋南北朝时期可用以修饰形容词谓语的早晚义时间副词有"早、晚、蚤、夙"等。例如:

(158)此十四种,早熟,耐旱。(《齐民要术》卷一)

(159)此十种晚熟,耐水。(《齐民要术》卷一)

(160)送夏蚤秀,迎秋晚成。(谢灵运《山居赋》)

(161)用使狡狀先闻,军备夙固。(《宋书·颜师伯传》)

10. 表频率

先秦时期就已出现的表频率的时间副词"又、复、数、再、屡"等在魏晋南北朝时期得以承继,但是在形容词谓语句中的使用频率并不高。此外,魏晋南北朝时期还新产生了"往往、或时、时时、时或、有时、频、年年、旦夕"等,皆可用以修饰形容词谓语。例如:

1)先秦时期已产生的标记形式

(162)先发鬓班白,数年间又黑。(《抱朴子·遐览》)

(163)候官既平,而建安、汉兴、南平复乱。(《三国志·吴书·贺全吕周钟离传》)

(164)自龙飞以来,实应九服同欢,三光再朗。(《宋书·王僧达传》)

(165)但四宝屡空,七财多匮。(《全梁文·为人造文八夹金薄像疏》)

2)魏晋南北朝时期新产生的标记形式

(166)情向大趣,亦往往多同。《宋书·始安王休仁传》

(167)或时饥饿,极受困苦。(《支谦译经》)

(168)其言语与句丽大同,时时小异。(《三国志·魏书·乌丸鲜卑东夷传》)

(169)而造次喜怒,时或偏滥。(《文心雕龙·诏策》)

(170)药石有时闲,念我意中人。(陶渊明《示周续之祖企谢景夷三郎》)

(171)若将连而类绝,乍欲缓而频惊。(萧衍《筝赋》)

(172)年年花色好,足侍爱君傍。(萧衍《筝赋》)

(173)夭桃晨暮发,春莺旦夕喧。(谢庄《怀园引》)

11.表逐渐

魏晋南北朝时期能用以修饰形容词谓语句逐渐义的时间副词,仍主要是"浸""渐""渐渐"。例如:

(174)夫周道浸微,桓文称伐。(《宋书·谢晦传》)

(175)齿堕发白,渐又昏耗。(《抱朴子·道意》)

(176)张氏既失钩,渐渐衰耗!(《搜神记》卷九)

5.2.2 形谓句中动态标记的使用情况

为了便于进行历时对比分析,我们对魏晋南北朝时期的《世说新语》《抱朴子》《搜神记》三部典籍进行了穷尽性统计,用以分析动态义形谓句各类标记的出现频率和总体占比情况。(见表28)

表28 魏晋南北朝时期动态类形谓句的使用情况

标记类型	《抱朴子》	《搜神记》	《世说新语》
表过去、已然	97	34	45
表现在、进行	4	6	6

续表 28

标记类型	《抱朴子》	《搜神记》	《世说新语》
表将来、未然	2	15	2
表短时	24	5	3
表长时	15	4	7
表持续	20	10	20
表时序	25	48	25
表初终	5	6	4
表早晚	0	0	1
表频率	13	7	5
表逐渐	6	4	2
动态义形谓句总数	199	119	116
在所有形谓句中的占比	13%	17.6%	15.8%

首先，从表 28 中可以看出，与先秦时期相比，魏晋南北朝时期动态义形谓句最大的发展变化在于动态标记在形容词谓语句中的使用频率大幅提升。根据前文所述，先秦时期虽然形容词做谓语时已经可以受时间成分的修饰，但出现的频率很低，动态义形谓句在《论语》《孟子》《庄子》中的占比仅为 9.1%、10.7% 和 10.6%。但是进入魏晋南北朝时期，这一比例有了显著提升，《抱朴子》《搜神记》《世说新语》中受动态标记修饰的形容词谓语句，分别占该文献所有形谓句总数的 13%、17.6% 和 15.8%。因此，魏晋南北朝时期，形容词谓语句的动态性语义特征得以进一步凸显。

其次，从所表达的具体动态语义特征来看，三本文献中使用频率最高的动态标记类型出现了分化。比如在《抱朴子》中表过去、已然义的动态标记最为常见，共出现了 97 次，然后便是表时序和表短时义的动态标记，分别出现了 25 次和 24 次。而在《搜神记》中，使用频率最高的却是表时序的动态标记，共出现了 48 例，然后才是过去、已然义的动态标记，共出现了 34 次，此外，表将来、未然的动态标记也出现了 15 例，频次居第三。《世说新语》中使用频率居于前三位的分别是表过去已然、表时序以及表持续的动态标记。显然，三本文献之间存在较大差异。

最后，从动态标记的个体使用情况来看，不同的文献也大相径庭。《抱朴子》中出现频次最高的仍为语法性体标记"矣"（51 次），而在《搜神记》中，则为表时序的时间副词"遂"(13次),《世说新语》中出现频次最高的动态标记却是"已"(13次)。

因此,不论从形容词谓语句中动态标记的丰富程度来看,还是从整体的使用频率来看,和先秦时期相比都有了显著的发展,形谓句的动态性语义特征得以进一步凸显,但同时也有明显的分化趋势。此外,整体上这一时期的动态标记仍以词汇类手段为主,语法类体标记仍只有"矣"。

5.3 宋元时期的动态义形谓句

进入宋元时期,动态义形容词谓语句既有对前期的继承,又有突破性发展。首先,延续了先秦和魏晋南北朝时期的发展趋势,词汇性动态标记日益丰富,使用频率进一步攀升。其次,从唐五代时起,更多语法范畴的体标记产生,宋元时期已日臻成熟,经常用于修饰形容词谓语句的主要有"了""着""也"等。所以下面在进行论述的时候会将修饰形容词谓语的动态标记分为词汇性标记和语法性标记两大类,考察它们的使用情况。

5.3.1 形谓句中常见的动态标记

5.3.1.1 词汇性动态标记的使用情况

1. 表过去、已然

宋元时期可以用于修饰形容词谓语的过去、已然义时间词语还是十分丰富的,先秦时期和魏晋南北朝时期就已产生的"昔年、先时、当时、尝、已、才₁、既、已自、既已、既自、曾"等仍在使用。例如:

(177)昔年病苦,又中毒药,请师医。(《五灯会元》卷十三)

(178)只是当时吾道黑淬淬地,只有些章句词章之学。(《朱子语类》卷四)

(179)而雨气至是已薄。(《朱子语类》卷二)

(180)读书既多,义理已融会。(《朱子语类》卷十一)

(181)若文公只是六年,已自甚快。(《朱子语类》卷二十五)

(182)既已危矣,岂可更不往乎!(《朱子语类》卷七十二)

(183)身似青山气似云,也曾富贵也曾贫。(《新校元刊杂剧三十种·萧何月夜追韩信》)

除此之外,这一时期还新产生了一些表过去、已然之义的时间副词,如"已是",以及时间名词"适来、新来、当日、往常、往日"等。例如:

(184)上蔡所说,已是煞分晓了。(《朱子语类》卷三)

(185)适来肚饥,闻鼓声,归吃饭。(《五灯会元》卷三)

(186)新来瘦,非干病酒,不是悲秋。(李清照《凤凰台上忆吹箫·香冷金猊》)

(187)当日天色又昏暗,刮着大风,下着大雨。(《新校元刊杂剧三十种·闺怨佳人拜月亭》)

(188)我往常伶俐,今日都行不得了呵!(《新校元刊杂剧三十种·诈妮子调风月》)

(189)往日忒愚滥,今番刀下斩。(《新校元刊杂剧三十种·好酒赵元遇上皇》)

2. 表现在、进行

宋元时期能用以修饰形容词谓语表现在、进行的动态标记中,在先秦和魏晋南北朝时期就已产生的主要有"今、今时、即今、而今、当今、今日、方今、正"等。例如:

(190)今心力短。(《五灯会元》卷七)

(191)古曲发声雄,今时韵亦同。(《五灯会元》卷七)

(192)即今熟烂了也。(《五灯会元》卷十四)

(193)盖言性本善,而今乃恶。(《朱子语类》卷九十五)

(194)然当今财用匮乏,而复为此论,人必以为不可行。(《朱子语类》卷一百三十)

(195)今日你着忙,将军!(《新校元刊杂剧三十种·诸葛亮博望烧屯》)

(196)正饥寒愁满怀,得丰荣喜满腮。(《新校元刊杂剧三十种·散家财天赐老生儿》)

此外,这一时期还新产生了"如今、当下、这其间"等可以用以修饰形容词谓语的时间名词或者时间副词。例如:

(197)如今静潺潺,人生虚幻,叹人生如过眼。(《新校元刊杂剧三十种·陈季卿悟道竹叶舟》)

(198)五蕴山当下通红了。(《新校元刊杂剧三十种·赵氏孤儿》)

(199)这其间天昏日晚。(《新校元刊杂剧三十种·东窗事犯》)

3. 表将来、未然

至宋元,能用以修饰形容词谓语表将来、未然义的时间标记也有进一步的发展。其中先秦和魏晋南北朝时期就已产生的主要有"后世、明旦、明日、将、欲"等。用以修饰形容词谓语的用例如下：

(200) 后世风俗虽侈，而工之致力不及古人。(《梦溪笔谈》)

(201) 明旦粥熟，行者只盛一钵与师。(《五灯会元》卷三)

(202) 今日长些子，明日短些子。(《朱子语类》卷七十九)

(203) 天下将治，地炁自北而南；将乱，地炁自南而北。(《大宋宣和遗事》)

(204) 兀的般云低、天欲黑。(《新校元刊杂剧三十种·闺怨佳人拜月亭》)

此外，这一时期还新产生了时间副词"行将"。例如：

(205) 某行将老矣。(《五灯会元》卷十八)

4. 表短时

先秦和魏晋南北朝产生的表短时义的时间词语中，在宋元时期仍可用以修饰形容词谓语的主要有"乍、忽、一时、顿、且"等。例如：

(206) 时节轻寒乍暖，天气才晴又雨。(柳永《西平乐·小石调》)

(207) 如在此坐，心忽散乱，又用去捉它。(《朱子语类》卷十六)

(208) 才到夏，便各各一时茂盛。(《朱子语类》卷六十八)

(209) 然下粟时顿紧，则粟又下了。(《朱子语类》卷九十二)

此外，这一时期还新产生了"一霎时、忽然、少间、兀的、撒地、歇地、兜地、乍地、一会家"等一批新的可以修饰形容词谓语的短时义时间副词。例如：

(210) 故天欲明时，一霎时暗。(《朱子语类》卷二)

(211) 有时忽然夏寒冬热，岂可谓无此理！(《朱子语类》卷三)

(212) 须是逐一理会，少间多了，渐会贯通。(《朱子语类》卷十四)

(213) 兀的般云低、天欲黑。(《新校元刊杂剧三十种·闺怨佳人拜月亭》)

(214) 撒地腿脡麻，歇地脑袋疼。(《新校元刊杂剧三十种·诈妮子调风月》)

(215) 教我兜地腹痛，乍地心酸！(《新校元刊杂剧三十种·诸宫调风月紫云亭》)

(216) 一会家疼，一会家焦，莫不钱财物业没下梢。(《新校元刊杂剧三十种·张鼎智勘魔合罗》)

5. 表长时

表长时的时间副词也更为多样化，承继而来的主要有"长、永、常、久、久久、尽自、常自、始终、终日"等。例如：

(217)屏山掩、红蜡长明,金兽盛熏兰炷。(柳永《祭天神·歇指调》)
(218)夜永清寒,翠瓦霜凝。(柳永《过涧歇近》)
(219)纯者常少,不纯者常多。(《朱子语类》卷四)
(220)便是君民之情相亲,可以久安而无患。(《朱子语类》卷一百八)
(221)圣贤千言万语,尽自多了。(《朱子语类》卷七)
(222)水昏昏而常自清。(《五灯会元》卷二十)
(223)清则始终清。(《五灯会元》卷十五)
(224)君不见寒山老,终日嬉嬉,长年把扫。(《五灯会元》卷十九)

此外,宋元时期还产生了一批新的表长时义的时间副词,如"长长、常常、一直、镇长、寻常、永长"等,皆可以用以修饰形容词谓语。例如:

(225)却不是道理解新,但自家这个意思长长地新。(《朱子语类》卷十四)
(226)圣人教人,将许多材料来修治平此心,令常常光明耳。(《朱子语类》卷十五)
(227)只是这个精一直是难!(《朱子语类》卷三十)
(228)逢人常问路,足下镇长迷。(《五灯会元》卷六)
(229)且道诸人,寻常心愤愤,口悱悱,合作么生?(《五灯会元》卷二十)
(230)爱民治国胜前代,万年基业永长新。(《宋朝事实》卷七)

6.表持续

先秦时期和魏晋南北朝时期的就已产生的表时段持续意义的动态副词中,有不少在宋元时期仍十分活跃,如"本、犹、本自、尚、素"等。例如:

(231)四大本空,五阴非有。(《五灯会元》卷一)
(232)明虽省过,而心犹愤然。(《五灯会元》卷三)
(233)"敦厚"者,本自厚,就上更加增益底功。(《朱子语类》卷六十四)
(234)此是大过之初,所以其过尚小在。(《朱子语类》卷七十一)
(235)但是天资素高,故所为多近厚。(《朱子语类》卷一百三十五)

这一时期也有新的时间副词产生,其中可用以修饰形容词谓语的主要有"幸自、本来、自来、元来、还、仍旧、依旧、一向、元自、素来、从来"等。此外,还有一些表示时长的时间名词可以直接修饰形容词,比如例(246)—例(248)中的"这些时、半生、平生"等。此外,还可以使用前受介词词组修饰,或者后附时间补语的形式。例如:

1)时间副词

(236)幸自可怜生!须要觅个护身符子作么?(《五灯会元》卷二)

(237)本来清净,用拂子作甚麽?(《五灯会元》卷十五)

(238)甘草自来甜,黄连依旧苦。(《五灯会元》卷十六)

(239)元来太近。(《五灯会元》卷十八)

(240)省钱易饱吃了还饥。(《五灯会元》卷二十)

(241)仁仍旧温和。(《朱子语类》卷六)

(242)则宝珠依旧自明。(《朱子语类》卷十二)

(243)佚游,则一向懒惰,无向善之心。(《朱子语类》卷四十六)

(244)朱某素来迂阔,臣所不取。(《朱子语类》卷一百二十六)

(245)你嫂嫂从来有些腼腆。(《杂剧·岳孔目借铁拐李还魂》)

2)时间名词

(246)我这些时眼跳腮红耳轮热,眠梦交杂不宁贴。(《新校元刊杂剧三十种·闺怨佳人拜月亭》)

(247)半生碌碌忘丹桂,千里骎骎觅彩云。(《新校元刊杂剧三十种·诸宫调风月紫云亭》)

(248)你平生正直,无私曲,心无尘垢。(《新校元刊杂剧三十种·死生交范张鸡黍》)

3)介词状语或补语

(249)从兹蹬蹬以碢碢,直至如今常快活。(《五灯会元》卷四)

(250)你去后我夜忧到明,明忧到晚。(《新校元刊杂剧三十种·大都新编楚昭王疏者下船》)

7. 表时序

宋元时期,表先后和承接的时间词语也有了进一步的发展。承继先秦和魏晋南北朝时期而来的表承接义的时间副词主要有"先、后、辄、即、便、乃、而后、便自、遂、方乃"等。例如:

(251)以此商人竞趋争先赴极边博籴,故边粟常先足。(《梦溪笔谈·官政》)

(252)花开鸟语辄自醉,醉与花鸟为交朋。(欧阳修《啼鸟》)

(253)寺成国即清,宜号为国清。(《五灯会元》)

(254)若放些子出,便粗了也。(《朱子语类》卷三)

(255)无可得看后方看,乃佳。(《朱子语类》卷十四)

(256)盖意诚而后心可正。(《朱子语类》卷十六)

(257)则其气自直,便自日长,以至于充塞天地。(《朱子语类》卷十八)

(258)诛残贼,天下遂大治。(《朱子语类》卷二十五)

而宋元时期新产生的该类时间副词主要有"便即"等。例如:

(259)才有过差,便即是恶,岂得言无?(《朱子语类》卷二十六)

8. 表初终

这一时期可用以修饰形容词谓语并表初终之义的时间副词也十分丰富。其中先秦和魏晋南北朝时期就已产生的主要有"初、新、初时、卒$_2$、始、始初、方$_2$、肇、终"等。例如:

(260)凤凰山下雨初晴,水风清,晚霞明。(苏轼《江城子·凤凰山下雨初晴》)

(261)蟠桃新熟,阿母齐长久。(翁溪园《洞仙歌·几番梅雨》)

(262)初时甚锐,渐渐懒去。(《朱子语类》卷十)

(263)规模大,则功夫卒难了。(《朱子语类》卷二十八)

(264)至佛入中国,人鬼始乱。(《朱子语类》卷一百二十六)

(265)方借之时,早穀方熟,不得已出榜。(《朱子语类》卷一百八)

(266)复以岁时大顺,宫寝肇新。(《宋朝事实》卷十五)

(267)不思量,终莽卤。(《古尊宿语录》卷二十八)

此外,宋元时期还新产生了时间副词"方始",以及时间名词"初间、元初"等,皆可用以描述事物在初始阶段和结束阶段所处的性状特征。例如:

(268)直到一贯,方始透徹。(《朱子语类》卷四十)

(269)初间极软,后来方凝得硬。(《朱子语类》卷一)

(270)元初本心自是好,但坐得错了,做得不合宜。(《朱子语类》卷三十四)

9. 表早晚

宋元时期可用以修饰形容词谓语的早晚义动态标记并不丰富,除了先秦和魏晋南北朝时期就已产生的"早"外,"早已"和"早是"也开始出现在形容词谓语句中。例如:

(271)知得此病者,亦早少了。(《朱子语类》卷十一)

(272)俊鸟犹嫌钝,瞥然早已迟。(《五灯会元》卷十三)

(273)"求"字早是迟了。(《朱子语类》卷五十九)

10. 表逐渐

先秦和魏晋南北朝时期就已产生的逐渐义时间副词"浸、渐、渐渐",在宋元时期仍可用以修饰形容词谓语。例如:

(274)其后所载浸多,官船至七百石。(《梦溪笔谈·官政二》)

(275)上面气渐清,风渐紧。(《朱子语类》卷二)

(276)初时甚锐,渐渐懒去。(《朱子语类》卷十)

宋元时期新产生的逐渐义时间副词中,可以修饰形容词谓语的主要有"日渐、渐次、逐旋、稍稍、看看"等。例如:

(277) 无人来觑他,故日渐盛大。(《朱子语类》卷五十一)

(278) 大概干底只是做得个形象,到得坤底,则渐次详密。(《朱子语类》卷七十四)

(279) 不东驰西骛,则道理自逐旋分明。(《朱子语类》卷一百二十)

(280) 他那边兄弟自相屠戮,这边兵势亦稍稍强。(《朱子语类》卷一百三十三)

(281) 你看看业贯满,渐渐死限催,那三人等候在阴司内。(《新校元刊杂剧三十种·东窗事犯》)

11. 表频率

频率义动态标记和形容词谓语的搭配形式在宋元也是十分丰富的。其中先秦和魏晋南北朝时期就已产生的主要有"复、朝夕、又、有时、屡、或时、往往、偶、频、时时、年年、日日、再"等。例如:

(282) 成而复坏,何名出世?(《五灯会元》卷二)

(283) 朝夕恳至,逾三十载其志弥厉。(《五灯会元》卷十)

(284) 极力做得三五件,又倦了。(《朱子语类》卷九)

(285) 阳有时而凶,阴有时而吉。(《朱子语类》卷三十四)

(286) 屡空,无我者也,其学则自内而求。(《朱子语类》卷三十九)

(287) 旧时人尝装惠山泉去京师,或时臭了。(《朱子语类》卷九十五)

(288) 处事亦往往急迫。(《朱子语类》卷一百一十四)

(289) 梦枕频惊,愁衾半拥,万里归心悄悄。[柳永《倾杯(黄钟羽)》]

(290) 晴溪短棹时时醉。(刘述《家山好》)

(291) 鞾袖垂肩仕女图,似秋草人情日日疏。(《新校元刊杂剧三十种·李太白贬夜郎》)

(292) 花谢了花再开,月缺了月再圆。(《新校元刊杂剧三十种·马丹阳三度任风子》)

宋元时期还产生了一批新的频率义时间副词,如"总、逐日、每日价"等。例如:

(293) 如今有一般行脚人,耳里总满也。(《五灯会元》卷七)

(294) 微臣最小胆,则待逐日醺酣。(《新校元刊杂剧三十种·好酒赵元遇上皇》)

(295) 每日价醺醺醉。(《新校元刊杂剧三十种·好酒赵元遇上皇》)

5.3.1.2 语法性动态标记的使用情况

根据前文的考察情况来看,从先秦至魏晋南北朝时期,可用以修饰形容词谓语表动态意义的相关标记多为词汇性成分,比如时间名词和时间副词等,语法性标记只有语气词"矣"。但是这一情况在宋元时期出现了重大转折,伴随着体标记"了""着""过"的发展成熟,出现了"A+了""A+也""A+着""A+过/却"等结构,语法性动态标记可直接后附于形容词谓语之后,表达相应的动态义。

1. "A+了"结构

"了"最初为动词,表示动作的完成,至唐五代,"了"可以出现在"动+了"以及"动+宾+了"格式中。石毓智和李讷(2001)指出,"动+了"中的动词和"了"在唐五代时期已经具有很强的凝结成一个句法单位的倾向,在很大程度上形态化了,正是在这一时期,"了"开始进入形容词谓语句,附着于形容词之后,表示事物性状的实现。例如:

(296)只见四山青了又黄,青了又黄。(《祖堂集》第十五卷)

(297)长者身心欢喜了,持其宝盖诣如来。(《敦煌变文集·维摩经押座文》)

(298)直待女男安健了,阿娘方始不忧愁。(《敦煌变文集·父母恩重经变文》)

大约在宋初,"了"的句法位置发生了变化,可直接位于动词之后,构成"动+了+宾","了"已经完成了虚化为体标记的语法化进程。伴随而来的便是"A+了"使用频率的大幅提升。据统计,"A+了"在北宋时期《景德传灯录》中并未见到相关用例,但是在南宋时期的《朱子语类》中就已出现了53例之多,而在元代的《新校元刊杂剧三十种》中也有相关用例27个。例如:

(299)便狭小了。(《朱子语类》卷六十四)

(300)才做圣人自反无愧说时,便小了圣人。(《朱子语类》卷三十六)

(301)悄地低了咽颈,缊地红了面皮。(《新校元刊杂剧三十种·闺怨佳人拜月亭》)

(302)怎生饶,五蕴山当下通红了。(《新校元刊杂剧三十种·赵氏孤儿》)

2. "A+也"结构

这一时期的语气词"也"也有了新的发展。"也"的传统用法是对事物做出肯定或否定的判断,不表示事物、事实的变化,这种情况从魏晋南北朝时就开始发生动摇,唐五代时"也"用如"矣",表示事实变化的例证已经司空见惯(罗骥,2003)。例如:

(303)师云:"草还青也无?"对曰:"青也。"(《祖堂集》卷八)

(304)师云:"如许多时雨,水尚未满!"道吾云:"满也。"(《祖堂集》第十四卷)

到宋元时期,这种用法也十分明显。《景德传灯录》中可以被视为表动态义的"A+也"结构共3例,《朱子语类》中出现了5例,而在元代的《新校元刊杂剧三十种》中"A+也"则出现了6例。例如:

(305) 舌根硬去也。(《景德传灯录》卷十六)

(306) 一时放宽了,便昏怠也。(《朱子语类》卷十七)

(307) 夜深也,妹子,你歇息去波。(《新校元刊杂剧三十种·闺怨佳人拜月亭》)

(308) 年纪大也,人口顺叫我做薛大伯。(《新校元刊杂剧三十种·薛仁贵衣锦还乡》)

3. "A+着"结构

"着"本来是动词,表示"附着"的对象或者"到达"的地方,其语法化发生在连动式"V+着+NP"中,表示"V"和"附着/到达"两个动作前后发生。但是由于连动式自身的不稳定性,加之当时整体句法环境的影响,即连动关系的衰落和动补关系的兴起,"着"动词本身的意义开始减弱,"着"后不再是动作"附着"的对象或者"到达"的地方,而是动作作用的对象,这样一来如果动词不是典型的动作动词而是状态动词的话,会容易成为表持续态"着"产生的温床。例如:

(309) 堆着黄金无卖处。(王建《北邙行》)

(310) 汝向后不得怪着我。(《祖堂集》卷六)

这时"着"用法的特点为"着"后面一般一定要有一个NP,表示V作用的对象,且"V着NP"后没有后续动作VP_2,一般句子在"V着NP"后便结束了。这表明"着"本身的动词性特点以及"V着NP"本身的连动性质并未完全消失,但是也有一些用例中,"着"后面的NP空位,这也显示出"着"的语法化程度增高,且"着"和前面动词的关系更加紧密:

(311) 总是鹿寨,里有峭勾搭索,不得打着,切须记。(《敦煌变文新书·韩擒虎话本》)

(312) 见他宅社鲜净,便即兀自站着。(《敦煌变文集·燕子赋》)

一直到宋代,"着"表示状态持续的用法已经成熟,"着"完全附着于动词V而存在,这时最重要的变化就是"V着"作为一个整体再次进入汉语的连动结构中,出现了"V_1着+NP+V_2"这种句式,这时"着"后面一般情况下仍然要有一个NP,表示V_1作用的对象,并且V_1和V_2之间有种时间先后顺序关系:

(313) 才说着气,便自有寒有热,有香有臭。(《朱子语类》卷四)

(314) 须是看着他缝隙处,方寻得道理透彻。(《朱子语类》卷七)

但是"V₁着"表示一个动作的状态持续,所以这种句式表示 V₁ 还在进行的时候 V₂ 发生,而不是 V₁ 结束的时候 V₂ 开始,从而给人一种 V₁、V₂ 同时进行的错觉,特别是 V₁ 和 V₂ 同时出现在同一小句中更为明显:

(315)盖水星贴着日行,故半月日见。(《朱子语类》卷二)

(316)自古无人穷至北海,想北海只挨着天壳边过。(《朱子语类》卷二)

一般情况下汉语形容词后不可以加宾语,但是由于出现在"V₁着+NP+V₂"位置的动词多数为具有状态持续意的动词,这和形容词本身的特性相符,所以很容易发生类推,使得形容词进入动词的句法位置,导致"A 着 NP,VP"格式的形成,从而使形容词可以带宾语;这种格式中,连动意味更加微弱,修饰功能更加明显。例如:

(317)便要小着心,随顺个事理去做。(《朱子语类》卷十八)

(318)须是软着心,贴就它去做。(《朱子语类》卷十八)

(319)严立功程,宽着意思,久之,自当有味。(《朱子语类》卷八)

上述发展演变路径也就解释了为何"A+着+N"的出现时间要先于"A+着"结构。根据我们对宋元时期语料的考察,《景德传灯录》中并未见到"A+着+N"结构,但是在稍晚的《朱子语类》中却有 11 例,而在元代的《新校元刊杂剧》中也出现了 3 例,并一致保留至现代汉语中,比如"低着头""弯着腰""红着脸"之类的表达,皆属于该类结构。

4."A+过/却"结构

此外,我们在元代的《新校元刊杂剧三十种》中还发现了"A+过"和"A+却"的用例。例如:

(320)则为咱当年勇过,将人折划,石亭驿上袁襄怎生结末。(《新校元刊杂剧三十种·关张双赴西蜀梦》)

(321)这酒曾散漫却云烟浩荡,这酒曾眇小了风雷势况,这酒曾混沌了乾坤气象。(《新校元刊杂剧三十种·李太白贬夜郎》)

"过"本义为"通过某一空间位置",根据刘坚等(1992)的考察,"过"在唐代可用于"V+过"结构,"过"为补语,表示某种行为、动作的终结或者曾经发生过,并最终在元明时期成为一个体标记,"V+过"凝结为一个句法单位,并可以后附宾语。但是由于形容词时间性特征的先天性不强,而且"过"和形容词搭配时表示过去曾经具有某种性状,但是随着时间的流逝,这一状态已经消失。这样一来,便要求与之相搭配的形容词处在时间变化链的初始点上,而且大多具有[-可控]语义特征(张国宪,2006)。所以能与"过"共现的形容词便十分有限,相关用例亦颇为少见,我们仅在《新校元刊杂剧三十种》中见到一例。

而"却"的本义是"退",在魏晋南北朝时期演化出"掉、完"之义,附着于动词之后,表示动作的结果,构成动补结构,后表"完"的"却"在"动+补"格式中继续弱化,在唐代以后,完全语法化为一个动态助词(石毓智、李讷,2001;龙国富,2003)。但是和"了"相比,使用频率极低。相应地,"A+却"在宋元时期的三本文献中也只发现上述1例。

5.3.2 形谓句中动态标记的使用情况

为了进一步考察宋元时期动态类形容词谓语句的整体面貌,我们统计了宋代的《景德传灯录》《朱子语类》以及元代的《新校元刊杂剧三十种》,对其进行数据分析。(见表29)

表29 宋元时期动态义形谓句的使用情况

标记类型		《景德传灯录》	《朱子语类》	《新校元刊杂剧三十种》
词汇性动态标记	表过去、已然	38	43	20
	表现在、进行	11	15	16
	表将来、未然	2	15	5
	表短时	3	18	18
	表长时	33	50	9
	表持续	59	78	29
	表时序	19	346	9
	表初终	5	25	1
	表早晚	1	3	5
	表频率	9	35	9
	表逐渐	4	27	1
语法性动态标记		23	221	51
动态义形谓句总数		191	860	166
在所有形谓句中的占比		17.7%	26.1%	18.6%

首先,从形谓句中动态标记的整体使用情况来看,宋元时期使用频率再度提升。《景德传灯录》和《新校元刊杂剧三十种》中受动态标记修饰的形容词谓语在所有形容词谓语句中的占比分别为17.7%和18.6%,上升幅度有

限,但是《朱子语类》中这一比例达到了 26.1%,是一个很大的突破。

其次,从动态义形谓句所表达的具体动态语义内容来看,《景德传灯录》《朱子语类》《新校元刊杂剧三十种》中表过去、已然义的动态标记(包括词汇性和语法性标记)仍然保持着很高的使用频率,但是其他类型的标记发展同样十分迅速,比如《景德传灯录》中持续义动态标记(包括词汇性和语法性标记)使用频次几乎可以与表过去、已然义的动态标记(包括词汇性和语法性标记)持平,而《朱子语类》中,表时序的动态标记使用频率甚至远超过去、已然类标记(包括词汇性和语法性标记),《新校元刊杂剧三十种》表持续、表短时、表现在进行的动态标记表现也十分活跃。

最后,从动态标记的个体使用情况来看,三本文献之间也存在很大差异,《景德传灯录》中出现频次最高的动态标记为"矣"(23 次),《朱子语类》中为表时序的时间副词"便"(302 次),《新校元刊杂剧三十种》中则为语法性体标记"了"(35 次)。

总体来看,当形容词表达动态义的时候,由于句法上的非强制性,先秦和魏晋南北朝时期形容词谓语句多以无标记形式出现,而宋元时期则更倾向于用动态类标记标识出来,甚至还可以多个动态助词叠加,如"已是煞分晓了"[例(184)]、"便粗了也"[例(254)]、"便昏怠也"[例(306)]、"便要小着心"[例(317)];而语法性体标记的出现,更是增加了动态标记的句法强制性。宋元时期,形容词谓语句的动态性特征得以凸显和强化。

5.4 明清时期的动态义形谓句

5.4.1 形谓句中常见的动态标记

5.4.1.1 语法性动态标记的使用情况

1. 表过去、已然

明清时期可以用于修饰形容词谓语的过去、已然义时间词语已极为丰富。先秦时期和魏晋南北朝时期就已产生动态标记"于时、已、曾、既、既已、先时、尝、既自、昔时、昔者"等,在这一时期仍在继续使用。例如:

(322)于时空山虚静,闻山下隐隐有恸哭之声。(《初刻拍案惊奇》卷三十六)

(323)当时天色已黑,就留亲眷吃了晚饭。(《二刻拍案惊奇》卷十一)

(324)往来既久,遂成熟识。(《二刻拍案惊奇》卷二十四)

(325)此时精神既已少倦,又不见说话了。(《二刻拍案惊奇》卷十三)

(326)先时薛夫人也还壮健。(《醒世姻缘传》第六十三回)

(327)且喜守城军民昼夜巡警,未尝疏怠。(《东周列国志》第八十四回)

(328)昔时民淳俗朴,不知近日若何?(《海国春秋》第二十八回)

宋元时期产生的动态类时间词语中,在明清时期仍在使用的有"往常、往日、适来、当日、新来"等。例如:

(329)你往常酒性好,但吃醉了便睡。(《水浒传》第四十五回)

(330)女儿往日骄贵,凌辱婢妾。(《包公案》第八十四回)

(331)适来忙促,不曾问得老哥贵姓大号。(《醒世恒言》卷十八)

(332)当日因穷失意,乃贤士之常。(《二刻拍案惊奇》卷十一)

(333)梅花相问,几遍把梅花相问,新来瘦几停?(《金瓶梅》第七十五回)

在此基础上,明清时期又产生了一大批新的动态类时间词语,其中可用以修饰形容词谓语的主要有时间副词"已经、却才、恰才、方才₁、才刚、刚刚",以及时间名词"适才、适间、当时、当初、当日、那会子、那时候、那时₁、当先"等。例如:

1)时间副词

(334)文官不少,武将无差,班次已经齐整了。(《三宝太监西洋记》第八回)

(335)却才晕困,不知所为。(《西游记》第十回)

(336)俺和这王观察是兄弟,恰才他醉了。(《二刻拍案惊奇》卷四十)

(337)子牙身体方才好,谅战不过。(《封神演义》第八十二回)

(338)才刚饿了,我已告诉了柳嫂子。(《红楼梦》第六十二回)

(339)大操那日,刚刚亮。(《文明小史》第五十六回)

2)时间名词

(340)朕适才好苦,躲过阴司恶鬼难,又遭水面丧身灾。(《西游记》第十一回)

(341)师父,适间言语粗俗,多有冲撞,莫怪,莫怪。(《西游记》第二十五回)

(342)当时天色已黑,就留亲眷吃了晚饭,自别去了。(《初刻拍案惊奇》卷十一)

(343)我陈某当初软弱,今日不到得与他作弄。(《初刻拍案惊奇》卷十五)

（344）当日宁、荣两宅的人口极多。(《红楼梦》第二回)

（345）那会子咱们那么好。(《红楼梦》第三十二回)

（346）大家吟诗做东道,那时候何等热闹。(《红楼梦》第八十一回)

（347）那时天已大亮,日影横窗。(《红楼梦》第一百零一回)

（348）当先前营地段最小,不过一千人的住处。(《续济公传》第一百六十六回)

2. 表现在、进行

明清时期能用于修饰形容词谓语的表现在、进行的时间词中,先秦、魏晋南北朝时期就已产生的有"即今、方今、而今、今日、正、正自"等。例如：

（349）即今溽暑炎热,权令军马停歇。(《水浒全传》第八十五回)

（350）方今天下饥,路粮无些少。(《醒世恒言》卷二十四)

（351）而今富贵了,也不该便绝了他。(《二刻拍案惊奇》卷十一)

（352）光景正苍凉,山长水更长。(《西游记》第五十九回)

（353）心上正自踌躇,不觉那马已到面前。(《封神演义》第四十一回)

而宋元时期就已修饰形容词谓语的相关表达有"如今、当下"等。例如：

（354）如今事体急了,官人如何说此懈话?(《初刻拍案惊奇》卷十)

（355）当下天色晚,如何见得?(《喻世明言》卷三十六)

此外,明清时期还产生了新的表现在、进行义的时间副词"正此、正在",以及时间名词"这会子、现今、这时候、此时、此刻、现在"等。用以修饰形容词谓语的例子有：

1) 时间副词

（356）正此凄怆,忽想起菩萨当年在蛇盘山曾赐我三根救命毫毛。(《西游记》第七十五回)

（357）石雪哥初时买成了,心中正在欢喜。(《醒世恒言》卷二十九)

2) 时间名词

（358）这会子明净了,没甚风雾。(《西游记》第八十五回)

（359）薛家根基不错,且现今大富。(《红楼梦》第五十七回)

（360）这时候冷,又是贴身的,怎么就不问一声儿呢?(《红楼梦》第九十回)

（361）此时实在作难,实在害怕。(《儿女英雄传》第十二回)

（362）此刻忙忙叨叨的。(《儿女英雄传》第二十一回)

（363）现在忙叨叨的,等有了起身的日子再说罢。(《儿女英雄传》第四十回)

3. 表将来、未然

至于明清,能用于修饰形容词谓语的表将来、未然的时间词也有进一步的发展。其中先秦至于宋元时期就已产生的动态标记有"将来、将、后世、明日、欲"等。例如:

(364)将来年老血衰。(《西游记》第一回)

(365)今吾年将老,汝何不发一言?(《两晋秘史》第三百零七回)

(366)后世图籍繁多,百倍先秦。(《天工开物·冶铸》)

(367)候潮一过,明日天晴。(《天工开物·作咸》)

(368)泥瓮坚而醴酒欲清,瓦登洁而醯醢以荐。(《天工开物·陶埏》)

此外,明清时期产生的时间副词"要、就要、快、将要",以及时间名词"明儿、那时₂"等也可以用于修饰形容词谓语。例如:

(369)既如此把女儿相缠,此后往来到也要稀疏了些。(《二刻拍案惊奇》卷十五)

(370)寄姐这活病,不久就要好来。(《醒世姻缘传》第七十九回)

(371)天也快亮了。(《儿女英雄传》第二十四回)

(372)天气将要凉了,明天我给你制钱二千,你起身走吧。(《康熙侠义传》第五回)

(373)明儿越发无礼了。(《红楼梦》第三十八回)

(374)那时太太喜欢喜欢,便是儿子一辈的事也完了,一辈子的不好也都遮过去了。(《红楼梦》第一百十九回)

4. 表短时

先秦至于宋元时期产生的表短时义的时间词中,在明清时期仍可用以修饰形容词谓语的主要有"忽然、乍、顿、俄而、一时、登时、骤、忽尔、倏然、一霎、暂、忽、须臾、突然"等。例如:

(375)那日正行时,忽然天晚,又见山路旁边,有一村舍。(《西游记》第二十回)

(376)乍寒乍冷,想是近河边浅水处冻结。(《西游记》第四十八回)

(377)那长老闻言,心神顿爽。(《西游记》第八十五回)

(378)一时着了忙,想道:"利害!"(《二刻拍案惊奇》卷五)

(379)凤姐听了,登时忙将起来。(《红楼梦》第二十一回)

(380)心骤喜。(《聊斋志异·婴宁》)

(381)来到玉房山下,倏然天地昏黑。(《秀云阁》第八十六回)

(382)一霎天气清朗,大雾都不见了。(《七剑十三侠》第六十九回)

(383)龙心暂安,臣明日发兵出城,擒此番将。(《说唐全传》第十二回)

(384)无片刻,忽寂静。(《小五义》第五回)

(385)须臾饭熟,那和尚又从米傍取出咸菜一碟。(《绿野仙踪》第九回)

(386)突然精神长旺,腹中又一点不饥。(《续济公传》第一百五十三回)

此外,明清时期还新产生了一批短时义时间词语,大多皆可用以修饰形容词谓语,常见的有"一时间、咫尺、随即、顿时、片时、瞬息、立即、猛然、霎时间、当下、突然"等。例如:

(387)一时间疼痛难禁,他缩着头,就着衣襟擦痒。(《西游记》第四十六回)

(388)须臾大雪,咫尺昏黑。(《初刻拍案惊奇》卷三十六)

(389)吐出丝来随即干燥,所以经久不坏也。(《天工开物·乃服》)

(390)顿时黄了脸,就要起身寻去找。(《红楼梦》第三十一回)

(391)片时清楚,也没什么大差。(《红楼梦》第九十七回)

(392)一连几个月不准我到这里,瞬息荒凉。(《红楼梦》第一百零八回)

(393)立即身子强壮起来。(《绿野仙踪》第九回)

(394)施公猛然惊疑,说道……(《施公案》第一百八十五回)

(395)霎时间羞得他面起红云。(《儿女英雄传》第九回)

(396)当下大喜,赶着上前行礼。(《七剑十三侠》第一百零八回)

5. 表长时

表长时义的时间副词也更为多样化,承继而来的主要有"久、常、常常、终日、尽自、始终、常自、永、永长"等。例如:

(397)杀突以绝其根,则大位久安。(《周朝秘史》第三十回)

(398)山色不明常暗,日光偶露还微。(《喻世明言》卷七)

(399)自到任之后,常常心中不乐。(《水浒全传》第一百二十回)

(400)两头分散,终日闷闷不乐。(《喻世明言》第二十二卷)

(401)有同年寓所,离此不远,他房屋尽自深邃。(《醒世恒言》卷三十六)

(402)眉生二尾,一生常自足欢娱。(《金瓶梅》第二十九回)

(403)则四海又安,社稷永固矣!(《两晋秘史》第一四三回)

(404)自古几闻梁孟德,声名天地永长同。(《东度记》第四十三回)

此外,这一时期新产生的表长时的时间副词和时间名词较为有限,可用以修饰形容词谓语的主要有"早晚、永远、镇日"等。例如:

(405)早晚仔细,但恐孙行者变化多端,却又来骗去。(《西游记》第六十回)

(406)百年谐老,永远团圆,岂不美哉!(《喻世明言》卷二十八)

(407)抛珠滚玉只偷潸,镇日无心镇日闲……(《红楼梦》第三十四回)

6.表持续

先秦时期和魏晋南北朝时期产生的持续义时间副词"自来、犹、尚、素",以及宋元时期产生的"依旧、从来、一向、本、本自、本来、素来、还、仍旧、一直"等,在明清时期仍在使用。例如:

(408)翼德自来粗莽,今亦用智,吾无忧矣!(《三国演义》第二十二回)

(409)幻身如雷电,依旧苍天碧。(《喻世明言》第三十卷)

(410)那时安禄山虽死,其子安庆绪犹强。(《醒世恒言》卷六)

(411)贝氏从来鄙吝,连这二十四绢,还不舍得的。(《醒世恒言》卷三十)

(412)次子蔡略,年纪尚小。(《初刻拍案惊奇》卷二十)

(413)但寒家起自蓬荜,一向贫薄自甘。(《二刻拍案惊奇》卷六)

(414)兄兴素豪,今夜何故如此?(《二刻拍案惊奇》卷九)

(415)苎质本淡黄,漂工化成至白色。(《天工开物·乃服》)

(416)秦钟本自怯弱,又带病未愈。(《红楼梦》第十六回)

(417)你素来最明白的,怎么这会子那样的着急起来了。(《红楼梦》第一百十回)

(418)今儿第三天了,里头还很乱。(《红楼梦》第一百十回)

(419)仍旧十分亲热。(《二十年目睹之怪状》第一百零二回)

(420)接印之后,公事一直忙到如今。(《文明小史》第十回)

需要注意的是,事物性状在一段时间内持续也可以用"A+时间补语"形式来表达,但是从先秦至宋元,该类句式的使用频率一直不高,到了明清时期则呈现爆发式增长,成为表达时段持续最为主要的句法形式之一。例如:

(421)我这头疼了一会,到如今也不疼不麻,只是有些作痒。(《西游记》第五十五回)

(422)连忙了三四天,方完备。(《红楼梦》第五十七回)

(423)我郁闷到今。(《红楼梦》第一百零六回)

此外,明清时期还出现了一批新兴的表时段持续义的时间标记,如"一阵家、本等、原自、原本、素昔、连日、一阵、依然、一连"等。例如:

(424)一阵家猛,一阵家纯。(《西游记》第三十七回)

(425)老翁看见是糕,肚里本等又是饿了,只得取来吞嚼。(《初刻拍案惊奇》卷十二)

(426)家道原自殷实,并不干预外事,到是个守本分的。(《二刻拍案惊

奇》卷四)

(427)晚生原本寒微,学了些须拙笑。(《醒世姻缘传》第四回)

(428)他素昔眼空心大,是个头等刁钻古怪东西。(《红楼梦》第二十七回)

(429)贾珍等连日劳倦,不免在灵旁假寐。(《红楼梦》第六十四回)

(430)王夫人听了,一阵心酸。(《红楼梦》第九十六回)

(431)宝玉依然疯傻,毫无志气。(《红楼梦》第一百零六回)

(432)这安老爷一连忙了数日,不曾得闲。(《儿女英雄传》第一回)

7. 表时序

明清时期,表先后和承接的时间词语也极为丰富。承继先秦、魏晋和宋元时期的时间词语主要有"先、后、前、遂、乃、便、辄、便即、既而、而后"等。例如:

(433)向阳处有日色相烘者先熟,故红。(《西游记》第八十二回)

(434)君何前醉而后醒耶?(《两晋秘史》第四十二回)

(435)吕光闻延已死,遂大惊。(《两晋秘史》第二八八回)

(436)陪伴伏侍者都是心腹之人,病便好了一半。(《初刻拍案惊奇》卷三十四)

(437)他便即此一急,早将酒吓得九霄云外去了。(《施公案》第四二二回)

(438)既而曛黑,从者尽去。(《聊斋志异》卷七)

(439)而后官声好,官位正。(《狄公案》第一回)

此外,明清时期一批新的时序义时间词语开始用于形容词谓语句中,常见的有"就、起先、接着、在先"等。例如:

(440)那下面三十六个小妖即便抬瓶,瓶就轻了许多。(《西游记》第七十五回)

(441)起先奴仆众多,还打了那个,空了这个。(《醒世恒言》卷三十五)

(442)中秋节近,接着忙了几天节事。(《儿女英雄传》第三十四回)

(443)在先雨小还不要紧,后来越下越大。(《康熙侠义传》第八十九回)

8. 表初终

明清时期可用以修饰形容词谓语的表初终的时间副词也是十分丰富的。承继而来的主要有先秦至宋元时期就已产生的"初、才$_2$、方始、初时、终、方、始、终归"等。例如:

(444)谷雨初晴,可是丽人天气。(《水浒全传》第七十三回)

(445) 那妖精却才慌了。(《西游记》第四十二回)

(446) 至第五日,方始天晴。(《醒世恒言》第四十卷)

(447) 直生初时胆大,与刘鬼相问答之时,竟把生人待他一般。(《二刻拍案惊奇》卷十三)

(448) 且说薛蟠听见如此说了,气方渐平。(《红楼梦》第四十八回)

(449) 文始大怒,喝一声:"妖人怎得无礼!"(《八仙得道》第二十一回)

(450) 我终归饿死,我还往前奔什么?(《济公全传》第一百五十八回)

明清时期还新产生了"方才₂、起初、终久、到底"等时间副词,皆可用以修饰形容词谓语。例如:

(451) 须把来消豁了,方才干净!(《醒世恒言》卷二十九)

(452) 起初害羞,遮遮掩掩。(《初刻拍案惊奇》卷二)

(453) 那奋发不过的人终久容易得些,也是常理。(《初刻拍案惊奇》卷四十)

(454) 奈何,随他怎样,到底奴心不美。(《金瓶梅》第一回)

9. 表早晚

明清时期用以修饰形容词谓语的早晚义时间副词十分稀少,基本是之前就已经产生的"早、早是、早已",此外还新产生了时间副词"早早"。例如:

(455) 三升米饭早熟了,只没菜蔬下饭。(《水浒传》第四十三回)

(456) 八戒早是要紧,馒头、素食、粉汤一搅直下。(《西游记》第九十三回)

(457) 小童告过无礼,吃了几杯,早已脸红。(《二刻拍案惊奇》卷十四)

(458) 娶过来早早好一天,大家早放一天心。(《红楼梦》第九十七回)

10. 表逐渐

明清时期可用以修饰形容词谓语的逐渐义时间副词也是较为丰富的。其中承前而来的主要有"渐、看看、浸、渐次、日渐、渐渐"等。例如:

(459) 自此一惊,病势渐重。(《初刻拍案惊奇》卷二十三)

(460) 那女子看看大了,有两家来说亲。(《初刻拍案惊奇》卷三十六)

(461) 汉之匈奴,唐之突厥,迨及五代而契丹浸强。(《金瓶梅》第十七回)

(462) 六月二十头就立了秋,也就渐次风凉了。(《醒世姻缘传》第二十九回)

(463) 日渐羸瘦作烧,饮食懒进。(《红楼梦》第八十回)

(464) 宝玉的工课也渐渐松了。(《红楼梦》第八十九回)

此外,这一时期还新产生了"逐渐"。例如:

(465) 初时低声,逐渐声高。(《二刻拍案惊奇》卷十一)

(466) 渐将米汤调理,病亦逐渐安妥。(《隋唐演义》第十回)

11. 表频率

明清时期可用以修饰形容词谓语的频率义动态标记也是十分丰富的。其中产生于先秦至宋元时期的动态标记有"时时、又、年年、总、屡、有时、偶、复、再、或时、往往"等。例如:

(467) 日日花开,时时果熟。(《西游记》第八回)

(468) 呆子又慌了。(《西游记》第三十二回)

(469) 青山绿水年年好。(《三宝太监西洋记》第六回)

(470) 红莲柳翠总虚空,从此老通长自在。(《喻世明言》卷二十九)

(471) 争奈此人箪瓢屡空。(《警世通言》卷六)

(472) 有时醉了,又挑着门氏的话。(《初刻拍案惊奇》卷三十二)

(473) 二叶摘后,秋来三叶复茂。(《天工开物·乃服》)

(474) 再闲了,出来瞧侄子罢。(《红楼梦》第六十回)

(475) 或时宽阔,或时褊小,原不一定可以居之。(《绣云阁》第九十一回)

(476) 却往往穷得衣不遮身,食不充腹。(《九尾龟》第八十二回)

明清时期又产生了一批新的可用以修饰形容词谓语的动态标记,常见的有"总是、不时、时刻、时常、有时、每每、每日"等。例如:

(477) 妨贤卖主逞奇功,积得金银总是空。(《三国演义》第六十七回)

(478) 却说司马师左眼肉瘤,不时痛痒。(《三国演义》第一百一十回)

(479) 一做指望,便痴心妄想,时刻难过。(《二刻拍案惊奇》卷一)

(480) 又且妻子时常悲哀,心里甚是怜惜。(《二刻拍案惊奇》卷二十)

(481) 心里虽有时昏晕,却也有时清楚。(《红楼梦》第九十回)

(482) 每每飞鸟过高,都被吹的化为天丝。(《镜花缘》第二十回)

(483) 却每日生气,要与邻舍女人拼命。(《野叟曝言》第九十七回)

5.4.1.2 语法性动态标记的使用情况

1. "A+起来/上来/下来/下去"

语法性动态标记在先秦和魏晋南北朝时期只有"矣",宋元时期新出现了"了、着、过、却、也"。从宋代时起,趋向动词"起来、上来、下来、下去、上去"等进一步语法化为表示状态变化的体标记,至明清时期,也逐渐可以用于形容词谓语句中。例如:

(484) 还<u>痛起来</u>,放声大哭。(《喻世明言》卷三十六)

(485) 素姐将息的身子渐<u>好起来</u>。(《醒世姻缘传》第七十四回)

(486) 家计萧条下来。(《二刻拍案惊奇》第十五卷)
(487) 天色有些黑下来了。(《二刻拍案惊奇》第三十五卷)
(488) 勉强支持了一二年,越觉穷了下去。(《红楼梦》第一回)
(489) 四肢懒动,茶饭不进,渐次黄瘦下去。(《红楼梦》第六十九回)

此外,趋向类体标记也会和动态助词"将"连用,在明清时期也十分常见。例如:

(490) 只有渐渐的黑将下去。(《醒世姻缘传》第七十一回)
(491) 因这年秋尽冬初,天气冷将上来。(《红楼梦》第六回)
(492) 凤姐听了,登时忙将起来。(《红楼梦》第二十一回)
(493) 说话之间,天色晚将下来,一宿无话。(《二十年目睹之怪状》第三十七回)

"将"是近代汉语中非常活跃的一个动态助词,大约产生于唐五代时期,至清朝末年时逐渐消失。曹广顺(1995)指出,"将"在唐代四种格式中表达的意义大体上都与动作的状态或方向有关,从晚唐五代到宋,"将"的功能逐渐规范为作表示动态(开始、持续、完成)或动向的补语标志。岳立静(2008)进一步指出,助词"将"的主要语法功能即用来表示这一动作行为、性质的延续状态,而形容词也具有"可延续"性,即性质、状态在程度上可延伸,所以二者在语义上也十分契合,如例(490)—例(493)中的"黑将下去""冷将上来""忙将起来""晚将下来"中形容词所代表的形状程度都是逐渐加深的。

2. AA/ABAB 式重叠

此外,这一时期性质形容词的构形重叠也有了新的发展,出现了表达"尝试、轻微和短暂"等动态语法意义的重叠式,最早见于明代,至清代已经十分常见了。例如:

(494) 望姐夫明日说说,教我青白青白。(《金瓶梅词话》第七十三回)
(495) 交付给你,也叫我闲二年,自在自在。(《醒世姻缘传》第三十六回)
(496) 你回来告诉我,我也喜欢喜欢。(《红楼梦》第十一回)
(497) 菱姑娘,你闲闲罢。(《红楼梦》第十一回)
(498) 请相好的老爷们瞧瞧,热闹热闹。(《红楼梦》第九十三回)
(499) 如今仇是报了,咱们正该心里痛快痛快。(《儿女英雄传》第十九回)

显然上述用例中的形容词重叠式并非对事物情貌在量级上的描述,而是表达一种短时义或者尝试义,极大地丰富了形容词谓语的动态性表达方式。

5.4.2 形谓句中动态标记的使用情况

为了便于进行历时比较分析,我们同样对明清时期的《西游记》《红楼

梦》《儿女英雄传》三部典籍进行了穷尽性统计,用以分析动态义形谓句各类标记的出现频率和总体占比情况。(见表30)

表30　明清时期动态类形谓句的使用情况

标记类型		《西游记》	《红楼梦》	《儿女英雄传》
词汇性动态标记	表过去、已然	45	120	22
	表现在、进行	46	168	80
	表将来、未然	18	30	3
	表短时	13	40	73
	表长时	17	19	5
	表持续	57	309	75
	表时序	55	249	78
	表初终	21	102	13
	表早晚	0	25	12
	表频率	34	52	18
	表逐渐	15	37	9
语法性动态标记		251	904	273
动态义形谓句总数		540	1657	473
在所有形谓句中的占比		16.6%	36.6%	34.5%

和宋元时期相比,明清时期动态义形容词谓语句的发展变化主要体现在以下两个方面。

首先,总体来看,动态标记的使用频率仍在继续攀升。其中《西游记》中动态义形谓句在该书所有形容词谓语句中的占比为16.6%,但是在《红楼梦》和《儿女英雄传》中,这一比例就高达36.6%和34.5%。

其次,语法性动态标记日益丰富,除了宋元时期就已出现的"了、着、过、也"之外,这一时期还新产生了"来、去、起来、上来、下来、下去、上去、出来、过来、过去"等,以及和动态助词"将"连用的情况,而且在构形层面上还出现了动态义的形容词重叠式。虽然语法性动态标记远不及词汇性动态标记形式丰富,但是由于动态助词具有黏着性,尤其是"了"的完句功能可以满足汉语形容词谓语句的有界化要求,所以语法性动态标记总体的使用频率越来越高,其中《西游记》中语法性动态标记在该书所有形容词谓语句动态标记中的占比为 43.9%，在《红楼梦》和《儿女英雄传》中，这一比例也达到了 44% 和 41.3%。

5.5 本章小结

本章主要对汉语动态义形谓句的历时演变过程进行了考察，通过比较分析，可以看出动态义形谓句发生了如下发展变化。

首先，从先秦至于明清，动态义形谓句的使用频率整体不断攀升，稳定增长。先秦时期《论语》《庄子》《孟子》中受动态类标记修饰的形谓句的占比仅徘徊在总数的 10% 左右，魏晋南北朝时期的《抱朴子》《搜神记》《世说新语》中，这一比例已经逐步提升到 15% 左右，而南宋时期的《朱子语类》甚至达到了 26.1%。明清时期，动态义形谓句的使用频率再次大幅提升，在清代的《红楼梦》和《儿女英雄传》中都达到了 35% 左右。

其次，从形容词和不同类型的动态标记的结合情况来看，对形容词时间特征的观察、描写也越来越深入。从描述时间点或时间段的词汇性时标记，到词汇性时体混合标记，再到语法性体标记"了、着、过"，进一步到形容词和"起来""下来""下去""上来""出来"等相结合，对形容词时间特征的认知也从外部整体观察状态在时间轴上存在的时间，进而深入状态过程内部，观察各个阶段的具体情况。而对状态过程的内部观察也越来越细致，如果说"了、过"是对起迄点状态变化的描述，那么"着"则是对起迄点之间状态持续的描述，而"起来""下来""下去"等则进一步细化了状态持续的非均质过程。形容词的时体表达越来越丰富、形象。也就是说在人们的认知中，如果将性状置于时间轴上，那么随着时间的变化，性状的程度是非均质且动态变化的。

此外，还值得注意的是，不少动态标记发生了从可单独修饰形容词谓语到不可单独修饰的重大变化，如下面例子中(a)句所对应的现代汉语翻译都添加了其他成分方可完句。这一变化大约在明清时期已经十分明显了，如(b)句：

(500) a. 甲子雨小。(《甲骨文合集》12973)——甲子那天雨很小
   b. 今年雨水十分大。(《朴通事谚解》)
(501) a. 怨仇已多，将何以战？(《左传·僖公二八年》)——怨仇已经太多了
   b. 班次已经齐整了。(《三宝太监西洋记》八回)

这也就意味着在现代汉语中，除"了"之外，其余动态成分皆无法让形容词谓语实现从无界到有界的变化，像"？今天热""？二月份以来雨水少"

"?麦子已经熟""?天气马上热""?脸红着""?天黑下来""?他胖起来"之类的表达,自主性很低,往往需要添加别的成分或者后续句方可成句。

顾阳(2007)将完句成分和时制联系起来,指出汉语的场景体中"定点"对句子的成句性有决定意义。但是根据上述考察结果,我们需要对时制范畴和形容词谓语句的完句效应之间的关系重新考量:并非由相关成分带出参照点来体现句子的时制,从而实现完句;相反,当形容词和时体成分相搭配时,对形容词所描绘的状态过程的识解,随着时间的流动而发生了变化,因此可借助时体范畴,帮助我们确定在某一时间事物性状所处的具体量级。但是,具有这一功能的动态标记十分有限。

"着"表示事物性状的持续,"A+着"在语义上显然是无界的,无法和某一具体的程度量级发生联系。"起来/下来/下去"的时间性稍显复杂,"起来"具有[+起点][+程度递增]特征,"下来"具有[+终点][+程度递减]特征,"下去"具有[+起点][+程度递减]特征。可以看出,"起来/下来/下去"既可以指向状态的起点或者终点,也可以表示增量或者减量比较,在语义上既具有级差性和有界性,但也呈现出不确定性和双向性特征。因此,我们需要借助外部力量,来帮助确认其语义指向。段益民(2001)指出就时间性来说,前加副词可分为两类,一类表示递增性,前加"渐渐、慢慢、逐渐"等;一类表示突转性,前加"突然、忽然、忽地、一下子"等。当"起来/下来/下去"前附递增性副词时,便会激活性状的增量或者减量比较,当前附突转性副词时,便会激活性状的起点量或者终点量。但是在一般情况下,由于"有界化"的要求,很少独立用作句子谓语。

"过"为经历体标记,附着于形容词后表示事物性状的完结,即表示"A"到"非A"的转化,可以使无界的性状有界化,所以我们也可以说"他年轻过""她天真过"。但是这一语义特征也限制了"过"和形容词的搭配,在和单向形容词搭配时,只能选择变化链上的前项形容词,和双向形容词相搭配时则不受限制,但是通常也和其他时间标记叠加。

与上述动态助词相比,大多数时间副词或者时间名词的时制特征更加显著,通常只能指向一个时点或时段,但在该时间内性状所处的量级是不确定且不稳定的,所以不具有有界化的功能。

可以说,"了"之外的时体成分,或是只能指向一个时点或时段,或是指向了一种可持续变化的体貌,在数量上都是不确定的、连续的、模糊的。相比之下,"了"表示性状从"非A"到"A"的实现,因此可以将连续的数量离散化,以一个数值为界,达到这个量值的则为A,未达到这个量值的则为"非A",从而实现有界化。

第 6 章 比较义形容词谓语句的历时演变

比较义也是汉语形容词谓语句重要的一种语义类型,不论在现代汉语还是古代汉语中都有着极其丰富的表达形式。根据章节 3.3 所述,本书将所要讨论的比较义形容词谓语句限定在句法层面上,即利用一定的句法手段来表达一种比较意义,并将依赖"最、至"等程度副词构成的句子视为词汇性比较句,不属于本书所界定的比较句的范围。从古至今,汉语的比较义形容词谓语句经历了从无到有、使用频率从少到多、表达形式从简单到复杂的漫长发展历程。下面我们将比较义形谓句分为平比句和差比句两大类型,以先秦、魏晋南北朝、宋元、明清四个历时分期为时间索引,考察分析汉语比较义形容词谓语句的演变历程。

6.1 先秦时期的比较义形谓句

6.1.1 平比句

6.1.1.1 "于"类平比句

先秦时期最为常见的平比义形容词谓语句式为"X+A+于(乎)+Y"。其中"于"作为比较标记,既可以用于差比句,也可以用于平比句。此外,王力(1957)指出,"乎"字用于比较,跟"于"字比较句没什么差别,也是常见的比较范畴的标记形式。可出现在该句式中表平比意义的形容词主要有表等同近似的"同、侔、齐、近、拟、参"等。例如:

(1) 天下之百姓,皆上同于天子,而不上同于天。(《墨子·尚同上》)

(2) 上同乎天子,而不敢下比。(《墨子·尚同中》)

(3) 畸人者,畸于人而侔于天。(《庄子·大宗师》)

(4) 长齐于带。(《礼记·玉藻》)

(5) 饱食、暖衣、逸居而无教,则近于禽兽。(《孟子·滕文公上》)
(6) 言己之光美,拟于舜、禹,参于天地。(《荀子·不苟》)

此外还有表相异的"异、殊"等,比较标记也可以由"于"或者"乎"来充当。例如:

(7) 我则异于不可。(《论语·微子》)
(8) 异乎三子者之撰。(《论语·先进篇》)
(9) 君之道义,殊于世俗,国免于公患。(《晏子春秋》卷五)
(10) 行殊乎俗,不多辟异。(《庄子·秋水》)

此外,需要注意的是,该句式中的比较标记"于"和"乎"还可以省略,构成"X+A+Y",虽没有比较词,但仍表达一种比较义,但需要依赖上下文语境方可推得。例如:

(11) 昔在文、武,聪明齐圣,小大之臣,咸怀忠良。(《尚书·周书·同命》)
(12) 三代各异物,薛焉得有旧。(《左传·定公元年》)
(13) 禹、稷、颜回同道。(《孟子·定离娄下》)
(14) 声侔鬼神。(《庄子·外物》)

"于"类平比句是这一时期最主要的平比句形式,使用频率最高。我们统计了《论语》《孟子》《庄子》中的比较义形容词谓语句,发现在《论语》中,"于"类平比句共有 13 例,占所有平比义形容词谓语句的 81.3%。《庄子》和《孟子》中的情况也十分类似。《庄子》中"于"类平比句共出现 20 例,占所有平比义形容词谓语句的 42.6%;《孟子》中"于"类平比句共出现 13 例,占所有平比义形容词谓语句的 59.1%。

6.1.1.2 "与"类平比句

"与"类平比句也是在先秦时期就已出现的平比句式。能进入"于"类平比句的形容词,大多也可进入"与"类平比句,常见的有"同、等、齐、并、齐、相似、一、异、殊"等。例如:

(15) 民之恶死而欲贵富以长没也,与我同。(《国语·吴语》)
(16) 无征表而欲先知,尧、舜与众人同等。(《吕氏春秋·恃君览》)
(17) 故德与周公齐,名与三王并。(《荀子·解蔽》)
(18) 与天地相似,故不违。(《易经·系辞上》)
(19) 无始而非卒也,人与天一也。(《庄子·山木》)
(20) 如使口之于味也,其性与人殊。(《孟子·告子上》)

其中例(16)较为特殊,"同"与"等"两个同义词并置共同充当比较结果和句子谓语,这种现象在先秦时期比较少见,但在后世的语料中有了进一步的继承和发展。

"与"类平比句在先秦时期的使用频率较低,《论语》中甚至并未出现该类句式。《庄子》中则出现了 9 例,在所有平比义形容词谓语句中的占比为19.1%,《孟子》中也仅出现了 6 例,占平比义形容词谓语句的 27.3%。

6.1.1.3 "如"类平比句

"如"类平比句多采用"X+A+如+Y"的形式,除"如"外,其余常见的比较标记还有"若、似",相比较而言"如/若"的使用频率更高,而"似"较为少见。根据前文对比较句式的分类,"如"类平比句属于近似类平比句,通过譬喻的修辞方式,表达比较主体和比较对象在某种性质、状态上的近似关系。例如:

(21)君子之交淡若水,小人之交甘若醴。(《庄子·山木》)

(22)怊乎若婴儿之失其母也,傥乎若行而失其道也。(《庄子·天地》)

可以看出,进入"如"类平比句中的形容词既可以是性质形容词,如例(21),又可以是状态形容词,如例(22),而且以状态形容词居多,通过对《论语》《左传》《孟子》《庄子》《韩非子》《礼记》进行考察,"$X_{状态}$+A+比拟标记+Y"使用频率是"$X_{性质}$+A+比拟标记+Y"的四倍,而现代汉语中除了因为古语残存的原因导致少量"$X_{状态}$+A+比拟标记+Y"结构存在外,能进入比拟式的基本都为性质形容词。这种不对称现象的动因,我们将在章节 8.2.6 中具体讨论。

此外,《孟子》中出现了一类较为特殊的"如"类平比句,采用了"X+如+Y+A"的句法形式,例如:

(23)管仲得君,如彼其专也,行乎国政,如彼其久也,功烈如彼其卑也,尔何曾比予于是?(《孟子·公孙丑上》)

受限于先秦时期的句法环境,上述用例可以被视作倒装用法,"如彼其专也""如彼其久也""如彼其卑也"为"其专也如彼""其久也如彼""其卑也如彼"的倒装形式,有别于魏晋南北朝时期产生的"X+如+Y+A"式平比句。

整体来看,"如"类平比句在先秦时期的使用频率也并不高。《论语》中共出现了 3 例,占该文献中平比义形容词谓语句的 18.7%。《孟子》中则出现了 3 例,在所有平比义形容词谓语句中的占比约为 13.6%。但是《庄子》中的使用频率较高,共出现了 18 例,所占比例约为 38.3%,这应当和《庄子》善用譬喻的语言特色密切相关。

6.1.2 差比句

6.1.2.1 表胜过:"于"类差比句

"于"类差比句和"于"类平比句的表层形式相同,皆为"X+A+于(乎)+Y",且"于"和"乎"皆可充当比较标记,二者的差异主要反映在进入该句式的形容词上。当具有级差性的单音节性质形容词进入"X+A+于(乎)+Y"时,便可激活差比义,常见的有"多、少、先、后、明、善、甚、速、贤、盛、长、短、俭、轻、重、深"等,表示比较主体和比较对象在某一具体性状或数量上的层级差异。例如:

(24)季氏富于周公。(《论语·先进》)
(25)地非不足,而俭于百里。(《孟子·告子下》)
(26)天先乎地,君先乎臣,其义一也。(《礼记·郊特牲》)
(27)多乎什一,大桀、小桀;寡乎什一,大貉、小貉。(《公羊传·宣公十五年》)

"X+A+于(乎)+Y"后还可进一步添加后续成分,构成句法形式更为复杂的"X+形+于(乎)+Y+补语",其中补语多由形容词或者数量短语来充当。例如:

(28)贤于尧、舜远矣。(《孟子·公孙丑上》)
(29)乡人长于伯兄一岁,则谁敬?(《孟子·告子上》)

此外,"于"类差比句中的比较词也存在省略现象,即"X+A+Y"结构,其中 A 为比较结果,X 为比较主体,Y 为比较对象,虽然没有比较词,但是仍可以从语境中获得差比义,是早期较为特殊的一种语言现象。例如:

(30)桓公义高诸侯,德备百姓。(《晏子春秋》卷六)
(31)是广国之兵也,兵莫弱是矣。(《荀子·议兵》)
(32)且夫有高人之行者,固见负于世。(《商君书·更法》)
(33)百里之君而封侯其臣,大其旧。(《商君书·赏刑》)
(34)东以强齐、燕,中陵三晋。(《战国策·秦策一》)
(35)明衣裳,用幕布,袂属幅,长下膝。(《仪礼·既夕礼》)

我们也对《论语》《孟子》《庄子》所有形容词谓语句中的"于"类差比句进行了详尽的数据统计,总体来说,先秦时期差比句的用例并不多,数量远低于平比句。《论语》中"于"类差比句共出现 5 次,占所有比较义形容词谓语句的 23.8%;《庄子》中"于"类差比句出现了 11 次,所占比例也不高,仅有 15%;《孟子》中情况也十分相似,"于"类差比句共有 10 例,占比约为 22.2%。

6.1.2.2 表不及:"莫A"类差比句

汉语中本来并无专门的极比句式,通常以程度副词这一词汇形式来表达极比之义,如"最/至/极+A",但是也可以通过差比句式来表极比,比如"X莫A于(乎)Y""X莫大焉",通过否定副词"莫"否认差比对象,来表达比较主体的最高级状态。例如:

(36) 孝子之至,<u>莫大乎尊亲</u>。(《孟子·万章上》)

(37) 杀有礼,<u>祸莫大焉</u>。(《左传·僖公十一年》)

再来看一下"莫A"类差比句在先秦时期的使用情况。《论语》中并未出现相关用法,但是《庄子》和《孟子》中的用例就已经很多了,各15例和13例,甚至超过了普通的"于"类差比句,分别占该文献比较义形谓句的20.5%和28.9%。

6.1.3 小结

我们将《论语》《孟子》《庄子》中各类比较义形谓句的使用情况进行汇总。(见表31)

表31 先秦时期比较义形谓句的使用情况

句式类型		《论语》	《庄子》	《孟子》
平比义形谓句	"于"类平比句	13	20	13
	"与"类平比句	0	9	6
	"如"类平比句	3	18	3
差比义形谓句	"于"类差比句	5	11	10
	"莫A"类差比句	0	15	13
比较义形谓句总数		21	73	45
在所有形谓句总数中的占比		5.8%	8%	12.9%

可以看出,先秦时期比较义形谓句总体来看使用频率是很低的,《论语》中共有21例,占全书形容词谓语句总数的5.8%,《庄子》中共有73例,占比8%,《孟子》中共有45例,占比也仅为12.9%,在《论语》和《庄子》中皆是该文献中使用频率最低的形谓句语义类型。

此外,从下位句式的具体使用情况来看,显然这一时期平比义形谓句占据显著优势,普遍要高于差比义形谓句的使用频率。而平比义形谓句中,最为常见的便是后置式的"于"类平比句"X+A+于(乎)+Y"。但是这类结构在现代汉语中已经基本不用,可以看出先秦汉语的比较义形谓句呈现出了与现代汉语迥然相异的语言面貌。

6.2 魏晋南北朝时期的比较义形谓句

6.2.1 平比句

6.2.1.1 "于"类平比句

魏晋南北朝时期,"于"类平比句中最常见的比较标记仍是"于",除此之外,"乎"和"之"也会替代"于"出现,如例(38)、例(44)和例(45)。可用于该式表平比义的形容词,基本和先秦时期一致,比如表相同近似的"同、侔、齐、等、拟、类",以及表相异的"异、殊、别"等。例如:

(38) 寻劾制科罪,<u>轻重同之大辟</u>。(《全宋文·明帝》)
(39) 陶育<u>齐于二仪</u>,洪基隆於三代。(《魏书·列传·卷八十七》)
(40) 妆饰华丽,<u>侔于永宁</u>。(《洛阳伽蓝记·城南》)
(41) 今虽同人主,复那得<u>等于圣治</u>。(《世说新语·方正》)
(42) 宫室之丽,<u>拟于王者</u>。(《徐霞客游记》)
(43) 充即庐江人,<u>所闻异于是</u>!(《世说新语·方正》)
(44) 因以<u>异乎己</u>而薄之矣。(《抱朴子·擢才》)
(45) 虽叔麦之能辩,亦奚<u>别乎瞽瞆</u>哉!(《抱朴子·崇教》)

但是魏晋南北朝时期的"于"类平比句也有新的发展,出现了"X+齐/钧+A+于(乎)+Y"句式,这样一来,当具有级差性语义特征的形容词进入该句式时,受"齐/钧"的影响,便表达一种平比义。该句式和下文章节6.2.1.2中的"X 与 Y+同/齐/等/并+A"结构同时出现在魏晋南北朝时期,反映出人们的表义需求,自此非等同相异义的形容词也可以进入平比句式。例如:

(46) 泥涅可令<u>齐坚乎金玉</u>,曲木可攻之以应绳墨。(《抱朴子·勖学》)
(47) 合锱铢而以<u>齐重于山陵</u>,聚百千可以致数亿兆。(《抱朴子·尚博》)

此外,这一时期也存在少量的比较标记省略现象,构成"X+A+Y"格式。例如:

(48) 后位<u>仪同三司</u>。(《世说新语·雅量》)
(49) <u>晋又异魏</u>也。(《晋书·武帝本纪》)

(50)虽迹异参、柴,而诚均丘、赵。(《宋书·列传·卷九十一》)

(51)轻同羽毛,利等锥刀。(《洛阳伽蓝记·城东》)

(52)左右壬人,遂虐甚剖心,痛齐钳齿洛。(《洛阳伽蓝记·城东》)

结合使用频率来看,"于"字平比句在《抱朴子》《搜神记》《世说新语》中分别出现了9例、3例和4例,在三部文献中所有平比义形谓句中的占比分别为13.2%、7.9%和10%,和先秦时期相比呈现出显著的下降趋势,已经丧失了在平比义形谓句中的主导地位。综上,这一时期的"于"字平比句基本是对先秦时期的继承,而无发展,已经开始进入衰退期。

6.2.1.2 "与"类平比句

先秦时期的"与"类平比句在魏晋南北朝时期同样得以承继下来,并有了突破性发展。能进入"X+与+Y+A"结构的形容词逐渐增多,先秦时期就已出现,主要有"同、等、一、齐、异、殊、相似"等。此外,这一时期还有一批新的表达等同相异的形容词可进入"与"字平比句,如"类、相类、乖、反、均、连"等。例如:

(53)复有影里细腰,令与真类。(《全梁文·答新渝侯和诗书》)

(54)邻人有亡豕者,与叔豕相类,诣门认之,叔不与争。(《三国志·魏书·武帝纪》)

(55)事与情乖,理与形反。(谢灵运《山居赋》)

(56)韬锋而不击,则龙泉与铅刀均矣。(《抱朴子·博喻》)

(57)发音则响与俗乖,抗足则迹与众连。(《抱朴子·自叙》)

此外,"齐等、等并、同等"也可以连用表示比较结果,构成"X+与+Y+齐等/等并/同等"。例如:

(58)掷戟与百尺树齐等。(《洛阳伽蓝记·城北》)

(59)料与危云等并,旁与曲栋相连。(《洛阳伽蓝记·城东》)

(60)高原种者,与禾同等也。(《齐民要术》卷二)

需要注意的是,这一时期在"X 与 Y+同/齐/等/并"的基础上产生了一种形式较为新颖的平比句式"X 与 Y+同/齐/等/并+A"。该类句式中的比较结果由"同/齐/等/并+A"充当,其中"同/齐/等/并"为相似、等同之意,修饰形容词 A 时,表示 X 与 Y 在性状 A 方面的程度层级相同,类似于现代汉语中的平比句式"X 和 Y+一样+A"。例如:

(61)道风与星汉同高,胜气与烟霞其远。(《全梁文·隐居贞白先生陶君碑》)

(62)安忍与金石同固,戒行与宝珠等色。(《全梁文·内典序》)

(63)<u>享年与松乔齐久</u>,名垂万代。(《宋书·王弘传》)

(64)既共阳春等茂,<u>复与白雪齐清</u>。(《洛阳伽蓝记·城东》)

(65)金刹与灵台比高,<u>广殿共阿房等壮</u>。(《洛阳伽蓝记·序》)

(66)<u>子长不能与日月并明</u>,而扬雄称之为实录。(《抱朴子·论仙》)

整体来看,魏晋南北朝时期不仅能进入"与"类平比句的形容词更加丰富,结构形式更加多样化,而且使用频率也有了大幅提升,《抱朴子》中共出现了21次,占所有平比义形容词谓语句的30.9%,《搜神记》中共有5例,占比为13.2%,在《世说新语》中共出现了7次,占所有平比义形容词谓语句的17.5%。显然,"X+与+Y+A"的使用频次已经超出了"X+A+于(乎)+Y"。

6.2.1.3 "如"类平比句

1. "X+A+比拟标记+Y"

魏晋南北朝时期,"X+A+比拟标记+Y"式平比句也有了进一步发展,除了"如、若、似"之外,这一时期还出现了新的比拟标记"譬、犹、像",只不过可用以修饰形容词谓语成分的标记仍以"如、若、似"为主。例如:

(67)<u>大如琵琶</u>,毒长数尺。(《搜神记》卷十八)

(68)<u>潘文烂若披锦</u>,无处不善。(《世说新语·文学》)

(69)<u>叶细似蕴</u>而微黄。(《抱朴子·仙药》)

此外,在双音节化的影响下,新出现了双音节复合形式的比拟标记,如例(70)—例(73)中的"犹如""有如""宛若""有若"等,也可以在比拟标记前面附加修饰性成分,如例(74)—例(77)中的"正似""恒若""旁若""皆如"等,形式更为灵活,表义也更加丰富。例如:

(70)庄严微妙,犹如天宫。(《宋书·夷蛮传·诃罗陁国》)

(71)故言论语小而圆通,有如明珠。(《全梁文·论语义疏叙》)

(72)八阶弘丽,四维博敞,宛若千仞。[《全梁文·南郊颂(并序)》]

(73)体荡荡正清滑,有若钟乳状。(《搜神记》卷十)

(74)墒中宽狭,正似葱垄。(《齐民要术》卷五)

(75)专诚祗栗,恒若天威之在颜也。(《抱朴子·臣节》)

(76)情神辽缅,旁若无物。(《抱朴子·嘉遁》)

(77)其笃慎皆如此。(《三国志·吴书·诸葛瑾传》)

除了比拟标记的上述发展变化之外,这一时期"如"类平比句中的形容词也呈现出新的演化趋势。根据我们的统计,《世说新语》中仍以"X+$A_{状态}$+比拟标记+Y"居多,但是在《抱朴子》中使用频率降低,仅有12例,而"X+$A_{性质}$+比拟标记+Y"则有20余例,而《搜神记》中,状态形容词和性质形容词进入该式的比例更是达到了 3∶25。整体来说,性质形容词逐渐占据主导地位。

2. "X+比拟标记+Y+A"

"如"类平比句在魏晋南北朝时期还出现另一重大变化,即比拟成分前置的"X+比拟标记+Y+A"比拟式开始萌芽并发展起来。例如:

(78)小姑如我长。(《古诗十九首·孔雀东南飞》)

(79)得一柏树,截断如公长。(《世说新语·术解》)

(80)冬熟,如指大,正赤,其味甘,胜梅。(《齐民要术》卷十)

(81)割取牛角,似匙面大,钻作六七小孔,仅容粗麻线。(《齐民要术》卷九)

(82)而名称若干,德如山高峻。(西晋竺法护译《普曜经》)

(83)见东壁正白,如开门明。(《搜神记》卷三)

用于该结构的形容词以性质形容词为主,尤其是"大"的出现频率最高,比拟标记以"如"为主,"似"也可以进入该结构,但是极其少见,如例(81)。

有趣的是,从先秦至魏晋南北朝还存在着大量的"X+如+Y之A"结构,其中"Y之A"是"N之V"这一"之字结构"的下位形式,通过助词"之"将形容词性成分指称化为一个名词性结构,经常用作句子的主语和宾语。"X+如+Y之A"整体上便与"X+如+N"相平行,其中"如"充当谓语,而"Y之A"名词化后充当宾语。例如:

(84)如月之恒,如日之升;如南山之寿,不骞不崩;如松柏之茂,无不尔或承。(《诗经·小雅·天保》)

(85)如天地之坚,如列星之固,如日月之明,如四时之信,然故令往而民从之。(《管子·任法》)

魏培泉(2001)指出,比拟标记前置的比拟式便是由先秦时期的"X+如+Y之A"脱落助词"之"产生的。"之"的脱落主要受如下因素的影响。首先,先秦时期"NV"小句直接做主宾语不属于自然的、易认知的结构形式,所以借助"之"将其显化,但是在战国之后,人们慢慢对"NV"小句做主宾语习以为常,便渐渐不需要"之"来凸显这种句法功能了(傅书灵,2011)。此外,沈家煊和完权(2009)指出,语言的使用还受到"表达要经济"的影响,既然加不加"之"主谓结构都用来支撑,那么人们就会觉得"之"是多余的,基于简练原则,"N之V"也渐渐简化为"NV"。所以,在上述因素影响下,"N之V"西汉初年就已大大衰落,南北朝初期就基本从人们的口语中消失了(王洪君,1984)。上述发展趋势也便影响到"X+如+Y之A"中的助词"之",导致"X+如Y+A"结构的产生。

整体来看,"如"类平比句在魏晋南北朝时期得以迅速发展,不仅比拟标记愈加丰富,而且出现在该类句式中的形容词逐渐向性质形容词偏移,为其进一步语法化为一个形补结构做好了准备,而比拟标记前置的"X+比拟标记+Y+A"在这一时期开始萌芽。最后,我们再来看一下"X+A+比拟标记+Y"的使用频率。和先秦时期相比,这一时期"X+A+比拟标记+Y"呈现显著的上升趋势。根据我们对《抱朴子》《搜神记》《世说新语》的考察,三部典籍中,"X+A+比拟标记+Y"分别出现了38次、30次、29次,分别占该书平比义形谓句的55.9%、78.9%和72.5%,一跃成为这一时期使用频率最高的平比义形谓句句式。

6.2.2 差比句

6.2.2.1 胜过类:"于"类差比句

1. "于"类差比句的继承和发展

"于"类差比句仍是魏晋南北朝时期最为主要的差比句式,比较标记主要有"于"和"乎",充当比较结果的形容词以单音节性质形容词为主。例如:

(86)藜藿嘉于八珍,寒泉旨于醴醁;蹑屦美于赤舄,缊袍丽于衮服。(《抱朴子·嘉遁》)

(87)光乎日月,迅乎电驰。(《抱朴子·畅玄》)

(88)况乎心之所度,无形无声,其难察尤甚于视听。(《抱朴子·塞难》)

(89)虎虽瘠,犹猛于豺狼。(《抱朴子·广譬》)

(90)而不识合锱铢可齐重于山陵。(《抱朴子·尚博》)

(91)其患更深于操时。(《三国志·吴书·张顾诸葛步传》)

(92)故当浅于江淹,而秀于任。(《诗品·下》)

(93)庶必贤于今日尔。(《全宋文·谢灵运·拟魏太子邺中集诗》)

先秦时期,"X+A+于(乎)+Y"形式较为简单,形容词多以光杆形式出现,至于魏晋南北朝有了新的发展,形容词中心语前也常常受副词、助动词等其他成分修饰,常见的如例(88)—例(93)中的"尤、犹、齐、更、当、必"等。

2. "于"类差比句的特殊变体

先秦时期,无论在平比句还是在差比句中,都出现了比较标记的省略现象,魏晋南北朝时期延续了这一特征,在"X+A+于(乎)+Y"类差比句中,"于/乎"有时可以不出现,但是整个句子仍然表达比较义。例如:

(94)玄度五言诗,可谓妙绝时人。(《世说新语·文学》)

(95)惟新之祉,实深百王。(《宋书·本纪·孝武帝》)

(96)而识昧前王,务艰昔代。(《宋书·本纪·明帝》)

(97)所以励高当年,而未沾茅社,抚事永伤,胡宁可昧。(《宋书·列传·刘穆之》)

(98)但伤臣言轻落毛,身如横芥。(《宋书·列传·建平王景素传》)

(99)弟徽,字敬猷,世誉多欣。(《宋书·列传·羊欣传》)

此外,魏晋南北朝时期也存在一定数量的"X+A+于(乎)+Y+补语"句式,在比较对象的后面引入补语,作为比较结果的补充说明。例如:

(100)重于父母多矣。(《抱朴子·勤求》)

(101)绍之杀田丰,乃甚于羽远矣!(《三国志·魏书·董二袁刘传》)

(102)始知后汉至魏,尺度渐长于古四分有余。(《宋书·志序·律历上》)

(103)天地之中,高于外衡六万里;地上之高,高于天之外衡二万里也。(《宋书·志·天文志》)

该结构还可以进一步省略其中的比较标记,构成"X+A+Y+补语"句式。例如:

(104)夷甫长裴成公四岁。(《世说新语·雅量》)

(105)建平国职,高他国一阶。(《宋书·列传·文九王》)

整体来看,魏晋南北朝时期的"于"类差比句既继承了先秦时期的基本句型,也有新的发展,主要表现在进入该式的形容词前经常会有副词性修饰成分,所传达的意义更为丰富和具体。在使用频率方面,作为这一时期唯一的胜过类差比句式,"于"类差比句的使用频率也有了显著提升。根据我们对《世说新语》《抱朴子》和《搜神记》的考察,三部典籍中,《搜神记》和《世说新语》中"于"类差比句分别出现了3次和8次,在所有比较义形谓句中的占比并不高,仅为7.3%和15.7%,但是《抱朴子》中的情形大不相同,"于"类差比句出现了52次,占比也提高到了39.7%,已经成为该书所有比较义形谓句中使用频率最高的下位句式。

6.2.2.2 不及类差比句

1. "莫A"类差比句

(106)祝莫大于无足,福莫厚乎知止。(《抱朴子·知止》)

(107)不忠不孝,其罪莫大。(《世说新语·政事》)

魏晋时期,"莫A"式差比句被保留了下来,不过出现频次并不高,《抱朴子》《世说新语》中各出现该类句式11例和1例,而《搜神记》中并未出现上述用法。

2. "不如"类差比句

在先秦时期,"不如"多用于"X+不如+Y"结构中表"X 不及 Y"之义,但是出现在 X 和 Y 位置上的基本为名词或名词性结构,不过形容词也可以借助名词化标记"之",构成"X+不如+Y 之 A"。例如:

(108)纣之不善,不如是之甚也。(《论语·子张》)

(109)弃之不如用之之易也,死之不如弃之之易也。(《战国策·魏四·秦攻魏急》)

然而,在西汉初年"N 之 V"就已大大衰落,进入南北朝初期就基本从人们的口语中消失了。受上述因素的影响,伴随着"之"的脱落,"X+不如+Y 之 A"结构便进一步演变为"X+不如+Y+A",这样一来,形容词便占据了谓语中心的位置,"不如"的句法地位下降,可重新分析为介词。例如:

(110)诚不如卿落落穆穆。(《世说新语·赏誉》)

(111)子献云:"未若长卿慢世。"(《世说新语·品藻》)

但是整体来说,魏晋南北朝时期仍存留不少"X+不如+Y 之 A"句式,而省略助词"之"的"X+不如+Y+A"仍十分少见,《抱朴子》和《搜神记》中皆未出现此类用法,仅在《世说新语》中出现了两例,即前文所列举的例(110)和例(111)。

6.2.3 小结

最后,我们也将《世说新语》《抱朴子》《搜神记》中各类比较义形谓句的使用情况进行汇总。(见表 32)

表32 魏晋南北朝时期比较义形谓句的使用情况

句式类型		《抱朴子》	《搜神记》	《世说新语》
平比义形谓句	"于"类	9	3	4
	"与"类	21	5	7
	"如"类	38	30	29
差比义形谓句	"于"类	52	3	8
	"莫 A"类	11	0	1
	"不及"类	0	0	2
比较义形谓句总数		131	41	51
在所有形谓句总数中的占比		8.5%	6.1%	6.9%

可以看出,进入魏晋南北朝时期之后比较义形谓句的使用频率仍然不高,在《抱朴子》《搜神记》《世说新语》中的所有形容词谓语句中的占比分别为8.5%、6.1%和6.9%,和先秦时期相比,并未有显著提高。

此外,从下位句式的具体使用情况来看,显然这一时期平比义形谓句仍然占据优势地位,在三本魏晋南北朝文献中皆要高于差比义形谓句的使用频率,但是在《抱朴子》中这种比例差却大幅减少了,差比义形谓句显露出兴起的迹象。而平比义形谓句中,后置式的"于"类平比句"X+A+于(乎)+Y"也有了让位于前置式"与"类平比句的迹象,前者的使用频率不断下降,后者则不断攀升。但是,这一时期使用频率最高的平比义形谓句却是通过比拟表达近似义的"如"类平比句,并且在《世说新语》和《搜神记》中同时也是所有比较义形谓句中使用频率最高的下位句式。

6.3 宋元时期的比较义形谓句

6.3.1 平比句

6.3.1.1 "于"类平比句

宋元时期仍然存有一定数量的"于"类平比义形容词谓语句。能进入该式的形容词并无新的发展,仍以"同、齐、近、异"等为主。例如:

(112)骨相奇秀,异乎常童。(《景德传灯录》卷三)

(113)我若闻,即齐于诸圣。(《五灯会元》卷十三)

(114)原宪不能容物,近于狷。(《朱子语类》卷二十八)

(115)三欲同于二,而惧九五之见攻。(《朱子语类》卷七十)

这一时期也存在比较标记"于"省略的情况,以"X+同+Y"居多,此外还有"X+异/等/齐/侔+Y"也都使用了省略形式。例如:

(116)妄亦同真,真妄无殊。(《景德传灯录》卷五)

(117)色本殊质像,声元异乐苦。(《景德传灯录》卷三十)

(118)迷情妄分别,法身等虚空。(《五灯会元》卷三)

(119)南山直笔齐天寿,东海洪波比福源。(《五灯会元》卷十四)

(120)为九龙绕之,功侔鬼神。(《梦溪笔谈·器用》)

李讷和石毓智(2001)指出"于"类平比句在唐代后期开始使用频率降低。综合来看,宋元时期"于"类平比句的式微主要体现在两个方面。首先,这一时期的比较结果多由形容词"同、齐、等、近、异"充当,完全承继了先秦和魏晋时期,而无进一步发展。其次,使用频率也大幅下降,在《景德传灯录》和《朱子语类》中仅有 22 例和 13 例,分别占全书平比义形容词谓语句的 24.2% 和 8%,而在更晚一些的《新校元刊杂剧三十种》中,甚至没有出现该类形容词谓语句。前人的相关研究也证实了这一点,比如韩煦(2016)通过对比发现,《祖堂集》中"于"字比较句有 44 例,而到了宋代《五灯会元》中为 13 例,《朱子语类》中为 21 例,《古尊宿语录》中甚至仅有 6 例,在元代代表作《新校元刊杂剧三十种》及明代《西游记》的比较句研究成果中更是未发现"于"字比较句的例句①。这一发展趋势和本书的考察结果基本是一致的。

6.3.1.2 "与"类平比句

1. 承前而来的"与"类平比句

至宋元,"与"类平比义形容词谓语句和之前相比,既有继承又有发展。这一时期,承前而来的"同、等、一、类、齐、相似、相类、异、殊、乖、别"等表示"同异"意义的形容词仍保持着较高的使用频率。例如:

(121) 与厌世之说全乖也。(《景德传灯录》卷三)

(122) 大德若作见闻觉知之解,与道愚殊。(《景德传灯录》卷五)

(123) 恰与师相似。(《景德传灯录》卷八)

(124) 始是体得祖佛意,方与向先秦人同。(《景德传灯录》卷十七)

(125) 所以圣与凡等,邪与正等,生死与涅盘等。(《古尊宿语录》卷三十二)

(126) 谓唇与唇类,齿与齿类。(《梦溪笔谈·艺文二》)

(127) 枣与棘相类,皆有刺。(《梦溪笔谈·艺文二》)

(128) 心与理一,不是理在前面为一物。(《朱子语类》卷四)

(129) 盖圣人说得来,自是与人别。(《朱子语类》卷二十一)

(130) 却似与先生意异。(《朱子语类》卷二十九)

(131) 名姓与天齐,忠孝两完备。(《元杂剧·大都新编楚昭王疏者下船》)

2. "与"类平比句的新发展

宋元时期,"X+与+Y+A"类平比句也有了一些新的发展,主要表现为出现在 A 位置上的形容词更加丰富。

---

① 韩煦(2016)的统计并未包含省略比较标记"于"的情况,而本书的统计包含了省略形式和完全形式,所以对同一文献的统计数据会存在一定差异。

这一时期新出现了一批"相 X"式表异同近似关系的词,常见的如"相同、相乖、相近、相反、相背、相远"等。例如:

(132)非长非短非大小,还与诸人性相同。(《景德传灯录》卷八)

(133)是妄想与道相乖。(《景德传灯录》卷九)

(134)智与诈相近,勇与怒相似。(《朱子语类》卷八十七)

(135)柔与刚相反。(《朱子语类》卷六十九)

(136)论语凡言在其中,皆是与那事相背。(《朱子语类》卷二十四)

(137)圣人与常人忠恕也不甚相远。(《朱子语类》卷十六)

"与……不争多"也是自唐五代新兴的一种平比句式。"不争多"是唐宋时期的常用词,袁宾等(1997)在《宋语言词典》中把"不争多"解释为"差不多,一个样",用于"X 与 Y+A"结构中也可以表达平比义。例如:

(138)渊与天不争多。(《朱子语类》卷六十八)

(139)据某看来,季友之罪与庆父也不争多。(《朱子语类》卷八十三)

自唐五代起,还产生了"X 与 Y 一般/一样"式平比句,但是相比较而言,"X 与 Y 一般"更为常见。例如:

(140)信知佛法与王法一般。(《景德传灯录》卷十三)

(141)与日一般,是为一期。(《朱子语类》卷二)

(142)虽其意亦是,然皆不与圣人常时言语一样。(《朱子语类》卷四十七)

而《朱子语类》中,在"X 与 Y+一般"的基础上还发展出了"X 与 Y+一般+A"句式,如此便取代了魏晋南北朝时期的"X 与 Y+同/齐/等/并+A",表示 X 和 Y 在形容词 A 表达的性状方面程度等级一致。例如:

(143)与众人一般低,立在堂下,如何辨得人长短!(《朱子语类》卷五十二)

(144)这个理与他一般广大。(《朱子语类》卷七十四)

除了出现在 A 位置上的形容词愈加丰富之外,"X+与+Y+A"类平比句还出现了省略比较标记"与"的情况,形成"X+Y+A"结构,常见的有"X+Y+一般/相似/(一)样/不异"。但是省略式似乎在唐五代时期的语料中更为多见,宋元时期反而减少了,说明这种结构并未得以有效继承。例如:

(145)隐影思量梦一般。(《敦煌变文集·金刚般若波罗蜜经讲经文》)

(146)体莹而琉璃不异,自然清净,岂有灰尘。(《敦煌变文集·维摩诘经讲经文》)

(147)黄檗和尚驴马相似。(《祖堂集》卷十一)

(148)心期尽处身虽丧,如来弟子沙门样。(《祖堂集》卷十九)

（149）如今看著,<u>尽黑漫漫地墨汁相似</u>。(《景德传灯录》卷十八)

整体来说"与"类平比句在宋代仍然保持较高的使用频率,《景德传灯录》中共出现"与"类平比句 25 例,占所有平比义形谓句的 27.5%。《朱子语类》中共出现了 49 例,所占比例为 30%。但是在元代的《新校元刊杂剧三十种》中共出现"与"类平比句 2 例,仅占所有平比义形谓句的 2.8%。下降的原因主要在于受到了"如"类平比句的冲击,具体详见下文的分析与讨论。

6.3.1.3 "是"类平比句

"是"类平比句是宋元时期新出现的一种平比句,主要以"X+是+Y+相似"以及"X+是+Y+一般／一样"的形式出现。例如:

（150）义<u>是一柄刀相似</u>,才见事到面前,便与他割制了。(《朱子语类》卷五十六)

（151）只<u>是被他说出一样</u>,却将圣贤言语硬折入他窝窟里面。(《朱子语类》卷二十七)

（152）咱每便<u>是自家里一般</u>。(《原本老乞大》)

有趣的是,"X+是+Y+相似／一般／一样"皆存在相对应的"X+是+与+Y+相似／一般／一样"形式,而前文已经指出这一时期"X 与 Y+A"类平比句存在省略比较标记"与"的情况,形成"X+Y+A"结构,其中"X+Y+一般""X+Y+相似"的频率很高,据此我们推测"X+是+Y+相似／一般／一样"便是由"是+与……相似／一般／一样"脱落比较标记"与"而来。例如:

（153）若论到至处,<u>却是与久而不息底一般</u>。(《朱子语类》卷三十一)

（154）这处若不子细分别,<u>直是与墨氏兼爱一般</u>!(《朱子语类》卷九十八)

（155）若论圣人,<u>自是与天相似了</u>。(《朱子语类》卷九十四)

（156）<u>须是与他古人相似</u>。(《古尊宿语录》卷三十二)

但是这样一来,"X+是+Y+相似／一般／一样"的表层形式便与"X+与+Y+一般／一样"一致,"与"字脱落之后,"是"便占据了"与"的位置,便会导致在意义上"是"的判断义不断虚化,在形式上也存在整个结构从"X+是+［Y+相似／一般／一样］"重新分析为"X+［是+Y+相似／一般／一样］"的趋势。

和"与"类平比句相比,"是"类平比句的使用频率很低,仅在《朱子语类》中分别出现了 2 例,《景德传灯录》以及《新校元刊杂剧三十种》中并未出现此类用法。

6.3.1.4 "和"类平比句

1."共"字平比句

于江(1996)、高育花(1998)和吴福祥(2003)等将意义用法相近的"共、连、和、同、跟"称为"和"类虚词。其中较早可以用于平比句的是"共"。据《说文解字》中释义,"共,同也",本义为"共同、共有",也是一个动词,后来引申出伴随义,并在此基础上语法化为介词,从唐代开始可以引出比较对象,常与之相搭配的等同相异类形容词较为有限,主要有"同、不同、一般、无殊、不异"等。例如:

(157) 不共众山同,岩峣出迥空。(许棠《汝州郡楼望嵩山》)

(158) 至今池水涵余墨,犹共诸泉色不同。(刘言史《右军墨池》)

(159) 如今若得,共起初一般。(《禅林僧宝传》卷六)

2."合"字平比句

除"共"之外,这一时期"合(和)"的比较标记用法也初现端倪。"和"在《说文解字》中释为"相应也",本义表"应和",用作动词,在此基础上引申出"拌和、混合"义,进而语法化为表合同义的连词(于江,1996)。通常认为"和"的连词用法最早产生于唐代,至于宋代,连词的用法已发展得较为成熟(刘坚,1989;吴福祥,2003)。在南宋时期的语料中,"和"也会写作"合",用以引进比较对象,元代则更多写作"和"。例如:

(160) 合浦圆相似。(《古尊宿语录》卷四十五)

(161) 你说的恰和我意同,则除那里好。(《原本老乞大》)

(162) 也和恁一般。(《原本老乞大》)

整体来说,"和"类平比句在唐五代萌芽,宋元时期得以继承,但是句法形式仍较为单一,只能和"同/不同/一般/相似"等有限的形容词相搭配。此外,从频率角度来看,该类句式也并未被广泛使用,在《朱子语类》(1—30卷)中仅出现了1例,《景德传灯录》以及《新校元刊杂剧三十种》中同样并未出现此类用法。

6.3.1.5 "如"类平比句

宋元时期的"如"类平比句有了十分显著的发展变化。最早产生的"X+A+如/若/似+Y"后置式比拟句被继承了下来,但是能用于该结构的形容词逐渐由状态形容词向性质形容词迁移,而且使用频率呈现下滑趋势。与此相对,魏晋南北朝时期新兴的"X+如/似/若+Y+A"逐渐兴盛,不仅能进入该式的形容词愈加丰富,相应地,使用频率也开始大幅提升。具体情况如下。

1. "X+A+如/若/似+Y"类

"X+A+如/若/似+Y"作为最早出现的"如"类平比句,在魏晋南北朝时期达到巅峰,宋元时期仍保持着较高的使用频率。例如:

(163)此心净明犹如虚空。(《景德传灯录》卷九)

(164)婴儿垂发白如丝。(《景德传灯录》卷十一)

(165)心广大如天地,虚明如日月。(《朱子语类》卷十二)

(166)淡烟流水画屏幽,自在飞花轻似梦。(秦观《浣溪沙·漠漠轻寒上小楼》)

(167)饮酒如李太白,糊突如包待制。(《新校元刊杂剧三十种·新刊关目好酒赵元遇上皇》)

(168)伤心痛似热油浇。(《新校元刊杂剧三十种·散家财天赐老生儿》)

可以看出,这一时期能用于该结构的形容词多为性质形容词,以《景德传灯录》和《新校元刊杂剧三十种》为例,性质形容词和状态形容词的比例分别为16∶2和41∶7。此外,一些双音节词也可以用于该结构,如上例中的"净明、广大、虚明、糊突"。该式在《景德传灯录》中出现了18次,在《朱子语类》中的出现次数同样不高,仅有8例,但是《新校元刊杂剧三十种》中的情况又大不相同,共有"X+A+如/若/似+Y"48例,是该文献中使用频率最高的平比句式。总体来说,"X+A+如/若/似+Y"的使用情况并不均衡,这也就说明了该式在平比句中的主导地位已经开始动摇。

2. "X+如/似/若+Y+A"

"X+如/似/若+Y+A"是东汉时期兴起的一种平比句式,由"X+如/似/若+Y+之+A"中的助词"之"脱落而来,在魏晋南北朝时期使用频率很低,比较词仅用"如",比较结果也以形容词"大"居多。进入宋元时期,"X+如/似/若+Y+A"结构被继承了下来,并且在结构和使用频率方面都有进一步的发展。例如:

(169)雪峰曰:"如古镜阔。"(《景德传灯录》卷十八)

(170)可中总似汝如此容易,何处更有今日事也。(《景德传灯录》卷九)

(171)若"罔念作狂",则是如桀纣样迷惑了。(《朱子语类》卷二十九)

(172)如蝼蚁如此小。(《朱子语类》卷四)

(173)金之气,如何似一块铁恁地硬。(《朱子语类》卷四)

(174)也似你这般血气方刚。(《新校元刊杂剧三十种·看钱奴买冤家债主》)

(175) 划地似临深渊般兢兢战战。(《新校元刊杂剧三十种·辅成王周公摄政》)

(176) 似这般冷呵,咱每远垛子放者射,赌一个羊。(《原本老乞大》)

首先,魏晋南北朝时期,能进入该结构的形容词基本限于"大",但是从上例中可以看出,宋元时期"X+如/似/若+Y+A"结构中的形容词极大地丰富起来,基本各类性质形容词都可用于该式充当比较结果。不仅如此,形容词A本身的句法形式也更加丰富,可以受副词"如此、(一)样、恁地、(这)般"修饰,如例(170)—例(176)。此外,比较标记也有了进一步发展,除了"如"以外,"似"和"若"也可以充当比较标记,尤其是"似"的使用比例已经相当高了。

该式在《景德传灯录》中出现了12次,在《朱子语类》中共有7例,在《新校元刊杂剧三十种》中出现了19次。可以看出,《景德传灯录》《朱子语类》《新校元刊杂剧三十种》这三本文献中,后起的"X+如/似/若+Y+A"和最早产生的比拟句式"X+A+如/若/似+Y"在使用频次上的差距已经越来越小。

3. "X+如/似/若+Y+同/等/不异/相似/一般"

需要注意的是,自唐五代起还产生了和"与"类平比句相平行的结构"X+如/似/若+Y+同/不异/相似/一般",即比拟标记"如/似/若"出现在了和比较标记"与"相同的句法位置上。例如:

(177) 他家来大似卖卜汉相似。(《景德传灯录》卷四)

(178) 有若顽石相似。(《五灯会元》卷十九)

(179) 曾晳言志,既是知得此乐,便如颜子之乐同。(《朱子语类》卷四十)

(180) 如火相似,炙着底自然热,不是使他热也。(《朱子语类》卷九十五)

(181) 布价如常往年的价钱一般。(《原本老乞大》)

上述结构最早于唐五代时期出现,但是至宋代使用频率达到顶峰。《景德传灯录》中共出现了14例,《朱子语类》中更是高达83例。然而至元代,使用频率却又开始下降,《新校元刊杂剧三十种》中仅仅出现了2例。

6.3.2 差比句

宋元时期,差比句体现出承前启后的过渡性特征。承前主要体现在对先秦和魏晋南北朝时期"于"字差比句的继承上,启后则主要表现在两个方面:"如/似"类差比句的产生,以及"比"字句的萌芽。

6.3.2.1 表胜过

1. "X+形容词+于+Y"

根据前文所述,"X+形容词+于+Y"在先秦和魏晋南北朝时期是最为重要的差比句式,至于宋元仍被保留了下来,但是只有《朱子语类》中的用例较多一些。例如:

(182)雅信内典尤重于师。(《景德传灯录》卷十五)

(183)却不知有"行一不义,杀一不辜"底事,更大于此。(《朱子语类》卷二十五)

(184)忿又重于怒心。(《朱子语类》卷十六)

(185)若至诚巧令,尤远于仁矣!(《朱子语类》卷二十)

(186)上面耀叶三层,皆高于旧日三寸,成尺二寸。(《朱子语类》卷一百二十七)

承继前期的句式特征,用于该式表差比的形容词多以单音节性质形容词为主,不过形容词充当比较结果时,其前面可以带有副词性成分。常见的有"又、亦、复、也、犹、较、更、必、皆、尤"等。此外,和先秦及魏晋南北朝时期的情况一致,也有少数用例可以在比较对象后附带补语,构成"X+形容词+于+Y+补语",如例(186)。

但是整体来看,"于"类差比句急剧衰退,用例骤减。《景德传灯录》和《新校元刊杂剧三十种》中各出现1例,只有《朱子语类》中的用例较多一些,在我们统计的前三十卷中共出现了14例。而"于"类差比句的衰退便和"如/似"类差比句的兴起有着密切关系。

2. "如/似"类差比句

根据前文所述,"X+形容词+如/似+Y"出现时间很早,先秦时期就有大量的用例,但却表达比拟义,为平比义形谓句的下位句式。根据黄晓惠(1992),古汉语中的差比句式,除了"X+形容词+于+Y"之外,还有"X+形容词+如/似+Y"。通常认为,唐代"如/似"就已发展出差比标记的用法。例如:

(187)信越功名高似狗,裴王气力大于牛。(罗隐《关亭春望》)

(188)本寺远于日,新诗高似云。(姚合《赠供奉僧次融》)

(189)日出江花红胜火,春来江水绿如蓝。(白居易《忆江南》)

"如"类差比句虽然产生时间晚,但却迅速取代了"于"类差比句,据李讷和石毓智(1998)统计,在40余万字的宋代白话语料中,共出现17个作为差比介词的用例,其中14例用"如/似"结构,只有3个用"于"。在句法特征上,"如/似"类差比句和"X+形容词+于+Y"十分相似,比较结果主要由单音节性质形容词充当,但也可以是双音节形容词,此外在形容词前可由副词或助动词充当修饰性成分,如"更/稍/要/较/尚/须/有些"等,增加语义内容的丰富性。例如:

(190)岁晚客天涯,短发苍华,今年衰似去年些。(刘克庄《浪淘沙·纸帐素屏遮》)

(191)看取明年欢宴,更强如今日。(管鉴《好事近·为妻寿》)

(192)今人要高似圣人了,便嫌圣人说眼前物为太卑。(《朱子语类》卷二十一)

(193)开更密似点,点更规模大。(《朱子语类》卷二十八)

(194)又有一相识言,先左传,次国语,国语较老如左传。(《朱子语类》卷第八十三)

(195)子路气象须较开阔如二子。(《朱子语类》卷四十)

(196)亦有些小似他。(《朱子语类》卷四十)

(197)你心里把褐衲袄脊梁上披,强似着紫朝衣。(《新校元刊杂剧三十种·闺怨佳人拜月亭》)

(198)休笑我哝,我干净如你!(《新校元刊杂剧三十种·东窗事犯》)

关于"如/似"差比标记的功能是如何产生的,李讷和石毓智(1998)指出,表差比的"X+形容词+于+Y"和表平比的"X+形容词+如/似+Y"具有很多共性:两式的中心谓语主要都是由形容词承担,两式构成要素的数量和语序一样以及两者都表示比较表义,功能也相近。上述诸多共性便促使"似"字结构能够兼容"于"的差比功能。此外,魏晋以后比较标记"于"在"X+形容词+于+Y"式中的地位已有松动迹象,已不是必须的语法标记。至宋代,"于"字脱落的新现象越来越普遍,为了弥补"于"在差比句中的脱落所带来的缺憾,在上述句法语义条件基础上,"X+V+如/似+Y"式差比句便应时而生(李讷和石毓智,1998;常志伟,2019)。

从使用频率上来看,《景德传灯录》中并未找到典型的"如"类差比句。而在《朱子语类》的前三十卷中,可以较为明确地解读为差比义的"X+形容词+如/似+Y"共有7例。然而在元代的《新校元刊杂剧三十种》中共出现了32例,在所有差比义形谓句中的占比高达82%。整体来说,"如/似"类差比句产生于晚唐,发展于宋代,至于元代成为比较级的典型格式。

3. 递进式差比句

此外,这一时期还在"X+形容词+如/似/于+Y"基础上产生了表递差比义的"数量+A+(如/似/于)+数量"结构。这类句式的特殊之处便在于其比较主体与比较基准同为数量结构,且形式完全一致,但在意义上表达的确是由相同数量成分所指代的两个不同的个体,这两个个体往往具有在时间上的连续性,或者是属性上的并列性特征,并在某种性状上呈现出程度层级的递进比较关系。例如:

(199)但酒力到时,<u>一杯深如一杯</u>。(《朱子语类》卷十四)

(200)<u>一节亲切如一节</u>。(《朱子语类》卷三十六)

(201)下达者只因这分毫有差,便<u>一日昏蔽似一日</u>。(《朱子语类》卷四十四)

(202)看来看去,则自然<u>一日深似一日</u>,<u>一日分晓似一日</u>,<u>一日简易似一日</u>,只是要熟。(《朱子语类》卷一百一十三)

(203)其忧虑之意,<u>盖一章切于一章也</u>。(《朱子语类》卷八十一)

(204)下面<u>一节轻一节</u>。(《朱子语类》卷八十一)

(205)<u>一年淡一年</u>,便寝矣。(《朱子语类》卷九十八)

从上例中可以看出,递进式差比句的比较标记通常由"如/似"充当,此外也有"于"的用例,如例(203),甚至可以省去比较标记,以"数量+A+数量"的形式出现,如例(204)和例(205)。进入该格式的形容词以单音节性质形容词为主,但也有不少双音节性质形容词,如"亲切、分晓、简易、昏蔽"等。

递进式差比句的使用频率总体不高,其中《朱子语类》中的用例较多,共出现了10例,而在《景德传灯录》《新校元刊杂剧三十种》中都没有这种用法出现。

6.3.2.2 表不及

1. "莫A"类差比句

(206)应事接物,<u>莫大乎诚敬</u>。(《朱子语类》卷一百一十九)

(207)强恕而行,<u>求仁莫近焉</u>。(《朱子语类》卷二十九)

这一时期,"莫A"式差比句被保留了下来,但仅出现在了《景德传灯录》和《朱子语类》中,各有2例和1例,而且基本是对更早时期文献内容的引用,如例(207)便语出《孟子·尽心上》。

2. "不及"类差比句

与魏晋南北朝时期相比,宋元"不及"类差比句在形式上更为丰富,可使用"X+不如/不若/不及/不似+Y+A"形式,并且在形容词前出现了"恁地、最、较"等程度副词进行修饰。例如:

(208)<u>一切不如心真实</u>。(《景德传灯录》卷二十七)

(209)<u>这话不如伊川说"今日明日"恁地急</u>。(《朱子语类》卷十八)

(210) 不如杨氏说最实。(《朱子语类》卷十九)
(211) 然布终不若绢好。(《朱子语类》卷二十五)
(212) 前汉历志说道理处少,不及东汉志较详。(《朱子语类》卷二)
(213) 常想赵盾捧车轮,也不似你个当今帝主狠!(《新校元刊杂剧三十种·晋文公火烧介子推》)

"不及"类形谓句的使用频次依旧不高,只有在《朱子语类》中的用例较多,前30卷中共出现了8例,在《景德传灯录》《新校元刊杂剧三十种》中各出现了3例和6例。

6.3.3 泛比句

现代汉语中的"比"字结构和先秦两汉时期比动句"X+比于+Y"以及"X+比+Y"存在渊源关系。比动句的语义特征较为宽泛,包括了平比、差比和极比,在句法特征上,"比"为动词,和后续动词性成分构成连动关系。根据史佩信(1993),先秦两汉时期比动句的格式有如下五类:比X与Y,(p);比之与Y,(p);比与Y,(p);X比之Y,(p);X比Y,(p)。至于魏晋南北朝时期,"于"在比动句中逐渐消失,并于汉魏六朝时出现了"X+比+Y+W"句式,黄晓惠(1992)将其称为泛比句,这一句式为"比"由动词向介词演化提供了合适的句法环境。例如:

(214) 比之甘罗,已为太老。(《世说新语·言语》)
(215) 周凯比臣,有国士门风。(《世说新语·品藻》)
(216) 阿奴比丞相,但有都长。(《世说新语·品藻》)

虽然古汉语中的泛比句和现代汉语中的差比句在表层形式上基本一致,但是受历时句法环境的影响,"X+比+Y+W"仍为连动式。一直到唐宋时期,"比"可以用于"V得/V不得"结构,动词性特征仍十分显著。语义上"X+比+Y+W"同时可以用于表平比和差比,如例(217)—例(220)表达的便是平比义。从结构上来看,句法关系仍然十分松散,"(X)比+Y"后往往可以出现停顿,如例(219)—例(222)。或者"比"可与其他的比较标记或者助词并列出现,如下例中的"比似、比于、比之、比的、比着",共同引介比较对象。此外,作为比较项的形容词前可受"全、太、最、又、较、犹、便、甚、亦、真个、自是"等非差比义的副词修饰,也说明此时这一句式的语法意义仍表泛比。例如:

(217) 恰比孔子相似!(《朱子语类》卷一百二十二)
(218) 庄子比老子便不同。(《朱子语类》卷一百二十五)
(219) 比之从来安乐者,便自不同。(《朱子语类》卷三十一)

(220) 比"用之则行,舍之则藏",固是大相远。(《朱子语类》卷三十四)
(221) 比气,则自然又灵。(《朱子语类》卷五)
(222) 今看颜子比孔子,真个小。(《朱子语类》卷二十四)
(223) 凡言发于外,比似主于中者较大。(《朱子语类》卷六)
(224) 然文定比似仲舒较浅,仲舒比似古人又浅。(《朱子语类》卷一百二)
(225) 志者,心之所之,比于情、意尤重。(《朱子语类》卷五)
(226) 列子比庄子又较细腻。(《朱子语类》卷一百二十五)
(227) 世所画唐明皇已裹两脚者,但比今甚短。(《朱子语类》卷九十一)
(228) 他却似南丰文,但比南丰文亦巧。(《朱子语类》卷一百三十九)
(229) 孟子比圣人自是粗。(《朱子语类》卷三十四)
(230) 韩愈论性比之荀扬最好。(《朱子语类》卷五十九)
(231) 我若还更九番家厮并,他比的十恶罪尚犹轻。(《新校元刊杂剧三十种·诸宫调风月紫云庭》)
(232) 比着风波千丈世途难,可须名利不如闲。(《新校元刊杂剧三十种·陈季卿悟道竹叶舟》)
(233) 比侯门深似海,我怎敢酒量大如川。(《新校元刊杂剧三十种·李太白贬夜郎》)
(234) 咱须是亲弟兄,比外人至亲热。(《新校元刊杂剧三十种·死生交范张鸡黍》)
(235) 俺弟兄情比陈雷胶漆情尤切,俺交友分比管鲍分金义更别。(《新校元刊杂剧三十种·死生交范张鸡黍》)
(236) 这桥梁,桥柱比在前哏牢壮。(《原本老乞大》)
(237) 他和我近,我和他亲,你比他疏。(《新校元刊杂剧三十种·楚昭王疏者下船》)
(238) 那阴司刑法别,比阳间官府狠。(《新校元刊杂剧三十种·东窗事犯》)

但是需要指出的是,这一时期"X+比+Y+W"的使用频率开始大幅上升,充当比较结果的 W 虽然仍以动词结构为主,但是形容词逐渐增多。此外,形容词谓语前受副词修饰的情况愈加常见,这样一来,"X+比+Y+W"的语义重心开始转向比较结果 W,开始了由连谓结构开始重新分析为偏正结构的语法化进程。此外,从唐宋时期,也逐渐出现了差比副词修饰形容词的用例,说明泛比句的语义范围也在逐渐收缩。例如:

(239) 神来未及梦相见,帝比初亡心更悲。(鲍溶《李夫人歌》)
(240) 比霜风更烈。(张淑芳《满路花·冬》)
(241) "游于艺"一句,比上三句稍轻。(《朱子语类》卷三十四)

(242)淋漓襟袖啼红泪,<u>比司马青衫更湿</u>。(王实甫《西厢记·长亭送别》)

"泛比句"类形谓句在宋元时期占有一定的比例,而且在我们选取的三部代表性语料中,使用情况存在较大差异。北宋时期的《景德传灯录》中并未检索到该类句式,但是在稍晚一些的《朱子语类》中共出现 11 例,其中表达平比义的用例仅为 1 例,表达差比义的共有 10 例。至元代,《新校元刊杂剧三十种》中共出现了该类句式 10 例,仍以差比义为主,共 8 例,平比义则出现了 2 例。总体来说,从宋至元,不论是从句法特征还是从所表达的语义内涵来看,泛比句都在不断向成熟的"比"字句演进。

6.3.4 小结

同样,我们也将宋代的《景德传灯录》《朱子语类》以及元代的《新校元刊杂剧三十种》中各类比较义形谓句的使用情况进行了穷尽性的统计分析。(见表 33)

表 33　宋元时期比较义形谓句的使用情况

句式类型		《景德传灯录》	《朱子语类》	《新校元刊杂剧三十种》
平比义形谓句	"于"类	22	13	0
	"与"类	25	49	2
	"如"类	44	98	69
	"是"类	0	2	0
	"和"类	0	1	0
差比义形谓句	"于"类	1	14	1
	"如"类	0	7	32
	递进式差比句	0	10	0
	"莫 A"类	2	1	0
	"不及"类	3	8	6
泛比句		0	11	10
其他		0	1	0
比较义形谓句总数		97	215	120
在所有形谓句总数中的占比		9%	6.5%	13.4%

可以看出,延续魏晋南北朝时期的演变趋势,至宋元,比较义形谓句的使用频率仍然处在一个较低的水平,《景德传灯录》《朱子语类》《新校元刊杂剧三十种》中比较义形谓句在所有形容词谓语句中的占比分别为9%、6.5%和13.4%,整体来说和前期相比并未有显著提升。这主要是因为同一时期的程度义形谓句和动态义形谓句呈现爆发式增长,这样必然会挤压比较义形谓句的所占比例。

不过比较义形谓句下位句式的使用情况发生了一些较大的变化。整体来说,宋代平比义形谓句仍然占据优势地位,《景德传灯录》《朱子语类》中平比义形谓句的使用频率远高于差比义形谓句,但是在元代的《新校元刊杂剧三十种》中,差比义形谓句的比例都要高于平比义形谓句,差比义形谓句的上升态势愈加显著。

此外,不论是平比义形谓句还是差比义形谓句,下位句式都日益复杂。平比义形谓句新增的成员主要有"X+如/似/若+Y+同/等/不异/相似/一般"结构、"是"类平比句以及"合"类平比句。而差比义形谓句则新产生了"如"类差比句和递进式差比句。此外,从宋至元,泛比句都在不断向成熟的"比"字句演进,为明代"比"字句的最终成形奠定了基础。

6.4 明清时期的比较义形谓句

6.4.1 平比句

6.4.1.1 "于"类平比句

明清时期仍偶见"于"类平比义形容词谓语句,比较标记可以是"于"和"乎",此外也可以省略"X+A+Y"的形式出现[例(245)和例(246)],常用于该式的形容词仍以"同、近、齐、异、乖"为主。例如:

(243)敬重过善,同于父母。(《醒世恒言》卷十七)

(244)什古道:"大异于是。"(《醒世恒言》卷二十三)

(245)禄俸齐天还永固,禄名似海更澄清。(《西游记》第八回)

(246)寿命延长同日月。(《西游记》第八回)

(247)宝玉因闻得此酒清香甘冽,异乎寻常,又不禁相问。(《红楼梦》第五回)

明清时期,"于"类平比义形谓句的使用频率已经极低了。《西游记》

《红楼梦》以及《儿女英雄传》中各仅出现了5例、2例和2例,已经不是具有能产性的句式了,而仅仅是对古语用法的保留。

6.4.1.2 "与"字平比句

"与"字平比句在先秦时期萌芽,魏晋南北朝时期达到顶峰,宋元时期已经衰落,至于明清虽然仍有一定数量的用例,但是和之前相比,已经彻底失去了主导地位。能出现在该式中的形容词,仍以承继为主。其中,先秦和魏晋南北朝时期就已出现的形容词有"同、异、殊、齐、相似、相类、别"等。例如:

(248)捕盗如何与盗通,官赃应与盗赃同。(《水浒全传》第十八回)

(249)炒锅亦斜安灶上,与蒸锅大异。(《天工开物·膏液》)

(250)妖娆偏与旧时殊。(《金瓶梅》第四十回)

(251)躲得过,寿与天齐。(《西游记》第二回)

(252)与一把尖头铁钳子相似。(《西游记》第六回)

(253)他与我们衣冠虽别,修行一般。(《西游记》第七十三回)

宋元时期就已出现的形容词有"相等、相同、相近、相反、一般、一样、不争多"等。例如:

(254)恰与城垣高下相等。(《水浒全传》第一百回)

(255)原来他那宝贝,与他金箍棒相同。(《西游记》第三十四回)

(256)我与这皇帝一般了。(《西游记》第三十八回)

(257)你倒也说得不差,与我知道的一样。(《西游记》第七十四回)

(258)年纪与娘子相近,人物齐整,又是大富人家。(《喻世明言》卷一)

(259)金鼓都一样,官人与贼不争多。(《二刻拍案惊奇》卷二十)

而明清时期新出现的形容词有"差不多、无二、一般无二、一模二样、一模一样"等。例如:

(260)若与我们差不多,叫他声"姑娘"。(《西游记》第八十二回)

(261)妖精神通,与孙大圣无二。(《西游记》第五十八回)

(262)他的铃儿怎么与我的铃儿就一般无二!(《西游记》第七十一回)

(263)是一个玉蟾蜍,与前日凤官人与姐姐的一模二样。(《二刻拍案惊奇》卷九)

(264)生得面似桃花,与颜紫绡打扮一模一样。(《镜花缘》第五十九回)

此外,"X与Y+一般/一样/同/并+A"也有少量用例。例如:

(265)我师念紧箍咒试验,与我一般疼痛。(《西游记》第五十八回)

(266) 可以与乾坤并久,日月同明。(《西游记》第九十九回)

(267) 论恩爱我夫妻胶漆同固,与梁鸿配孟光一样和睦。(《跻春台·蜂伸冤》)

整体来说,明清时期的"与"类平比句以承继为主,而较少有创新性发展。使用情况也不如之前广泛,《西游记》中共有"与"字平比句23例,《红楼梦》和《儿女英雄传》中则各仅有9例。

6.4.1.3 "如"类平比句

和"与"类平比句的情况形成对比,这一时期的"如"类平比句呈现出新的面貌特征,主要在于"如"类平比句的下位句式也进一步丰富起来,伴随着"X+A+如/若/似+Y"的式微,新产生了"A+得+如/似/像+Y"句式,这种句式也成为现代汉语最主要的比拟句式之一。具体如下:

句式一:"X+A+如/若/似+Y"

根据前文所述,宋元时期,进入该句式的形容词就以单音节性质形容词为主,明清时期仍是如此,但也有不少状态形容词的用例,如例(269)和例(270)。比较标记仍以"如""似"为主,但是"似"的使用频率已经高于"如"了。例如:

(268) 峻如蜀岭,高似庐岩。(《西游记》第十回)

(269) 淙淙如瓮浇,滚滚似盆浇。(《西游记》第四十五回)

(270) 姣若春花,媚如秋月。(《红楼梦》第五回)

需要注意的是,"X+A+如/若/似+Y"式平比句也可采用双标记形式,在其后附加"一般/一样",构成形式更为复杂的"X+A+如/似+Y+一般/一样"。例如:

(271) 这潭也好大哩,水清似镜一般。(《醒世恒言》卷二十六)

(272) 凛凛似朔风一样。(《封神演义》第三十九回)

(273) 那珠子贵如药头一般。(《醒世姻缘传》第十一回)

(274) 再摸这井壁子,溜滑如镜面一样。(《续小五义》第二十八回)

"X+A+如/似+Y+一般/一样"的产生应该和下面的句式三"X+如/若/似+Y+一般"有着密切联系,句式三中"如/似"和"一般/一样"有着极高的搭配频率,往往成对出现,那么在"X+A+如/若/似+Y"后附加"一般/一样"也便是很自然的了。

明清时期,"X+A+如/若/似+Y"式平比句的使用频率呈下降趋势,根据我们对《西游记》《红楼梦》《儿女英雄传》的统计分析,《西游记》中的用例相比较而言多一些,"X+A+如/若/似+Y"共出现了86例,《红楼梦》中共有22

例,《儿女英雄传》中共有10例,占全书全部平比义形谓句的36.1%、22.7%和16.4%。

句式二:"X+如/似/若+Y+A"

明清时期,句式二的发展与演变主要体现在以下几个方面。

首先,形容词A前的修饰性成分进一步增多,常见的有"这般、(一)般、那般、这样、那样、如此、那么、一样"等。例如:

(275)都似你<u>这般无礼</u>,不乱了法度?(《水浒全传》第七十一回)

(276)欲其小,只如<u>金针般小</u>。(《警世通言》卷四十)

(277)再后内中像<u>火烧一般焦痛</u>。(《醒世姻缘传》第七回)

(278)谁似奶奶<u>这样圣明</u>!(《红楼梦》第五十一回)

(279)好似神佛<u>一样的尊崇</u>。(《明代宫闱史》第八十四回)

(280)不似方才<u>那么严厉</u>了。(《清朝秘史》第七十回)

其次,比较结果本身也新出现了由正反义形容词共同充当的情况,但是十分少见。例如:

(281)却似个<u>荷叶大小</u>。(《西游记》第七回)

(282)似<u>眉毛粗细</u>,有五六分长短。(《西游记》第七十三回)

此外,少数情况下也可以省略前置比较标记。例如:

(283)<u>神仙一般散诞</u>。(《醒世姻缘传》第六十六回)

(284)<u>铁炮相似的稳当</u>。(《醒世姻缘传》第八十六回)

(285)<u>日子树叶儿似的</u>,多哩!(《醒世姻缘传》第五十二回)

但是在使用频率方面,"X+如/似/若/像+Y+A"这一时期却呈现出下降趋势。《西游记》中"X+如/似/若/像+Y+A"共有14例,《红楼梦》中仅有5例,而在更晚时期的《儿女英雄传》中,该类句式只出现了1例,皆远低于后置式的"X+A+如/若/似+Y"平比句。

句式三:"X+如/若/似+Y+一般"

宋元时期,就已产生了"X+如/似/若+Y+同/等/不异/相似/一般"句式,至于进入该句式的"如"类比拟标记主要有"如、若、犹如、恰如、恰似、如同"等,至于明清,又产生了新的比拟标记"好似、相似"。例如:

(286)<u>好便似纺车儿一般</u>。(《西游记》第七回)

(287)果子的模样,就如<u>三朝未满的小孩相似</u>。(《西游记》第二十四回)

(288)连伤二人,若<u>痴呆一般</u>。(《封神演义》第七十五回)

(289)<u>犹如冰花一般</u>。(《二刻拍案惊奇》卷十九)

(290)<u>好似没底的吊桶一般</u>,只管漏了出去。(《二刻拍案惊奇》卷三十六)

(291)梦见月光皎洁,<u>如同白昼一般</u>。(《醒世姻缘传》第九十回)

此外,和句式二一样,也存在省略比较标记的情况,直接以"X+Y+一般"的形式出现。例如:

(292)他便没事人一般,只管带了家眷走他的路。(《红楼梦》第四回)

(293)小人们的家堂佛一般。(《儿女英雄传》第九回)

(294)你我骨肉一般,还讲得到甚么忌讳?(《儿女英雄传》第二十回)

句式三在这一时期仍然有着较高的使用频率。《西游记》中"X+如/若/似+Y+一般"结构共有34例,占所有平比义形谓句的14.3%,《红楼梦》中句式三共出现了20例,在全书平比义形谓句中的占比为20.6%,《儿女英雄传》中共出现了10例,占比16.4%。

句式四:"X+A+得+如/似+Y+(一般/一样/似的)"

从元代起,兴起了一种新形式的"如"类平比句"X+A+得+如/像/似+Y+(一般/一样/似的)",和句式一"X+A+如/似+Y+(一般/一样)"十分相似,但是并非由句式一直接附加补语标记"得"而来,反而是"A得+N+V""N+A得+V"形补结构不断类推扩展的结果。由于句式四的产生过程较为复杂,我们也将其放入第8章中进行系统讨论,此处不再赘述。例如:

(295)不勾多时虿饿的你似夷齐瘦。(《元杂剧·陈季卿误上竹叶舟》)

(296)脏得那脸就如鬼画符一般。(《醒世姻缘传》第二十八回)

(297)小二哥搬运不迭,忙得似走马灯一般。(《喻世明言》卷五)

(298)得了这个消息,急得如煎盘上蚂蚁,没奔一头处。(《醒世恒言》卷二十)

有时也会以"X+A+得+Y+一般/一样/似的"的形式出现,省略"如/似",而仅使用后置标记"一般/一样/似的"。例如:

(299)急的热锅上的蚂蚁一般。(《红楼梦》第三十九回)

(300)公子急得热锅上蚂蚁一般。(《儿女英雄传》第三回)

(301)昨日听见这个信儿,就把我俩乐的百吗儿似的。(《儿女英雄传》第二十一回)

(302)一张嘴脸涨得猪肝一般。(《说岳全传》第二十二回)

尽管在现代汉语中句式四已经作为后起之秀却一跃成为"如"类平比句的核心句式,但是在明清时期还是处在萌芽时期,所以《西游记》《红楼梦》和《儿女英雄传》中皆未检索到该类用法。

6.4.1.4 "象(像)"字平比句

根据《说文解字》的解释,"像者,似也","像"本身便是表相似之意的比拟动词,通常用于"X+像+Y"结构中。明清时期,"像"的用法有了进一步的发展,产生了"X+像+Y+一般/一样""X+像+Y+(一般/一样)+A""X+A+得像+Y+(一般/一样/似的)"一系列新的句式。鉴于三者都可以在"如"类平比句找到平行的用法,而且"像"和"如/若/似"意义和用法十分接近,可以推测上述句式应该是由其中"如"类平比句扩展类推而来。具体如下:

句式一:"X+像+Y+一般/一样"

(303) <u>真个像孩儿一般</u>。(《西游记》第二十四回)

(304) <u>竟像他哥哥一般</u>。(《儿女英雄传》第十四回)

句式二:"X+像+Y+(一般/一样)+A"

(305) 采樵回来,旁有一大石,<u>魏然像几间屋大</u>。(《初刻拍案惊奇》卷三十一)

(306) <u>倒还象拾了许多东西的一般欢喜</u>。(《醒世姻缘传》第八回)

(307) <u>再后内中像火烧一般焦痛</u>。(《醒世姻缘传》三十九回)

句式三:"X+A+得像+Y+(一般/一样/似的)"

(308) <u>倒不曾瘦的像攀鬼一般</u>。(《醒世姻缘传》第八回)

(309) <u>两只眼睛积伶的就像会听话</u>。(《儿女英雄传》第三十八回)

使用频率方面,"像"字平比句远低于最早产生的"如"类平比句。《西游记》中"像"字平比句共出现了9例,《红楼梦》中共有7例,而在《儿女英雄传》中,该类句式共出现了5例。

6.4.1.5 "比"字平比句

明清时期的"比"字平比句主要有三种下位句式:"X+A+比+Y""X+比+Y+不同/无二别/差不多/相似/一般""X+比+Y+(一)般+A"。具体如下:

句式一:"X+A+比+Y"

(310) 里甲排门,<u>痛比钱粮</u>。(《二刻拍案惊奇》卷四十)

(311) <u>清比黄河</u>,满面上专寻不是。(《二刻拍案惊奇》卷二十六)

句式二:"X+比+Y+不同/无二别/差不多/相似/一般"

(312) <u>貌比巨灵无二别</u>。(《西游记》第三十二回)

(313) <u>素日在我跟前比我的女儿也差不多</u>。(《红楼梦》第三十二回)

(314) <u>姜兴霸手中枪胜比蛟龙相似</u>。(《说唐全传》第二十一回)

(315) 又看见他五儿子受这样的重伤,<u>比拿刀挖他的心一般</u>。(《小八义》第七十七回)

句式三:"X+比+Y+(一)般+A"

(316) 形如五六十日出生的小狗,<u>不过比狸猫般大</u>。(《初刻拍案惊奇》卷三)

可以看出,明清时期"比"字平比句的句型甚至比宋元更为丰富,这应当受到了其他平行的平比句的影响。但是这一时期表差比的"比"字句已经逐渐成熟,"比"的功能逐渐由泛比缩小至差比,因此,这一时期"比"字平比句的使用频率事实上是不断降低的,而且基本以"X+比+Y+不同"形式存在,类似一种固定短语。同时由于我们统计范围主要涉及肯定性陈述句,所以并未将"X+比+Y+不同"计算在内,这样一来,肯定性"比"字平比句的出现频率极低,《西游记》中共有 2 例,《红楼梦》中共有 2 例,而《儿女英雄传》中并未出现该类用法。

6.4.1.6 "是"字平比句

明清时期的"是"字平比句既继承了宋元时期"X+是+Y+一般/相似",并在此基础上进一步产生了"X+是+Y+(一)般+A"。具体如下:

句式一:"X+是+Y+一般/相似"

(317)师父,你是我重生父母一般。(《西游记》第三十九回)

(318)真是姣花软玉一般。(《红楼梦》第十八回)

(319)俨然是孕妇一般。(《跻春台·仙人掌》)

句式二:"X+是+Y+(一)般+A"

(320)映着日头,就是血点般红。(《醒世姻缘传》第七回)

(321)那井泉都是盐卤一般的咸苦。(《醒世姻缘传》第二十八回)

(322)颜色就是霜雪一般白的。(《醒世姻缘传》三十一回)

根据前文所述,受平行句式"X+与+Y+一般/相似"的影响,"X+是+Y+(一)般"中"是"的判断义明显虚化,其句法地位也进一步下降。这一发展趋势在句式二中进一步强化,"X+是+Y+(一)般+A"由 A 充当句子的核心谓语成分,那么整个句子的重心继续向右偏移,"是"也进一步语法化,获得了准介词的身份。

整体来看,"是"字平比句的使用频率并不高。《西游记》中共有"是"字平比句 6 例,《红楼梦》中共有 5 例,《儿女英雄传》则没有出现该类平比句。而且相比较而言,句式一更为常见,根据我们对北大 CCL 语料的搜索,句式二则主要出现在《醒世姻缘传》中,而在其他语料中则基本没有出现。

6.4.1.7 "和(合)"类平比句

"和(合)"类平比句下位共包括"和(合)"字平比句、"跟"字平比句、"同"字平比句、"共"字平比句。其中"跟"字平比句是明清时期新产生的一类平比句式。

1. "和(合)"字平比句

根据前文所述,"和(合)"字平比句最早产生于南宋,以"X+合+Y+相似/不同"形式为主,至于明清,"和(合)"字平比句有了进一步的发展,不仅表平比义的"一般、一样、差不多、相等"开始进入该结构,而且在"X+和(合)+Y+一般"的基础上产生了形式更为复杂,表意更加丰富的"X+和(合)+Y+(一)般+A"结构。具体如下:

句式一:"X+和(合)+Y+一般/一样/差不多/相似/相等/相反"

(323) 你和我一般。(《西游记》第四十三回)

(324) 我的妹妹和她的妹妹一样。(《红楼梦》第四十九回)

(325) 算起来我们这二嫂子的命和我差不多。(《红楼梦》第一百一十四回)

(326) 这位娘子那好胜的脾气儿有些合乃翁相似。(《儿女英雄传》第三十二回)

句式二:"X+和(合)+Y+(一)般+A"

(327) 合朱砂一般红的。(《醒世姻缘传》第四十六回)

(328) 合大腿一般粗细。(《醒世姻缘传》第十九回)

(329) 老子年纪和天一般大。(《二十年目睹之怪现状》)

(330) 和缸口一般粗细。(《绿野仙踪》第二十六回)

2. "同"字平比句

根据《说文解字》,"同,合会也",本义为聚合,用作动词,并进一步引申出"共同"义和"偕同"义,大约在唐代便已语法化为介词(马贝加,1993)。例如:

(331) 每候山樱发,时同海燕归。(王维《送钱少府还蓝田》)

(332) 吾东挂朝服,同尔绎荷衣。(钱起《酬陶六辞秩归旧居见束》)

唐宋时期,"同"也可以用于平比句式中,构成"X+同+Y+一般",但是用例极少。例如:

(333) 只在三千世界,还同池沼一般。(《敦煌变文集》)

(334) 如同寐语一般。(《古尊宿语录》卷三十七)

"同"字平比句一直到明清时期才有了显著的发展,除了继承唐宋时期的"X+同+Y+一般"之外,受其他"和"类平比句的影响,产生了"X+同+Y+一般/一样/差不多/一般无二/相反/相似"以及"X+同+Y+(一般)+A"用法。具体如下:

句式一:"X+同+Y+一样/相反/差不多/相似"

(335) 他与亡姊恩爱,已同夫妻一般。(《初刻拍案惊奇》卷二十五)

(336) 你的同宝姑娘的一样。(《红楼梦》第二十八回)

(337)倒也同在营里差不多。(《二十年目睹之怪现状》第十回)

(338)如今做了外官,倒不晓得大帅是同皇上相反。(《官场现形记》第五十三回)

(339)其形同皮球相似。(《三侠剑》第六回)

句式二:"X+同+Y+(一般)+A"

(340)福德无疆同地久。(《西游记》第八回)

(341)跨上便同马一般快。(《二刻拍案惊奇》卷二十三)

(342)同五太子一般精悍。(《英烈传》第五十四回)

3."共"字平比句

与其他类型的"和(合)"字平比句形成鲜明对比的是,"共"字平比句在明清时期的使用频率急剧下降,仅搜索到一例"X+共+Y+一般"。例如:

(343)梦中共日间见的一般。(《警世通言》卷二十八)

4."跟"字平比句

"跟"在《说文解字》中的释义为"足踵也",表脚后跟的意思,用作名词,后引申为"跟随、跟从",大约在明代逐渐语法化为介词。例如:

(344)你要跟我作神行法,须要只吃素酒。(《水浒全传》第五十三回)

(345)跟我为仇,不肯借扇。(《西游记》第五十九回)

到了清代,"跟"的介词用法逐渐成熟,差不多清末时期,"跟"可以用于平比句中,引介比较对象,主要有两种用法:"X+跟+Y+一样/一般/相同/差不多"以及"X+跟+Y+那么+A"。因此我们在稍早一些的《西游记》《红楼梦》和《儿女英雄传》中并未搜索到相关用例。具体如下:

句式一:"X+跟+Y+一样/一般/相同/差不多"

(346)大舅子跟谭贤弟一样。(《歧路灯》第一百二回)

(347)这也是跟白纸一张差不多。(《彭公案》)

(348)我们在莲花坞可是跟法洪一般。(《济公全传》第一百八十九回)

(349)原来咱俩跟这两人长像相同。(《雍正剑侠图》第十四回)

句式二:"X+跟+Y+那么+A"

(350)两个人的眼睛跟鸡蛋那么大。(《雍正剑侠图》第二十七回)

(351)慧斌的肉皮啊,跟煤球那么黑。(《雍正剑侠图》第七十回)

整体来说,"和(合)"类平比句在明清时期还是有了较大的发展。从句式的丰富性来看,新增了"跟"字平比句,而"跟"字平比句和"和"字平比句一起,成为现代汉语等同类平比句的核心表达形式。从使用频率来看,虽然"和(合)"类平比句整体的使用频率不高,但是从《西游记》到《红楼梦》,再到《儿女英雄传》,呈现显著的上升趋势。《西游记》中"和(合)"类平比句仅出现了3例,占平比句总数的1.3%,但是《红楼梦》中共有17例,在所有平比义形谓句中的占比提升到了17.5%。《儿女英雄传》共出现了19例,占比达到了31.1%。可以看出,明清时期"和"类平比句得到了迅速发展。

6.4.1.8 比较义"有"字句

根据前文所述,表比较的"有"字句存在"有……(+那么)+形"和"有+数量"两种形式,而这两种句式在明代的语料中就已经发展得十分完善。虽然该类句式出现时间晚,但由于"X有Y+A"存在两个下位句式,表义丰富且具体、形象,并且具有一定的不可替代性,所以在《西游记》《红楼梦》和《儿女英雄传》中皆存在大量用例,尤其是《西游记》中共出现了56例,在该书所有平比义形谓句中的占比达到了23.5%,使用频率仅次于"X+A+似+Y"结构。《红楼梦》和《儿女英雄传》中的用例少一些,分别出现了8例和5例,在各自书中平比义形谓句中的占比为8%和8.2%。具体如下:

句式一:"X+有+Y+(那么)+A"

(352)馒头足有斗大。(《西游记》第四十四回)

(353)上面扣着一口破钟,也有水缸般大小。(《儿女英雄传》第七回)

句式二:"X+有+数量+A"

(354)其石有三丈六尺五寸高,有二丈四尺围圆。(《西游记》第一回)

(355)都有一尺多长,一寸见方。(《红楼梦》第三十五回)

(356)约莫也有个二百四五十斤重。(《儿女英雄传》第四回)

甚至在一些用例中,为了表达的恰当性和丰富性,会同时变换使用这两个小类。例如:

(357)拿出外面,只有二丈长短,碗口粗细。(《西游记》第三回)

(358)原来这梦甜香只有三寸来长,有灯草粗细。(《红楼梦》第三十七回)

通常认为是由表领有的"有"字句逐渐演变而来,但是二者不论在句法特征上还是所表达的语义内容上都存在较大差异。那么这种表比较的"有"字句究竟是如何产生的,经历了怎样的演变过程,我们将在章节9.2"比较义'有'字句及其演变"中进行进一步的探讨,此处不再展开详细讨论。

6.4.2 差比句

6.4.2.1 表胜过

1."于"字句

早在元代,"于"类差比句已经被"如/似"类差比句取代,至于明清,随着"比"字句的发展成熟,"于"类差比句已经很少使用了。例如:

(359)应笑儒生有寒相,<u>一庭光景冷于秋</u>。(《型世言》第二十回)

(360)谁想这位十三妹姑娘,<u>力大于身</u>,还<u>心细于发</u>。(《儿女英雄传》第十九回)

在《西游记》中仅检索到 1 例,而在《红楼梦》和《儿女英雄传》中也各仅出现 2 例和 3 例。

2."如"类差比句

"如"类差比句在唐宋时期产生了差比义,并于元代达到顶峰,成为当时比较级的典型结构。明清时期仍被继承了下来,但是逐渐式微。例如:

(361)就是饿死,<u>也强如喂虎</u>。(《西游记》第十六回)

(362)<u>如雪又亮如雪,似银又光似银</u>。(《西游记》第七十二回)

(363)<u>世文年纪更小似炼氏两岁</u>。(《二刻拍案惊奇》卷三十五)

(364)脚也不是那十分大脚,<u>还小如我的好些</u>。(《醒世姻缘传》第五十五回)

究其原因,从句法上来看,石毓智和李讷(2001)指出,随着语言的发展,古今汉语的单句结构经历了如下变化:$S+V_1+O+V_2 \rightarrow S+V+O$,其中 V_2 的位置取消,移位成其他成分的补充或修饰语,在这一背景下,汉语的单句结构便不允许在做中心谓语的形容词后用一个介词引进比较对象,"X+A+如/似+Y"越来越不被语言系统接受。此外,从语义上来看,由于差比义和平比义共存于这种句式中,有时候在理解上不易正确判断其意义。

这一衰退趋势在语料中有显著的表现。"如"类差比句在《西游记》中共出现 17 例,而在《红楼梦》中共出现 4 例,在更为晚期的《儿女英雄传》中仅出现 2 例。

3.其他类后置式差比句

此外,明清时期还有几类十分少见的后置式差比句式,同"于"类差比句以及"如"类差比句的区别主要在于所使用的比较标记的不同。罗福腾(1981)指出山东方言比较句有几种比较特殊的句式,如"$N_1+A+起(其)+N_2$""$N_1+A+的+N_2$",而在清代的《聊斋俚曲》中也存在上述句式的相关用例。戚晓杰(2006)则考察了明清具有山东方言背景的《金瓶梅词话》《醒世姻缘传》《聊斋俚曲集》中的"X+V+比较标记+Y"式差比句,指出除了"如/似"之外,还有"是、起、其、及、的、过"可以充当后置比较标记。上述用法具有一定的地域性,可以用其中的形容词也十分有限,以"强"最为常见。例如:

(365)文公不校蒲城战,<u>高出春秋五霸家</u>。(《周朝秘史》第三十八回)

(366)加纳个甚么光禄署丞、鸿胪序班,<u>也还强是首领</u>。(《醒世姻缘传》

八十三回)

(367) 我合狄大哥是同窗,<u>我大起他</u>,还是你大伯人家哩。(《醒世姻缘传》六十六回)

(368) <u>以前你我见识自为高过世人</u>,我今日才知自误了。(《红楼梦》第十六回)

(369) <u>老祖宗只有伶俐聪明过我十倍的</u>,怎么如今这样福寿双全的?(《红楼梦》第五十二回)

(370) 虽不如中一双,<u>还强其没一个</u>。(《聊斋俚曲集·磨难曲》第二十六回)

(371) <u>他的达强及俺达</u>,<u>他那达俊及俺达</u>。(《聊斋俚曲集·墙头记》第一回)

(372) 张大爷赏一百,<u>强的人家赏一吊</u>。(《聊斋俚曲集·磨难曲》第二十三回)

上述结构中,只有"X+A+过/出+Y"句式在本书系统考察的三本明清语料存在相关用例。仅在《红楼梦》中出现了3次,整体来说十分少见,使用起来也颇为受限,不具有太强的能产性。

4. "比"字句

明清时期是"X+比+Y+W"由泛比式演变成差比式的最后实现阶段。这一时期"X+比+Y+W"的使用频率超过传统的后置式差比句式"X+W+于/如/似+Y",后者逐渐解体,与此同时,"X 比 Y"结构使用大幅度减少,"比"的动词功能减弱,介词功能逐渐占据主导。此外,"X+比+Y+W"的泛比语义范围缩小,W 中的形容词迅速扩充。结构形式也更为丰富,具体如下:

1) "X+比+Y+A"

该句式中只有构成比较的比较主体、比较基准、比较标记、比较结果四种基本要素,是最为简单最为基本的"比"字句。例如:

(373) 他虽不知水性,<u>他比我们乖巧</u>。(《西游记》第四十九回)

(374) 论亲戚,<u>她比你疏</u>。(《红楼梦》第二十回)

2) "X+比+Y+状+A"

该句式中除了比较主体、比较基准、比较标记、比较结果之外,还在比较结果之前附加了表比较的相对程度副词,常见的有"还、更、越、越发、略、稍、稍为"等。例如:

(375) 这场祸,<u>比天还大</u>。(《西游记》第三回)

(376) <u>元来比先前两封的字越少了</u>。(《初刻拍案惊奇》卷四十)

(377) <u>只是比中国的略矮小些</u>。(《三宝太监西洋记》第五十回)

（378）改制为艟艞，比苍船稍大，比海沧更小。（《练兵实纪·海沧说》）

3）"X+比+Y+A+补"

该句式中除了比较主体、比较基准、比较标记、比较结果之外，还在比较结果之后附加了数量补语或者程度补语，作为对比较结果的补充说明。例如：

（379）故夫比我年大三岁，我今年四十五岁。（《西游记》第二十三回）

（380）连相待之意，比平时也冷淡了许多。（《二刻拍案惊奇》卷十二）

4）"X+比+Y+状+A+补"

该句式中除了比较主体、比较基准、比较标记、比较结果之外，既在比较结果之前附加了表比较的相对程度副词，又在比较结果之后附加了数量补语或者程度补语，结构更为复杂，语义内容也更加丰富。例如：

（381）到上面比海船还大三分。（《西游记》第四十二回）

（382）不过比人家的丫头略强些罢了。（《红楼梦》第七十四回）

5）"X+状+比+Y+（状）+A+（补）"

该句式中，修饰性的相对程度副词位于比较标记"比"之前，但同时作为比较结果的形容词A前后也还可以进一步附加别的比较副词，或者后附数量补语，作为对语义内容的补充。例如：

（383）更比夜叉凶壮。（《西游记》第二十四回）

（384）更比大的越发齐整了。（《红楼梦》第三十九回）

（385）故略比别个姊妹熟惯些。（《红楼梦》第五回）

（386）人家可比我漂亮。（《儿女英雄传》第七回）

综上，明清时期，"比"字句已经成为汉语中最为典型的比较句式，不仅句法形式愈加丰富，使用频率也呈现爆发式增长。"比"字句类型的形谓句在《西游记》中共出现33例，占该文献所有差比类形容词谓语句的53.2%，占所有比较义形谓句总数的11.1%。而在《红楼梦》中出现了143例，在所有差比类形容词谓语句中的占比高达71.5%，同时占所有比较义形谓句总数的48.1%。《儿女英雄传》中则出现了41例，在所有差比义形谓句和所有比较义形谓句中的占比也达到了64.1%和32.8%。

5."较"字差比句

"较"本身便有比较之义，可以用来引介比较对象，"X+较+Y+A"本应是连动句式，但是该句式的表层结构和"比"字句"X+比+Y+A"是一致的，且此时"比"已经逐渐失去动词性特征，而进一步语法化为一个比较介词，那么句法位置相同且语义特征相似的"较"也就具备了虚化的条件，应该可被视为介词，该用法主要存于清代的语料中，有时候也会以"较之"的形式出现[如

例(387)]。例如:

(387)<u>较之乃兄竟高过十倍</u>。(《红楼梦》第四回)

(388)<u>较宝玉略瘦巧些</u>。(《红楼梦》第七回)

(389)<u>较诸人更似亲切</u>。(《红楼梦》第五十八回)

"较"字差比句在《红楼梦》中共出现4例,在《儿女英雄传》中共出现2例。

6. 递进式差比句

明清时期,仍存有一定数量的递进式差比句"数量+A+似+数量"。比较标记以"似"为主,"如"和"于"的用例已经基本见不到了。例如:

(390)<u>一日疲倦似一日</u>。(《二刻拍案惊奇》卷二十九)

(391)<u>又机缘一步凑巧似一步</u>,<u>境界一天从容似一天</u>。(《儿女英雄传》第三十回)

此外,还有一定数量的省略比较标记的情况。例如:

(392)便从此发出臭气,<u>日甚一日</u>。(《醒世姻缘传》第九十三回)

(393)自此之后,娄太爷的病<u>一日重一日</u>。(《儒林外史》第三十二回)

(394)到江南贸易,遂起家发业,<u>一日好一日</u>。(《七剑十三侠》第一回)

需要注意的是,伴随着"比"字句的发展成熟,在其基础上,还出现了"一量+比+一量",最早见于清代晚期的语料中,这种句式也逐渐发展成为现代汉语中最为常见的递进式差比句。由形容词充当谓语的用例如下:

(395)<u>安太太一天比一天好</u>。(《侠女奇缘》第六十五回)

(396)<u>一日比一日轻快</u>。(《三侠剑》第四回)

(397)<u>一辈比一辈坏了</u>!(《二十年目睹之怪现状》第八十七回)

递进式差比句的使用频率整体来说不高,在《西游记》中共出现2例,在《红楼梦》中出现了18例,在更为晚期的《儿女英雄传》中仅出现5例。

6.4.2.2 表不及

明清时期,不及类差比句也有了进一步的发展,除了承前而来的"莫A"类和"X+不及/不如/不若/不似+Y+A"句式外,还新产生了"X+(再)A+不过+Y""X+不比/没比/比不得+Y+A""X没有/不如Y(那么)+A",句法形式更加多样化。具体用例列举如下。

1. "莫A"类差比句

(398)<u>开恩莫大</u>。(《红楼梦》第八十六回)

2. "不及"类差比句

1)"X+不及/不如/不若/不似+Y+A"

(399)<u>你山中不如我水上生意快活</u>。(《西游记》第九回)

(400) 今上懦弱,<u>不若陈留王聪明好学</u>,可承大位。(《三国演义》第三回)
(401) 第二件他二人才思滞钝,<u>不及宝玉空灵娟逸</u>。(《红楼梦》第七十八回)

2) "X+(再)A+不过+Y"
(402) 山高高不过太阳。(《红楼梦》第二十四回)
(403) 再巧不过老太太去。(《红楼梦》第三十五回)

3) "X+不比/没比/比不得+Y+A"
(404) <u>比不得那屋里炕冷</u>。(《红楼梦》第五十一回)
(405) <u>我们这里虽不比你们的场院大</u>。(《红楼梦》第三十九回)
(406) <u>此时可再没比安水心先生么安详的了</u>!(《儿女英雄传》第四十回)

4) "X+没有/不如 Y(那么)+A"
(407) <u>还没有咱们这一半大</u>。(《红楼梦》第五十六回)
(408) <u>这回老太太的事倒没有东府里的人多</u>。(《红楼梦》第一百一十回)

由于不及类差比义形谓句是通过否定形式来表达程度差异,因此通常是在肯定形式的差比句式基础上附加否定词而构成,受限于此,使用频率肯定无法和肯定形式相比。在《西游记》中共出现 9 例,在《红楼梦》中出现了 24 例,在《儿女英雄传》中则出现了 11 例。

6.4.3 小结

为了便于进行历时比较分析,我们也将明清时期《西游记》《红楼梦》《儿女英雄传》中出现的各类比较义形谓句进行了穷尽性的统计分析。(见表34)

表34 明清时期比较义形谓句的使用情况

句式类型		《西游记》	《红楼梦》	《儿女英雄传》
平比义形谓句	"于"类	5	2	2
	"与"类	23	9	9
	"如"类	134	47	21
	"象(像)"类	9	7	5
	"比"类	2	2	0
	"是"类	6	5	0
	"和(合)"类	3	17	19
	"有"类	56	8	5

续表34

句式类型		《西游记》	《红楼梦》	《儿女英雄传》
差比义形谓句	"于"类	1	2	3
	"如"类	17	4	2
	其他后置类	0	3	0
	"比"类	33	143	41
	"较"类	0	4	2
	递进式差比句	2	18	5
	"莫A"类	0	1	0
	"不及"类	9	25	11
比较义形谓句总数		300	297	125
在所有形谓句总数中的占比		9.2%	6.6%	9.1%

可以看出,明清时期,比较义形谓句已经发展得十分完善了。从句式类型来看,现代汉语中所使用的比较句式,在这一时期皆已出现,同时由于此时处在新旧交替的过渡状态,一批新的句式刚刚产生,而旧有结构尚未退出历时舞台,所以句式的丰富程度更是前所未有的。从使用频率来看,延续之前的发展趋势,比较义形谓句仍然处在使用广泛但是在所有形谓句中的占比颇为有限的状态中。《西游记》中共有 300 例,占全书形容词谓语句总数的 9.2%,要高于判断义形谓句的 3.7%,但同时远低于程度义形谓句的 46.4% 和动态义形谓句的 16.6%。《红楼梦》中的使用频率甚至要更低一些,共有比较义形谓句 297 例,占比仅有 6.6%,而该书程度义、动态义以及判断义形谓句的比例分别为 43%、36.6% 和 7.1%,都要高于比较义形谓句。《儿女英雄传》中共有比较义形谓句 125 例,在全书形谓句中的占比情况也大致相似,为 9.1%,同样也要低于程度义形谓句的 53.3%、动态义形谓句的 34.5%,与判断义形谓句的 9.1% 持平。

从平比义形谓句和差比义形谓句的使用情况来看,差比义形谓句的用例仍在不断增多,但是各个文献的具体情况也存在一定差异。《西游记》共有平比义形谓句 238 例,仍多于差比义形谓句的 62 例,但是《红楼梦》的情况却恰恰相反,平比义形谓句和差比义形谓句用例比为 97∶200,不仅差比义形谓句的使用频率要高,而且二者的数量差距非常之大。《儿女英雄传》又有所不同,平比义形谓句 61 例,差比义形谓句 64 例,所占比例几乎持平。

此外,从句式的丰富程度来看,正如前文所述,这一时期产生了很多新的比较表达形式。平比义形谓句新增的成员主要有"A+得+如/似/像+Y"句式、"象(像)"字句、"跟"字平比句以及"有"字句等。而差比义形谓句最大的发展变化便是"比"字句的发展成熟,此外还新产生了"较"字差比句,以及表不及之意的"X+(再)A+不过+Y""X+不比/没比/比不得+Y+A""X 没有/不如 Y(那么)+A"等结构。而且上述新兴句式十分活跃,在明清时期有着很高的使用频率。而上述句式在历时演变中被继承了下来,仍是现代汉语中常用的比较表达方式。

6.5 本章小结

本章主要考察了汉语比较义形谓句的历时演变过程,可以看出从古到今比较义形谓句发生了巨大的变化。

首先,从比较义形谓句的整体使用情况来看,先秦时期,比较义形谓句十分少见,在《论语》《孟子》《庄子》三部先秦文献中皆是使用频率最低的形谓句语义类型。进入魏晋南北朝之后比较义形谓句的使用频率有了一定的提升,但在《世说新语》和《抱朴子》中仍然是全书使用频率最低的形谓句语义类型,不过《搜神记》中比较义形谓句的数量已经高于判断义形谓句,不再居于末位。至宋元,比较义形谓句的使用频率继续稳定提升,除《朱子语类》之外,《景德传灯录》《新校元刊杂剧三十种》以及《原本老乞大》中比较义形谓句的使用频率皆要高于判断义形谓句,居于第三位。明清时期,似乎并未取得突破性发展,《西游记》《红楼梦》和《儿女英雄传》中,只有《西游记》中比较义形谓句的使用频率略高于判断义形谓句。整体来看,判断义形谓句的使用频率是呈现出一定的上升趋势的,只不过如前文所述,在历时演变进程中,由于程度义形谓句和动态义形谓句呈现出了爆发式增长态势,也会严重制约比较义形谓句的所占比例。

其次,比较义形谓句下位的平比义形谓句和差比义形谓句也发生了巨大的变化。先秦时期,平比义形谓句占据绝对优势地位,普遍要多于差比义形谓句。魏晋南北朝时期这一差距在逐渐缩小,不过宋代的《景德传灯录》和《朱子语类》语料平比义形谓句的使用频率仍是高于差比义形谓句,但是在元代的《新校元刊杂剧三十种》情况相反,差比义形谓句的用例数量已经反超平比义形谓句。至明清,三本文献中的使用情况又各不相同,《西游记》中平比义形谓句占据绝对优势,《红楼梦》中差比义形谓句占据绝对优势,但是《儿女英雄传》中平比义和差比义形谓句基本平分秋色。

最后，从古到今，比较义形谓句内部也经历了不同句式的更迭演变。先秦时期，比较义形谓句的表达形式十分单一，最为常见的便是后置式的"于"类平比句"X+A+于(乎)+Y"，占据了绝对的优势。魏晋南北朝时期，"于"类平比句衰退，通过比拟表达近似义的"如"类平比句开始兴盛起来，下位句式日趋复杂，并新增了后置式的"如"类平比义结构"X+比拟标记+Y+A"。宋元时期，新兴的表达方式开始成批出现，平比义形谓句新增的成员主要有"X+如/似/若+Y+同/等/不异/相似/一般"结构、"是"类平比句以及"合"类平比句。而差比义形谓句则新产生了"如"类差比句和递进式差比句。此外，从宋至元，泛比句的一系列演变为明代"比"字句的最终成形奠定了基础。在经历了宋元时期的发展之后，伴随着明清时期又一批新旧句式的更迭演变，比较义形谓句开始呈现出跟先秦和魏晋南北朝时期迥然不同的面貌。平比义形谓句新增的成员主要有"A+得+如/似/像+Y"、"象(像)"字句、"跟"字平比句以及"有"字句。而差比义形谓句最大的发展变化便是"比"字句的发展成熟，此外还新产生了"较"字差比句，以及表不及之意的"X+(再)A+不过+Y""X+不比/没比/比不得+Y+A""X+没有/不如 Y(那么)+A"等结构。上述新兴句式大多自产生以来便十分活跃，成为现代汉语中常用的比较表达方式。

第 7 章 判断义形容词谓语句的历时演变

在章节 3.4 中,我们对现代汉语判断义形谓句的界定为,形式为"是+A+的"(包括"是"抑或"的"省略的情形),意义上主要表示对事物性质或状态的判断(包括引申义)的句法结构。但是放眼于历时层面,汉语判断义形谓句要更加复杂,因此也存在诸多富有争议的问题。

古汉语判断句式可以分为有系词和无系词两大类。首先,有系词的判断义形谓句十分复杂,主要在于诸家对系词范围的界定颇为杂乱。比如吕叔湘(1942)指出,汉语中纯粹的系词只有"是",但是"为、乃、即、者、也"等都是判断句里的连系词,在判断句里起到联系作用。高名凯(1948)把"是、乃、为、即、系"等看作系词。王力(1958)则认为汉语中真正的系词只有一个"是"。根据廖振佑(1979),除了"是","为、谓、如、若、似、犹"等也都可以作为准判断词来使用。现在普遍认可的是,"是"的系词身份十分明确,此外,"乃、即"应当视为判断副词,"者、也"为判断助词,皆不是严格意义上的系词。但是,"惟(维)"和"为"存在较大争议。

关于"惟(维)"是否可以用作系词,王力在《中国文法中的系词》(1937)一文中指出"惟"是表示语气的副词,而非系词。洪波(2000)和张玉金(2002)皆支持王力(1937)的看法,认为"惟"为表示强调的语气副词,在句法上并不专用于判断句,所以不是判断系词,在功能上起一种标示或强调作用,可作为焦点和新信息的辅助标记。本书同意上述观点,将"惟(维)"视为表判断义的语气副词。

关于"为",王力在《汉语史稿》中指出,"'为'字本身不是一个系词,而是一个动词",本义为"做",在一些语境中引申为近似"是"的意思。但是也有一些学者持反对意见,如高明凯(1948)、洪诚(1957)、廖振佑(1979)、李生信(1995)、解植永(2007)等都承认了"为"的系词或者准判断词的地位。和魏晋南北朝时期出现的系词"是"相比,"为"的用法更为复杂,且实词意义存在较多残余,但是不可否认的是,"为"作为主语和谓语的联系项,具有显著的判断意义,很有可能处在从动词到系词的演变进程中(何亚南,1999;俞理明,2005),将其视为准判断词更为恰当。

其次,无系词的判断义形谓句主要包括不借助任何辅助标记的主谓并置式,即"……+AP"式,以及借助判断助词"也"、判断副词"惟(维)""乃""即"等表判断的情况,如"……(者),AP+也"式,以及"……+F$_{判断}$+AP"式。从跨语言的角度来看,并置类判断句式十分常见,很多语言中的判断句都不对判断词做强制性要求,甚至没有判断词,例如澳大利亚的提维语、印度尼西亚的 SentAni 语、新爱尔兰岛的 PAlA 语中,形容词在用作谓语时,主语和谓语皆以"S+A"的形式并置出现,而不需要附加其他标记(Stassen,1997)。姚振武(2015)指出,"汉语判断句最早是不用系词的,即便在系词产生以后,不用系词的判断句一直存在"。相较于其他判断句式,"……+AP"的出现时间最早,甲骨文及《尚书》中判断义形容词谓语句多采用这种无标记并置形式,但是本书在考察判断义形谓句的历时演变时,并未将"……+AP"这类无标记形谓句包括在内,具体原因主要有两点。其一,"……+AP"式判断义形谓句自《诗经》时期起就受到了判断助词"也"的冲击,使用频率大幅降低,至魏晋以后,则更是少见。其二,本书对形谓句不同语义类型的判断主要是基于所使用的句法标记,也就是说这部分考察的是有标记形容词谓语句的使用情况,原因主要在于无标记的"……+AP"存在歧义情况,光杆形容词在用作谓语时不仅可以表判断,还可以表程度、动态等多种语义内容,有时甚至会出现"三可"的情况,即使依靠语境也很难判断究竟表达何种意义。鉴于上述原因,所以我们不再对"……+AP"式判断义形谓句进行系统考察,而是统一将其归为无标记形容词谓语句。

综上,随着语言的发展,汉语的判断句式呈现出十分丰富的面貌特征。下面将对不同历史时期判断义形容词谓语句的演化历程进行详细考察。

7.1 先秦时期的判断义形谓句

先秦时期的判断义形谓句可以分为无系词和有系词两大类。根据前文所述,"……+AP"不再进入无系词的判断义形谓句的考察范围内,因此这一时期无系词的判断义形谓句主要包括"……+F$_{判断}$+AP",以及"……(者),AP+也"。而有系词的判断义形谓句也只有"……+为+AP"这一种形式。

7.1.1 无系词的判断义形谓句

1. A 式:"……+F$_{判断}$+AP"

即形容词谓语前附有表判断语气的副词,这一时期常见的判断副词有"惟(维)"和"乃",用以修饰形容词谓语 AP 时,表达对事物性状特征的肯定或否定。例如:

1) Ⅰ式:"……+惟(维)+AP"

(1) 一人有庆,兆民赖之,其宁惟永。(《尚书·周书·吕刑》)

(2) 怀德维宁,宗子维城。(《诗经·大雅·生民》)

"……+惟(维)+AP"式判断义形谓句最早在《尚书》中出现,以《尚书》和《诗经》中的用例最多。但是之后的语料中,其使用频率明显降低,在《论语》《孟子》《庄子》中皆未出现 A(Ⅰ)式。

2) Ⅱ式:"……+乃+AP"

(3) 乃大吉也。(《左传·僖公十五年》)

(4) 泄曰:"军无私怒,报乃私也,将亢子。"(《左传·昭公二十六年》)

(5) 无私焉,乃私也。(《庄子·天道》)

"乃"在用作副词的时候,除了表判断和强调之外,也经常表"于是、就、才"等承接之义,因此,为了避免歧义,判断义"……+乃+AP"结构往往在其后附加判断助词"也",通过双重标记形式,来强化句式的判断性。在进行数据统计之时,我们会将"乃"和"也"分别归入 A 式和 B 式,各计数 1 次。"……+乃+AP"式判断义形谓句的使用频率不高,通常来说,"乃"后经常跟名词性成分,而较少出现在形容词谓语中。在《论语》《孟子》中也未出现 A(Ⅱ)式,《庄子》中也仅出现了 2 例。

2. B 式:"……(者),AP+也"

1) 一般 B 式

B 式多借助语气词"也"煞尾,兼表判断。主语后可附加"者"字,构成"……者,AP+也",也可以不加"者",构成"……,AP+也"。B 式始见于《诗经·国风》(洪波,2000),由于在商以及西周时期的文献中,并未出现该类句式,可推测 B 式应当是 A 式的基础上,于句末附加语气词"也"帮助构成判断。例如:

(6) 知死不辟,勇也。(《左传·昭公二十年》)

(7) 政者,正也。(《论语·颜渊》)

(8) 贵贵尊贤,其义一也。(《孟子·万章下》)

(9) 守情说父,孝也。(《国语·晋语二》)

根据我们对《论语》《庄子》《孟子》中形容词谓语句的统计情况来看，《论语》中 B 式 48 例，约占判断义形谓句总数的 77.4%，《庄子》中 B 式 68 例，约占总数的 84%，《孟子》中 B 式 54 例，约占总数的 85.7%，皆是几部文献中使用频率最高的判断义形谓句。

2)"……（者），是+AP+也"

此外，这一时期 B 式还出现了一种特殊的形式："……（者），是+AP+也"。该式中也出现了句末语气词"也"，但之所以将其单独列出，是因为这里的"是"和"也"前后共现，而"是"又是现代汉语判断句中不可缺少的重要语法标记，显然该类句式和系词"是"的产生具有重要联系。

相较于"为""也"而言，系词"是"的演化路径是较为明晰的。在先秦时期，"是"作为代词，经常用语回指主语，如"富与贵，是人之所欲也"，这样一来，便经常位于主语和谓语中间，为语法化提供了合适的句法环境。关于系词"是"字发展与成熟的时代，王力（1958）认为系词"是"始见于公元 1 世纪，而取代旧有的判断句式是在公元 5 世纪左右。高名凯则把这个时间向后推迟了一下，他在《汉语语法论》（1948）中指出"是"的系词用法到六朝时代才兴起。还有的学者认为"是"的产生和发展要更早一些，唐钰明（1992）和汪维辉（1998）将系词"是"字成熟和普遍使用的时间提前至东汉时期。而 Peyraube 与 Wiebusch（1994）甚至认为早在公元前 100 年，"是"的判断用法就已产生。但是大多数学者还是支持魏晋南北朝时期说。比如何亚南（2004）认为系词"是"的成熟时代应该在两晋之交或稍前些，即公元 4 世纪前叶。石毓智和李讷（2002）则认同王力的观点，认为系词"是"字完全发展成熟约在公元 5 世纪。在前人研究的基础上，我们也将判断词出现时间定于秦汉之交，至于魏晋南北朝则完全成熟。

关于系词"是"成熟的鉴别标准，王力（1989）提出了三大标志："也"字的脱落、"是"可受一般副词修饰、"不是"取代"非"。据此可以看出，这一时期的"是……也"句式呈现出显著的过渡性特征，"是"与"也"成对共现，且"是"前通常不受副词性成分修饰，"是"处于有指示代词语法化为系词的进程中。

从使用情况来看，这类句式在《尚书》中并未出现，在《论语》中出现 2 例，《孟子》中出现 6 例，《庄子》中出现 4 例，但是伴随着秦汉之交"是"系词功能的萌芽，在较晚的《论衡》中使用频率大幅上升，出现了 18 例。例如：

(10) 既欲其生，又欲其死，是惑也。（《论语·颜渊》）

(11) 知而使之，是不仁也。（《孟子·公孙丑下》）

(12) 亲之过大而不怨，是愈疏也。（《孟子·告子下》）

(13) 百岁之命,是其正也。(《论衡·卷一·气寿篇》)

(14) 如谓含血者吉,长狄来至,是吉也,何故谓之凶?(《论衡·卷五·异虚篇》)

(15) 风雨暴至,是阴阳乱也。(《论衡·卷五·感虚篇》)

3) "X,AP+是也"

此外,这一时期的"是"也可以位移至 AP 之后,构成"X,AP+是也"形式,虽然位置发生了改变,但是"是"仍然主要起回指功能。例如:

(16) 居恶在?仁是也。路恶在?义是也。(《孟子·尽心上》)

(17) 兵之所加,如以碬投卵者,虚实是也。(《孙子兵法·势篇》)

(18) 服是也,辱是也。(《吕氏春秋·仲春纪》)

"X,AP+是也"结构中,充当 X 的多为结构复杂的陈述性成分,或者在复杂陈述成分的基础上附加"者"将其名词化。因为 X 的复杂性,其后附加"是"用于回指,可以使前后句法结构更加紧凑。

但是需要注意的是,由于"是"处于句尾位置,在有些例句中"是"的回指功能减弱,呈现出和"也"趋同、融合的态势。例如:

(19) 国小而修大,仁而不利,犹有争名者,累哉是也!(《管子·侈靡》)

(20) 彼其真是也,以其不知也。(《庄子·知北游》)

(21) 尹夫人望见之,曰:"此真是也。"(《史记·外戚世家》)

例(19)中的"哉"和"也"皆为语气词,因此居于二者之间的"是"代词性大为弱化,受句法环境影响,反而具有加强语气的功能。而例(20)和例(21)中,主语"其"和"此"皆为代词,那么紧随单音节形容词后,再用"是"进行复指便有冗余之嫌,所以此处的"是也"更倾向于视为一个句法单位,表达判断和肯定语气。

7.1.2 有系词的判断义形谓句

C 式:"……+为+AP"

根据前文所述,我们将"为"视为准判断系词,可以用于"……+为+AP"结构中,表示对事物性质或状态的判断。例如:

(22) 克己复礼为仁。(《论语·颜渊》)

(23) 里仁为美。(《论语·里仁》)

(24) 民为贵,社稷次之,君为轻。(《孟子·尽心下》)

(25) 胜民为易。(《管子·杂篇小问》)

该句式出现时间也较晚,最早见于《论语》(洪波,2000)。虽然 C 式和 B 式一样,同为后起之秀,但使用频率却一直低于 B 式。比如在《论语》中可被视为 A 类判断句的有 14 例,约占判断义形谓句总数的 22.6%,《庄子》中 C 类判断句有 13 例,占比仅为 16%,而《孟子》中 A 类判断句有 9 例,也只占所有判断义形谓句总数的 14.3%。

7.1.3 小结

为了更好地进行历时比较分析,我们将《论语》《孟子》《庄子》中各类判断义形谓句的使用情况进行汇总。(见表 35)

表 35 先秦时期判断义形谓句的使用情况

句式类型		《论语》	《庄子》	《孟子》
无系词的判断义形谓句	A 式	0	2	0
	B 式	48	68	54
有系词的判断义形谓句	C 式	14	13	9
判断义形谓句总数①		62	81	63
在所有形谓句中的占比		17.2%	9.6%	18.1%

总体来看,先秦时期判断义形谓句的使用频率并不低,《论语》中共有相关用例 62 句,占全书形容词谓语句总数的 17.2%,虽然低于程度义形谓句,但是高于动态义形谓句以及比较义形谓句。《孟子》中共有 63 例,占比 18.1%,同样居于第二位。《庄子》中判断义形谓句要更为少见一些,共有 81 例,占比仅为 9.6%,远低于程度义形谓句的 22.7%,并略低于动态义形谓句的 10.7%,但是高于比较义形谓句的 8%。

此外,从下位句式类型来看,先秦时期的判断义形谓句可以分为无系词和有系词两大类。无系词的判断义形谓句我们主要考察了 A 式"……+F$_{判断}$+AP"以及 B 式"……(者),AP+也",有系词的判断义形谓句主要包括由准系词"为"充当标记的 C 式"……+为+AP"。根据我们对《论语》《孟子》《庄子》进行

---

① 由于判断标记在修饰形容词谓语时偶尔有叠加出现的情况,比如前文中列举的"无私焉,乃私也"一句中就使用双重标记形式"乃"和"也",这一现象在魏晋南北朝时期更为显著,已经语法化为系词的"是"也会经常与"也"共同标记判断句,此外也有"为……也""为是""乃是"的用例,这样一来,便会导致形谓句中判断标记的数量要多于判断义形谓句本身的数量,本章节中的数据统计皆呈现出这一特征,特此说明。

的统计分析来看,上述句式的使用频率从高到低为 B 式—C 式—A 式。

通过历时比较可看出旧时的判断表达形式在现代汉语中未能沿袭下来,随着新结构的产生,上述结构只是在一些书面作品中保留了一些固化表达而已。

7.2 魏晋南北朝时期的判断义形谓句

至魏晋南北朝,判断义形容词谓语句发生了重大变化。首先,先秦时期就已式微的 A(Ⅰ)式"……+惟(维)+AP"在口语中基本已经消失不见。其次,伴随系词"是"的发展成熟,D 式"……+是+AP"在这一时期也开始萌芽。此外,其余各式在使用频率上也有了或多或少、高低起伏的发展变化。具体情况如下。

7.2.1 对先秦句式的承继和发展

1. A 式:"……+$F_{判断}$+AP"

魏晋南北朝时期,判断副词"惟(维)"已经基本消失不见了,而"……+乃+AP"也只有少量用例。例如:

(26)景素儿乃佳,但不能接物,颇亦堕事,卿每谏之。(《南齐书·刘怀珍传》)

(27)此言盗公为损盖微,敛民所害乃大也。(《南齐书·刘怀珍传》)

延续先秦时期的句式特征,这一时期判断义"……+乃+AP"结构其后仍经常附加判断助词"也"。A 式在先秦时期的使用频率就已经很低了,至魏晋南北朝仍是如此,比如在《搜神记》《世说新语》中未出现上述用法,而《抱朴子》中也只出现了 2 例。

2. B 式:"……(者),AP+也"

B 式仍是魏晋南北朝时期判断义形谓句的主要形式之一,但和先秦时期相比,句式趋于复杂化,不少用例都在 AP 之前添加了修饰性的副词,常见的有"固、至、皆、悉、亦"等。例如:

(28)先入而不疑者,勇也。(《抱朴子·辨问》)

(29)色赤味苦也。(《抱朴子·黄白》)

(30)班生多党,固其宜也。(《抱朴子·明本》)

(31)反覆,至危也。(《搜神记》卷七)

(32)此种彼胡桃皆生也。(《王羲之杂贴》)

(33) 足下小大悉平安也。(《王羲之杂贴》)

(34) 路无拾遗,其法亦美也。(《三国志·吴书·周瑜鲁肃吕蒙传》)

和先秦时期相比,B 式的使用频率也略有下降,比如《抱朴子》中共出现了 73 例,占全书判断义形谓句的 76.8%,在《搜神记》中 B 式有 15 例,在全书判断义形谓句中的占比为 68.2%,在《世说新语》中 B 式仅有 2 例,占全书判断义形谓句的 20%。与先秦时期相比,使用频率皆有一定程度的下降。

3. C 式:"……为+AP"

C 式也是魏晋南北朝时期判断句式的主要形式之一,和先秦时期相比,句法特征同样趋于复杂。部分用例在"为"之前添加了修饰性副词,常见的有"皆、大、甚、颇、最、乃、实、亦"等,增强语义内容的丰富性。此外,还有部分用例在 AP 之后附加了语气词,最为常见的为"耳"和"也",进一步加强判断和肯定语气。例如:

(35) 石中黄子,所在有之,沁水山为尤多。(《抱朴子·仙药》)

(36) 凡人多以小黠而大愚,闻延年长生之法,皆为虚诞。(《抱朴子·道意》)

(37) 一鱼不周坐客,得两为佳。(《搜神记》卷一)

(38) 朱柱素壁,甚为佳丽。(《洛阳伽蓝记·城内》)

(39) 文典以怨,颇为精切,得讽论之致。(《诗品·上》)

(40) 小奴在此忽患疾,比数发,今日最为大。(《王羲之杂贴》)

(41) 然所谓通识,正自当随事行藏,乃为远耳。(《王羲之杂贴》)

(42) 欲致康哉,实为难也。(《宋书·列传·武二王》)

和先秦时期相比,魏晋南北朝时期 C 式的使用频率反而有所上升。根据我们对《世说新语》《抱朴子》《搜神记》进行的数据统计分析,C 式在《抱朴子》中出现了 23 例,为全书判断义形谓句的 24.2%,而在《搜神记》中出现了 7 例,在全书判断义形谓句中的占比也达到了 31.8%,在《世说新语》中出现了 6 例,占比高达 60%。

7.2.2 魏晋南北朝时期判断义形谓句的新发展

D 式:"……+是+AP"

何亚楠(2004)分析了判断句发展的三个层级:"是"可受一般副词修饰、"非(不)是"否定形式的产生以及助动词修饰判断句"是",并指出在魏晋南北朝时期"是"已经全部完成了这一发展历程。如例(43)和例(44)为"非(不)是"的用例,例(45)—例(48)为"是"受一般副词修饰的情况,例(49)—例(52)则是助动词修饰"是"的情况。例如:

(43) 此人豪富,力势强盛,非是凡品。(《贤愚经》卷一)
(44) 又复不是提婆跋提夫人所生。(《贤愚经》卷九)
(45) 从北直南,悉是竹园。(谢灵运《山居赋》)
(46) 下三篇者,正是丹经上中下,凡三卷也。(《抱朴子·金丹》)
(47) 顾家妇清心玉映,自是闺房之秀。(《世说新语·贤媛》)
(48) 财本是粪土。(《世说新语·文学》)
(49) 闻函道中有屐声甚厉,定是庾公。(《世说新语·容止》)
(50) 然每至佳句,辄云"应是我辈语"。(《世说新语·文学》)
(51) 无所致怪,当是南郡戏耳。(《世说新语·忿狷》)
(52) 此神正当是狸物耳。(《搜神记》卷十七)

再来看一下这一时期判断词"是"在形容词谓语句中的使用情况。根据前文所述,在先秦时期便已经有一定数量的"……,是AP也"式形谓句,其中的"也"为判断语气词,而"是"仍是起回指功能的指示代词,但已经处于进一步语法化为判断词的句法环境中。进入魏晋南北朝时期,伴随着系词"是"的成熟与广泛使用,以"是"为标记的判断义形谓句开始兴起。例如:

(53) 莺鹏虽异,风月是同。(萧统《全梁文·萧统·锦带书》)
(54) 官本是腐臭,所以将得而梦棺尸。(《世说新语·文学》)
(55) 讵必便是至愚,而皆不及世人耶?(《抱朴子·金丹》)
(56) 此君甚康壮,常是肥渴耳,实寻还,迟之不可信。(《王羲之杂贴》)
(57) 仆故是常耳,劣劣解目,力不次。(《王羲之杂贴》)
(58) 适都十五日问,请和,传赋问定寂寂,当是虚也。(《王羲之杂贴》)
(59) 任城王儿,可是贱也。(《北史·列传·元顺传》)
(60) 今若开内领军,天下会是乱耳。(《南齐书·列传·王敬则传》)

这一时期以"是"为标记的判断义形谓句的发展成熟,主要表现在可以受副词以及助动词修饰。常见的副词有"皆、本、常、故、便",如例(54)—例(57),但是受助动词修饰的情况较少,如例(58)—例(60)中的"当、会、可"。此外,魏晋南北朝时期判断语气词"也"脱落的情况也在逐渐增多,比如在《抱朴子》中,"是+AP+也"和"是+AP"的比例约为0∶1,在《世说新语》中,"是+AP+也"和"是+AP"的比例约为0∶2,但是在《搜神记》中并未发现D式的用例。

整体来说,魏晋南北朝时期,D式"……+是+AP"在形式上已经发展得较为成熟,但是从使用频率上来看,还远远不及B式和C式,判断义形谓句正处于从无判断词向有判断词转变的重要进程中。通过对《世说新语》《抱朴子》《搜神记》进行数据统计分析,D式的使用情况如下:在《抱朴子》中出现了1例,所占比例也很低,为1%,而在《搜神记》中甚至并未出现以"是"为标记的判断义形谓句,不过在《世说新语》中共出现了2例,占全书判断义形谓句的20%。

7.2.3 小结

同样,我们也将《抱朴子》《搜神记》《世说新语》中各类判断义形谓句的使用情况进行汇总。(见表36)

表36 魏晋南北朝时期比较义形谓句的使用情况

句式类型		《抱朴子》	《搜神记》	《世说新语》
无系词的判断义形谓句	A式	2	0	0
	B式	73	15	2
有系词的判断义形谓句	C式	23	7	6
	D式	1	0	2
判断义形谓句的总数		95	22	10
在所有形谓句中的占比		6.2%	3.3%	1.4%

有趣的是,魏晋南北朝时期判断义形谓句的使用频率不但没有升高,反而有显著的下降趋势。《抱朴子》中共有95例,占比6.2%,低于程度义形谓句的31.3%,动态义形谓句的13%,以及比较义形谓句的8.5%。《搜神记》和《世说新语》中判断义形谓句极少,只有22例和10例,在全书中的占比分别低至3.3%和1.4%,皆为该书使用频率最低的形谓句语义类型。

此外,从下位句式类型来看。无系词的判断义形谓句仍只有A式和B式两种,但是A(Ⅰ)式"……惟(维)AP"在口语中基本已经消失不见,B式的使用频率也有一定程度的下降。与其相对应的是,有系词的判断义形谓句在迅速发展,首先由准系词充当标记的C式"……+为+AP",使用频率有了显著提升。更重要的是,伴随系词"是"的发展成熟,D式"……+是+AP"在这一时期也开始萌芽,虽然这一时期使用频率并不高,但是为宋元时期的迅猛发展拉启了序幕。

7.3 宋元时期的判断义形谓句

宋元时期对魏晋南北朝时期判断义形容词谓语句的继承和发展主要表现在各类句式使用频率的此消彼长上,最为突出的便是 D 式"……+是+AP"的使用频率迅速上升,占据主导地位,而其他各类有标记判断义形谓句呈现显著衰退的趋势。以下为各类句式的具体使用情况。

7.3.1 无系词的判断义形谓句

1. A 式:"……+$F_{判断}$+AP"

宋元时期,判断义形谓句中常用的判断副词除了"乃"之外,还有"即",不过"即"和"乃"一样,除判断义之外,也都可以表承接之意,尤其是和谓词性成分相搭配时更是如此,所以在表判断时经常会和"也"相搭配。例如:

(61)嗔即喜喜即嗔。(《景德传灯录》卷三十)

(62)有求皆苦,无求乃乐。(《景德传灯录》卷三十)

(63)伊川作"木尝复行",乃正。(《朱子语类》卷二十)

(64)义即宜也,但须处得合宜,故曰"处物为义"。(《朱子语类》卷二十六)

(65)谏而死,乃正也。(《朱子语类》卷二十九)

但是整体来说 A 式的使用频率在宋元时期仍然很低,《景德传灯录》中共有 A 式 11 例,占全书判断义形谓句总数的 10.1%,《朱子语类》共出现 B 式 11 例,占该文献判断义形谓句总数的 1.6%,至元代,这一比例继续下降,《新校元刊杂剧三十种》中并未出现 A 式的相关用例。

2. B 式:"……(者),AP+也"

(66)信,实也,实是有此。(《朱子语类》卷十四)

(67)党,类也,偏也。(《朱子语类》卷二十六)

(68)他将骏马牵着,苦也。(《新校元刊杂剧·马丹阳三度任风子》)

王力(1958)指出魏晋南北朝以后,由于系词"是"的普遍使用,"也"在一般口语里的使用范围逐渐缩小。B 式的使用频率在这一时期大幅降低,《景德传灯录》中共有 B 式 17 例,占全书判断义形谓句总数的 15.7%,《朱子语类》共出现了 88 例,但是在全书判断义形谓句中的占比也仅为 12.9%。在更晚时期的《新校元刊杂剧三十种》中只出现了 1 例。

7.3.2 有系词的判断义形谓句

1. C式:"……+为+AP"

(69)心逐物为邪,物从心为正。(《景德传灯录》卷六)

(70)而南方为尤甚。(《朱子语类》卷二)

(71)以先后言之,则仁为先;以大小言之,则仁为大。(《朱子语类》卷六)

(72)到和处方为美。(《朱子语类》卷二十二)

(73)您这玉殿朱楼未为贵。(《新校元刊杂剧·泰华山陈抟高卧》)

根据前文所述,"为"的系词地位一直存在争议,应当处于从"作为、成为"义动词向判断义系词语法化的进程中。先秦时期,判断助词"也"占据主导地位,"为"的使用频率并不高,而且并未发展成熟,存在诸多限制,比如在典型的名词性谓语判断句中,主语的内涵外延和谓语的内涵外延需一致。进入魏晋南北朝时期,"也"的用法衰退,系词"是"虽已产生,但是仍处在新旧更替阶段,所以使用频率也有限,这样便导致了魏晋南北朝时期"为"的用例增多。但是随着系词"是"的发展成熟,必然会对"为"的判断用法产生冲击,而"为"的动词用法逐渐衰退,介词用法一直保持着很高的使用频率,这样"为"更多出现在介词的位置上,句法环境和语义条件与判断用法存在很大差异。诸多因素的影响下,准系词"为"逐渐从判断句中消失。因此,进入宋元时期以后,C式的使用频率在这一时期同样大幅降低,《景德传灯录》中共有C式15例,使用频率几乎与B式持平,占全书判断义形谓句总数的13.9%。《朱子语类》共出现"……+为+AP"66例,使用频率略低于B式,占该文献判断义形谓句总数的9.7%。《新校元刊杂剧三十种》共出现C式2例,但是用于否定句中,所以并未纳入本书的数据统计中。

2. D式:"……+是 AP+(底)"

与上述几种句式形成鲜明对比,D式的使用频率在这一时期大幅攀升,判断义形谓句完成了从无系词判断句到有系词判断句的转变。例如:

(74)禅是至妙至微。(《景德传灯录》卷五)

(75)皆是虚空,故云化也。(《景德传灯录》卷八)

(76)今年贫始是贫。(《景德传灯录》卷十一)

(77)如今祭勾芒,他更是远。(《朱子语类》卷三)

(78)而今自小失了,要补填,实是难。(《朱子语类》卷七)

(79)人气须是刚,方做得事。(《朱子语类》卷八)

(80)青是青,黄是黄,这便是信。(《朱子语类》卷二十一)

(81)才知那昏时,便是明也。(《朱子语类》卷十二)

(82)衷是善也。(《朱子语类》卷十八)

(83)仁与义是柔软底,礼智是坚实底。(《朱子语类》第六卷)

(84)只是这个仁,但是那个是浅底,这个是深底,那个是疏底,这个是密底。(《朱子语类》卷二十八)

(85)你每背地尽商量去,我子是欢喜哩!(《新校元刊杂剧三十种·散家财天赐老生儿》)

(86)索的是虚,还的是实。(《原本老乞大》)

这一时期的 D 式既有对魏晋南北朝时期句式特征的继承,也有新的发展。首先,魏晋南北朝时期"是"类判断义形谓句主要有"是+AP"以及"是+AP+也"两种形式,宋元时期也是如此,比如例(81)和例(82)是"是+AP+也"充当谓语的用例,其余皆为"是+AP"充当句子谓语的情况,显然伴随着系词"是"的演变成熟,"也"逐渐脱落,"是+AP+也"的使用频率继续大幅下降。其次,从魏晋南北朝时期起,"是"前也可受副词以及助动词修饰,至于宋元,充当状语的副词和助动词更为丰富,常见的有"也、盖、更、已、亦、只、都、固、便、尚、彻底、却、实、多、方、须、定、即、乃、直、会"等,如例(75)—例(81)、例(85)。此外,这一时期还出现了形成"是……底"这一框架结构,但是"底"尚不具有句法强制性,如例(83)和例(84)。

从使用频率来看,宋元时期的四种语料中,D 式都占据绝对的优势地位,是这一时期使用频率最高的判断义形谓句。其中《景德传灯录》中共出现 D 式 71 例,占全书判断义形谓句总数的 65.7%。《朱子语类》中共出现 D 式 516 例,占比更是高达 75.8%。《新校元刊杂剧三十种》中共出现 D 式 34 例,所占比例进一步提高至 97%。

7.3.3 小结

现将宋代的《景德传灯录》《朱子语类》,以及元代的《新校元刊杂剧三十种》中各类判断义形谓句的使用情况进行汇总。(见表37)

表37 宋元时期判断义形谓句的使用情况

句式类型		《景德传灯录》	《朱子语类》	《新校元刊杂剧三十种》
无系词的判断义形谓句	A 式	11	11	0
	B 式	17	88	1

续表 37

句式类型		《景德传灯录》	《朱子语类》	《新校元刊杂剧三十种》
有系词的判断义形谓句	C 式	15	66	0
	D 式	71	516	34
判断义形谓句的总数		108	681	35
在所有形谓句中的占比		10%	20.7%	3.9%

宋元时期判断义形谓句的使用频率仍然呈现平稳发展,甚至略有升高的态势。《景德传灯录》中相关用例共 108 个,占全书形容词谓语句总数的 10%,低于程度义形谓句的 38.9%,动态义形谓句的 17.9%,但是高于比较义形谓句的 9%。而《朱子语类》则是三部文献中判断义形谓句使用频率最高的一个,共有 681 例,占比 20.7%,同样低于程度义形谓句的 24%,以及动态义形谓句的 26.1%,不过要远高于比较义形谓句的 6.5%。至元代,判断义形谓句又有所下降,《新校元刊杂剧三十种》中相关用例共 35 个,占全书形容词谓语句总数的 3.9%,低于程度义形谓句的 38%,动态义形谓句的 18.6%,以及比较义形谓句的 13.4%。但整体来说,宋元时期判断义形谓句的使用频率是要高于魏晋南北朝时期的。

此外,随着 D 式"……+是+AP"的发展成熟,不仅句式更加丰富,形式上更为接近现代汉语中的用法,而且使用频率迅速上升,占据绝对的主导地位;与之相对应的便是 A 式、B 式和 C 式的急遽衰退,在上述文献中都只有少数用例,判断句的新旧更迭基本已经完成。

7.4 明清时期的判断义形谓句

明清时期的判断义形容词谓语句已经正式完成了新旧兴替,最终确认了 D 式的主导地位,其余各式已基本不用,即使出现也只能视为古汉语的残余。以下为各类句式的具体使用情况。

7.4.1 无系词的判断义形谓句

1. A 式:"……+$F_{判断}$+AP"

(87) 碍日的,乃岭头松郁郁;生云的,乃岸下石磷磷。(《西游记》第七十回)

(88) 其左寸沉数者,乃心气虚而生火。(《红楼梦》第十回)

明清时期,A 式的使用频率进一步降低,《西游记》和《红楼梦》中 A 式各仅出现了 2 例和 1 例,而在《儿女英雄传》中并未出现 A 式的相关用例。

2. B 式:"……(者),AP+也"

(89) 古者,老也。(《西游记》第一回)

(90) 事虽殊,其理则一也。(《红楼梦》第七十八回)

(91) 陛下所为者小,所失者大也。(《隋唐野史》第三十六回)

(92) 妻者齐也,故曰配偶。(《东周列国志》第五回)

B 式在明清时期急剧衰退,并在这一时期的语料中有显著体现。根据我们的统计,《西游记》中 B 式出现了 12 次,占所有判断义形谓句的 10%,而在清代的《红楼梦》和《儿女英雄传》中都仅出现了一次。

7.4.2　有系词的判断义形谓句

1. C 式:"……+为+AP"

(93) 口占叙文,诚为鄙拙。(《西游记》第一百回)

(94) 虽是也间或唱着别的,只是这句为多。(《二刻拍案惊奇》卷十四)

(95) 也须得衣冠整齐,奠仪周备,方为诚敬。(《红楼梦》第七十八回)

和 B 式的情况类似,至于明清,C 式的使用频率极低。据统计,《西游记》中 C 式共出现了 8 例,占所有判断义形谓句的 6.7%。《红楼梦》中进一步减少,共出现了相关用例 2 例,而更晚期的《儿女英雄传》中,C 式仅出现了 1 次。

2. D 式:"……是+AP+(的)"

(96) 那八个都是好的。(《西游记》第四十三回)

(97) 金子是黄的,银子是白的,绫罗绸缎是红的绿的,这些人的眼珠子可是黑的。(《儿女英雄传》第三十二回)

和宋元时期相比,明清"是"类判断义形谓句又有了新的演变和发展。首先,"是+AP+(的)"中 AP 的形式也更加丰富多样,如下面所列举的各例分别为状态形容词、性质形容词重叠式、性质形容词并列式、形补结构,以及"程度副词+形容词"充当 AP 的用例。例如:

(98) 是白盈盈的,就是个傅粉郎君。(《三宝太监西洋记》第七回)

(99) 他们都是香喷喷的,好做香袋。(《西游记》第五十三回)

(100) 这经原是全全的,今沾破了,乃是应不全之奥妙也。(《西游记》第九十九回)

(101) 这法儿真是妙而且灵。(《西游记》第七十七回)

(102) 吾每是熟极的。(《二刻拍案惊奇》卷八)

(103) 是先把《四书》一齐讲明背熟,是最要紧的。(《红楼梦》第九回)
(104) 卦是极高明的。(《红楼梦》第一百零二回)
(105) 你是太聪明了,将来修修福罢!(《红楼梦》第一百一十回)
(106) 人是十分和气的。(《二十年目睹之怪现状》第三十六回)

其次,"是"前受副词和助词修饰的情况也更为丰富,程度副词、范围副词、时间副词、状态副词、否定副词等皆可充当"是"前的修饰性成分,使表义更为丰富、具体。例如:

(107) 此人一身赤色,连马也是红的!(《封神演义》第六十四回)
(108) 师父啊,真个是难,真个是难!(《西游记》第二十二回)
(109) 五个人多是醉的。(《二刻拍案惊奇》卷四)
(110) 泥土工程,一应皆是新的。(《二刻拍案惊奇》卷十二)
(111) 他两家的房舍极是方便的。(《红楼梦》第四回)
(112) 你这话又是迂了。(《红楼梦》第一百一十四回)
(113) 这可是邪的,难道那小子有这么大神煞不成?(《儿女英雄传》第六回)
(114) 他已是十分的着恼。(《儿女英雄传》第三十回)

最后,从使用频率来看,《西游记》中 D 式出现了 100 次,占比 83.3%,《红楼梦》中出现了 317 次,占比 98.8%,《儿女英雄传》中出现了 122 次,在所有判断义形谓句中的占比也高达 98.4%。

7.4.3 小结

为了便于对比分析,我们也将明清时期的《西游记》《红楼梦》和《儿女英雄传》中各类判断义形谓句的使用情况进行汇总。(见表38)

表38 明清时期比较义形谓句的使用情况

句式类型		《西游记》	《红楼梦》	《儿女英雄传》
无系词的判断义形谓句	A 式	2	1	0
	B 式	12	1	1
有系词的判断义形谓句	C 式	8	2	1
	D 式	100	317	122
判断义形谓句的总数		120	321	124
在所有形谓句中的占比		3.7%	7.1%	9.1%

在经历了魏晋南北朝时期"是"类判断义形谓句的萌芽和宋元时期新旧形式的更迭之后,明清时期判断义形谓句主要以承继为主。使用频率上,判断义形谓句整体来说仍然出现频次不高,《西游记》中共有相关用例120例,占全书形容词谓语句总数的3.7%,是四种有标记形谓句中使用频率最低的。不过在清代的语料中略有上升,《红楼梦》中共有321例,占比7.1%,同样低于程度义形谓句的43%,动态义形谓句的36.6%,不过要高于比较义形谓句的6.6%。《儿女英雄传》中一共出现了122例,占比9.1%,低于程度义形谓句的53.3%,动态义形谓句的34.5%,不过和比较义形谓句的9.1%持平。

从下位句式的使用情况来看,D式仍占主导地位,其余各式已基本不用,即使出现也只能视为古汉语的残余。此外,D式的发展演变主要体现在"是+AP+(的)"中AP的形式也更加丰富上,"是"前受副词和助词修饰的情况也更为多样化,和现代汉语已经没有太大差异了。

7.5　本章小结

古今汉语判断义形谓句呈现出迥然不同的面貌特征,所使用的判断标记和句法结构都经历了漫长的演变历程。本章分先秦、魏晋南北朝、宋元、明清四个历史时期,对每个阶段常用的判断义形谓句表达形式进行了梳理和分析,并且结合不同历史时期的典型文献,进行了穷尽性的数据统计,用以考察分析判断义形谓句的历时演变进程。

总体来看,判断义形谓句的使用情况整体呈现下降趋势。先秦时期,在《论语》《孟子》《庄子》三部先秦文献中,使用频率居于第二位,皆低于程度义形谓句。进入魏晋南北朝之后比较义形谓句的使用频率开始下降,虽然在《世说新语》和《抱朴子》中仍然是全书使用频率第三位的形谓句语义类型,不过《搜神记》中判断义形谓句的数量已经低于比较义形谓句,使用频率降至最低。至宋元,判断义形谓句的使用频率继续下降,只有《朱子语类》中的使用频率高一些,超过了判断义形谓句,但是在《景德传灯录》《新校元刊杂剧三十种》中皆居于末位。明清时期,似乎稍有回升,其中《西游记》判断义形谓句的使用频率仍是最低的,但是《红楼梦》和《儿女英雄传》中判断义形谓句的占比都要高一些,居于第三位。整体来看,受制于形容词本身的典型语义特征,判断义形谓句的使用频率一直在低位徘徊,并不常用。

此外,从下位句式的类型发展来看,古汉语中判断义形谓句可以分为无系词和有系词两大类。先秦时期常用的句式主要有无系词的 A 式"……+$F_{判断}$+AP",B 式"……(者),AP+也",以及准系词"为"充当判断标记的 C 式"……+为+AP"。根据我们对《论语》《孟子》《庄子》进行的统计分析来看,上述句式的使用频率从高到低为 B 式—C 式—A 式,无系词形式占据绝对优势。至魏晋南北朝,无系词的判断义形谓句急遽衰退,A 式本就使用频率极低,而 A(Ⅰ)式更是在口语中消失不见,B 式的使用频率也有一定程度的下降,但是有系词标记的 C 式使用频率有了显著提升,基本可以与 B 式持平,甚至在《搜神记》中的占比已经超过了 B 式。更重要的是伴随系词"是"的发展成熟,D 式"……+是+AP"在这一时期也开始萌芽,判断句式的新旧更迭拉启了序幕。宋元时期 D 式迅速发展起来,不仅句式更加丰富,形式上更为接近现代汉语中的用法,而且使用频率迅速上升,《景德传灯录》《朱子语类》《新校元刊杂剧三十种》中的使用比例分别达到了 65.7%、75.8% 和 97.1%,同时 A 式、B 式和 C 式的急遽衰退,在上述文献中都只有少数用例,基本实现了判断义形谓句从无系词标记到有系词标记的转换。明清时期,D 式仍占主导地位,句法特征上也有一定的发展变化,"是……的"框架的强制性增强,并且"是+AP+(的)"中 AP 的形式也愈加丰富多样,和现代汉语已经没有太大差异了。

第8章 形补结构的历时演变

章节4.1.2从宏观层面上讨论了形补结构在不同历史时期的使用情况。但事实上,形补结构包含各种形式各异的下位构式,皆有着独立的演变路径,其形成和发展也经历了复杂而漫长的历时过程。下面,我们将形补结构分为粘合式形补结构和组合式形补结构两大类,各从中选取一些典型的下位构式进行历时考察。其中,粘合式形补结构包括"A+甚/极"结构以及"A死""A透""A坏"结构,而组合式形补结构具体主要有"A得C""A得慌""A得紧""A得不行""A得可以""A(得)比拟",并在此基础上,进一步总结形补结构历时演变的路径和规律,帮助我们更好地了解汉语形容词谓语句的演变过程。

8.1 粘合式形补结构的历时演变

8.1.1 "AP(VP)甚"结构

很多学者指出,"甚"既可以用作状语,也可以充当谓语(何乐士,1979;杨伯峻,1983;王力,1989)。李杰群(1986)考察了"甚"字在先秦几部重要经典中的使用情况,发现"甚"更多的情况是用作谓语。"甚"用作谓语时为形容词,表"厉害、严重"之义。例如:

(1) 天之爱民甚矣。(《左传·哀公元年》;转引自李群杰,1986)
(2) 甚于水火。(《论语·卫灵公》;同上)

虽然早在先秦时期就已经出现了"AP(VP)甚"结构,其中"甚"可以引中出程度高的意思,似乎可以视为形补结构,然而由于这一时期"甚"同时具有动词的用法,因此"甚"和形容词之间的句法关系值得我们进一步讨论。

杨荣祥(2004)在分析先秦时期"NP+AP/VP+甚"结构时,认为"甚"之前的"NP+AP/VP"是一种指称化了的定中结构,和"NP+之+AP/VP+甚"相平行。因此,该结构可以分析为"[(NP)+AP/VP]+甚","(NP)+AP/VP"充当句子的主语,"甚"用作谓语,说明事态之严重。我们认为这种分析方法是很有道理的。

首先,通过对语料进行考察,这一时期常见的"AP/VP 甚"有"怒/旱/赣愚/渍/俶/浊/乱甚"等。例如:

(3)楚师至,吾又从之,则晋怒甚矣。(《左传·襄公十一年》)

(4)秋,书再雩,旱甚也。(《左传·昭公二十五年》)

(5)则赣愚甚矣。(《墨子·非儒下》)

(6)仲父之病矣,渍甚,国人弗讳,寡人将属国?(《吕氏春秋·贵公》)

(7)何异尔,俶甚也。(《春秋公羊传·隐公九年》)

(8)君乱甚矣,必失国。(《韩非子·说林下》)

上述诸句中"AP/VP 甚"中"AP/VP"一般都为消极词汇,因此"甚"都可以理解为"严重""厉害"之意,实词意义十分明显,应当充当句子谓语。

其次,"NP+AP/VP+甚"不仅存在"NP+之+AP/VP+甚"平行形式,还存在"其+AP/VP+甚"的形式,都可以将形容词指称化为一个名词性结构,为句子主语,相应的"甚"便充当句子谓语角色。例如:

(9)a.吾已召之矣,丙怒甚,不肯来。(《韩非子·内储说上》)

　　b.夫郤子之怒甚矣,不逞于齐,必发诸晋国。(《国语·晋语五》)

(10)a.君乱甚矣,必失国。(《韩非子·说林下》)

　　b.反报曰:其乱甚矣。《吕氏春秋·贵因》

最后,"AP/VP"和"甚"之间还可以插入其他成分,如时间副词、程度副词,进一步说明了"甚"的谓语地位。例如:

(11)旱既太甚,蕴隆虫虫。(《诗经·大雅·云汉》)

(12)复恶,已甚矣。(《左传·桓公十七年》)

综上,这一时期"NP+AP(VP)甚"结构中的"甚"词性仍然为形容词,"甚"的句法功能为充当谓语,不可以视为一个形补结构。

在此基础上,我们对"AP(VP)甚"结构的语法化过程进行进一步考察。先秦时期"甚"的语义已经有所变化,即由"严重、厉害"引申出了"超出一般"的意思,"甚"的语义泛化,导致同构项"AP(VP)"的进一步扩展,积极义的形容词也比较容易进入这种结构中。那么"甚"的抽象程度义会更加明显,其和形容词之间的关系更为密切,即在"NP+AP(VP)+甚"结构中,AP(VP)应该如何划分便成了问题。当其中"NP+AP(VP)"和"AP(VP)+甚"开始展开竞争时,那么"NP+AP(VP)+甚"有可能会由"[(NP)+AP/VP]+甚"

重新分析为"NP+[AP(VP)+甚]","甚"为形容词程度的补充说明,而非对"NP+AP(VP)"整个事件的说明。如:

(13)君美甚,徐公弗能及君也。(《战国策·齐策一》)

(14)州侯相楚,贵甚矣而主断。(《战国策·楚策一》)

其中例(13)既可以看作"(君美)+甚",又可以看作"君+(美甚)",甚至在例(14)中,无论从语义还是句法形式上来看,"贵"和"甚"的关系都要比"贵"和"州侯相楚"的关系更加密切。

在此基础上,"AP(VP)甚"结构在两汉时期又有了进一步发展。不仅能够用于这种结构的AP(VP)大量扩展,以形容词为例,常见的有"壮甚、幸甚、劳甚、欢甚、精甚、盛甚、众甚、骄甚、贡甚、微甚、寒甚、饱甚、锐甚、易甚"等,而且这些形容词大多皆为积极或中性义形容词,因此使得"甚"的实词义进一步背景化,而抽象程度义进一步前景化。此外,"AP(VP)甚"所处的句法环境也有了很大的改变,或主语并未在小句中出现,或主语结构较长,或主语以双音节为主,或"AP(VP)+甚"出现在VP之后,这些都使得"AP(VP)"和"甚"在句法位置上紧密相邻,二者句法关系更加密切。例如:

(15)上还坐,欢甚,赐平阳主金千斤。(《史记·外戚世家》)

(16)至禹,於周则杞,微甚,不足数也。(《史记·陈杞世家》)

(17)多有贤圣之才,困厄不得者众甚也。(《史记·张丞相列传》)

(18)布兵精甚。(《史记·琼布列传》)

(19)此病得之当浴流水而寒甚,已则热。(《史记·扁鹊仓公列传》)

(20)食饱甚,见酒来,即走去。(《史记·扁鹊仓公列传》)

从整体上来说,两汉时期"A甚"开始了从"[S+AP(VP)]+甚"重新分析为"S+[AP(VP)+甚]"的过渡阶段,"AP(VP)"和"甚"的关系更加密切。

至南北朝时期,《世说新语》"AP(VP)甚"共出现了4例:

(21)臣于刘河内,不为戎首,亦已幸甚。(《世说新语·方正》)

(22)语笑欢甚。(《世说新语·假谲》)

(23)刘伶病酒渴甚,从妇求酒。(《世说新语·任诞》)

(24)又不得,嗔甚。(《世说新语·忿狷》)

杨荣祥(2004)指出,先秦时期的"献公爱之甚"必须把"献公爱之"分析为主语,而魏晋南北朝时期由于口语中"NP+VP"结构的指称化现象已经消失,同时实际口语中不再有"刘伶之渴甚"这种平行结构,也没有"甚矣,刘伶之渴(也)"或"甚矣,刘伶渴(也)"这样的表达形式。因此,像"刘伶渴甚"这样的结构就无法将"刘伶"和"渴"划分在一起,共同充当句子主语了。

随着"甚"程度义的前景化、"AP(VP)"和"甚"在句法关系的愈加密切以及主谓结构指称用法的衰落,"A 甚"最终实现了从"[S+AP(VP)]+甚"到"S+[AP(VP)+甚]"的重新分析。

但是这一重新分析的实现并不意味着"A 甚"形补结构的形成,南北朝时期,由于结果补语才刚产生,不太可能出现成熟的程度补语,因此"AP(VP)+甚"仍为一个主谓结构。但是需要指出的是,魏晋南北朝时期发生了一些重大的句法环境的变化,为"AP(VP)甚"结构的进一步语法化准备了必要条件。

首先,动结式述补结构最迟到南北朝时期得以确立(王力,1958;志村良治,1984;梅祖麟,1991;吴福祥,1999;蒋邵愚,1999 等),即在谓语中心语 V 后创造一个补语位置 C,作为对 V 的补充说明,其句法地位低于 V,因此当句中两个不存在先后顺序关系的谓词相比邻时,那么已经很难将其看作一种连动结构,而应视为述补结构。在这种大的环境的影响下,"S+A+甚"结构中和 C 位置相同的"甚"便很容易发生重新分析。

其次,"V+A(+O)"形式的述补结构即由形容词充当补语的情况在这一时期也已经出现。述补结构是由连动形式的 VOC 结构以及 VCO 结构发展而来,根据我们的考察,先秦时期形容词无法进入 VCO 结构充当补语成分,而一般用于 VOC 结构中。例如:

(25)君为台甚急,台成,君为何而不踊焉?(《晏子春秋·内篇杂下》)
(26)齐桓公饮酒醉。(《韩非子·难二》)

然而自两汉时期起,这一情况有了进一步发展,形容词开始进入 VCO 形式的连动结构,形成"V+A(+O)"结构。例如:

(27)近诸侯王皆推高寡人,将何以处之哉?(《汉书·高帝纪第一下》)
(28)今陛下以未有嗣,引近定陶王。(《汉书·元后传》)
(29)汉氏减轻田租。(《汉书·王莽传》)

至南北朝时期,"V+A(+O)"连动式进一步语法化为一个述补结构,并且使用十分广泛,《齐民要术》中形容词用作补语的有"收多""收少""拔平""斩齐""酢坏""捣细""研碎""开广""生速""曝干"等(黄启素,2011),《搜神记》相关用例有"食尽""长大""胀满"等(马克冬,2007),《洛阳伽蓝记》相关用例有"讨正""歼尽""遍满""散满"等(张丹凤,2007)。

最后,这一时期"甚"保留实词意义用作句子谓语的情况急剧减少。据我们的统计,《世说新语》中"甚"共出现 141 次,其中 136 次用作程度副词,做句子状语,4 次用于"NP/VP"结构中,一例用在"为甚"结构中:

(30)常谓使君降阶为甚,乃复为之驱驰邪?(《世说新语·轻诋》)

而《抱朴子》中"甚"有 65 例用作程度副词,7 例用于"X 之甚"结构,除此之外仅有10例用作谓语,相比较于《世说新语》,《抱朴子》的语言更加书面一点儿,所以"甚"用作谓语的情况也可以视为一种"存古"现象。

综上,结合《世说新语》和《抱朴子》"甚"的整体使用情况来看,"甚"的实词用法在口语中很有可能已经极少出现了。

在上述诸多因素的影响下,"AP(VP)+甚"很容易由一个主谓结构进一步语法化为一个述补结构。大约宋代的时候,"AP(VP)甚"已经可以被视为一个述补结构了。例如:

(31)尽十余卮而已醉甚。(《太平广记》第三百九十二卷)

(32)缘倍程行,马瘦甚,可别假一马耶?(《太平广记》第三百三十九卷)

(33)中夜之间寒甚,拥数床棉被,犹不暖。(《朱子语类》第二卷)

(34)物之塞得甚者,虽有那珠,如在深泥里面,更取不出。(《朱子语类》第四卷)

其中例(31)中副词"已"位于"AP(VP)甚"结构之前,"AP(VP)"和"甚"已经结合得非常紧密了,而例(34)补语标记"得"的出现,也进一步说明了"甚"的补语地位。

8.1.2 "AP(VP)极"结构

"极"在先秦时期的语料中用法较为复杂,既可以用作名词,为尽头、顶点之义;还可以用作动词,表示到达顶点之义;也可以用作程度副词,表示程度之高。例如:

(35)吾王之好鼓乐,夫何使我至于此极也。(《孟子·庄暴见孟子》)

(36)穴深寻,则人之臂必不能极矣。(《吕氏春秋·先识览》)

(37)极卑极贱,极远极劳。(《吕氏春秋·慎行论》)

先秦时期已经出现"AP(VP)"和"极"共现的情况,但是此时的"AP(VP)极"和后来的形补结构存在差异,此处"极"为实词,旨在陈述状态达到极致与顶点;而现代汉语中"AP(VP)极"之"极"虚化出一种更为抽象的程度义,旨在补充说明某种状态程度之高。从以下语料中不难看出,先秦时期"AP(VP)极"中"极"为动词,实词意义十分明显。

(38)二曰:言极则怒,怒则说者危。(《吕氏春秋·贵直论》)

(39)乐极则忧,礼粗则偏矣。(《礼记·乐记》)

(40)而其余也,信既极矣,嗜欲安在?(《逸周书·宝典解》)

例(38)表示"臣下言谈尽情,君主就会发怒","极"为"尽",达到极致之义。例(39)则表示状态上所达到的极致,这种"A极"用在"A极则X"的结构中,会带有动态变化的特点,意为"欢乐达到了极点就会变得忧愁"。而例(40)中副词"既"修饰"极",也进一步说明了"AP(VP)极"为主谓结构。

此外,太田辰夫(1987)也曾指出"物盛而衰,乐极则悲"中的"极"原本为动词,用作句子谓语。综上,先秦时期"AP(VP)极"结构中"极"为动词,用作句子谓语,加之这一时期谓词性结构充当主语是一种极为常见的现象,因此"AP(VP)极"应和同时期的"AP(VP)甚"一样同为主谓结构。

先秦时期"AP(VP)极"结构很少出现,两汉时期使用频率有所提高。例如:

(41)夫物盛而衰,乐极则悲。(《淮南子·道应训》)
(42)欢乐极兮哀情多,少壮几时兮奈老何。(刘彻《秋风辞》)
(43)冬至短极。(《史记·天官书》)
(44)当今人臣之位无居臣上者,可谓富贵极矣。(《史记·李斯列传》)
(45)如自知未足,倦极昼寝,是精神索也。(《论衡·文孔》)

上述用例中的"A极"仍然为一个主谓结构,"极"表示某种状态达到极点,而非抽象泛化地表示程度高。例如"物盛而衰,乐极则悲"表示快乐到达了极点就会变得悲伤,"欢乐极兮哀情多"表示欢乐到达了极点哀情就会多起来,"冬至短极"表示到了冬至则是最短的,"富贵极矣"结合上下文可以看出是"富贵到了极点"的意思,"倦极昼寝"意为疲倦到了极点才在白天睡觉。

然而当"A极"所出现的语境中并未突出一种无可超越的极点义,或者并不像"A极则B"结构那样暗含一种达到极致的动态义时,由于形容词本身具有级差性特征且"极"含有极性数量义,那么很容易通过语用推理得到一种极性程度义,即:极点→(量化)→极性量→极性程度。这一语义变化大约发生在魏晋南北朝时期。例如:

(46)尝夜至丞相许戏,二人欢极。(《世说新语·雅量》)
(47)凡诸思制,莫不妙极。(《论书表》)
(48)北质燕声,酸极无已。(江淹《横吹赋》)

"欢极"是玩得极为欢乐的意思,"莫不妙极"也是极其美妙的意思。例(48)中"酸极"后还有"无已"一词,"没有极点"之义,显然这里"极"不再是极点义,而是语义泛化后的极性程度义。

比较有趣的是,先秦以及两汉时期出现的"A极"中,除"乐极"和"极乐"外,我们并未发现其他"A极"用例存在相应的"极A"形式。而魏晋南北朝时期,这种情况有了很大的改变,"欢极""美极""酸极""妙极""短极"都有相应的"极欢""极美""极酸""极妙""极短"的形式,由于"极A"结构中"极"为程度副词,势必进一步影响"A极"的相关用例,使得"A极"中"极"

的程度义更为凸显。例如:

(49)庾从周索食,周出蔬食,庾亦强饭,极欢。(《世说新语·尤悔》)
(50)鲍叶,少时可以为羹,又可淹煮,极美。(《齐民要术》第二卷)
(51)若复无醋者,清饭浆极酸者,变得空用之。(《齐民要术》第五卷)
(52)释师出世寿极短,肉体虽逝法身在。(《东晋译经·增一阿含经》)

综上,"极"已经具备语法化为程度补语的语义条件。当"AP(VP)极"由主谓结构进一步重新分析为述补结构时,那么整个结构也会进一步语法化为一个程度补语结构。

但需要注意的是表示本义的"极"并没有消失,一直到南宋时期还在使用。根据我们的考察,南宋"AP(VP)极"的用法略显复杂,有的用例中"极"处于"某种状态发展到极致就会……"的语境中,"极"的实词意义仍然较为明显,这应当被视为旧有形式的存留现象,如例(53)和例(54)。而例(55)—例(57)用于"得"字补语中,由于此时"得"已经是一个补语标记,因此应当被视为补语。例如:

(53)犹寒极生暖,暖甚生寒。(《朱子语类》第二十四卷)
(54)长极而消,便是柔。(《朱子语类》)
(55)只是被李先生静得极了,便自见得是有个觉处,不似别人。(《朱子语类》第一百三十卷)
(56)事弄得极了,反为房人所持。(《朱子语类》第一百二十七卷)
(57)被他静极了,看得天下之事理精明。(《朱子语类》第一百卷)

这一时期,一方面"极"仍然保留了动词用法,另一方面述补结构已经形成,程度补语"AP(VP)甚""A 得些/点/多/过分"结构都已出现,且"极"可以用作补语,那么将其视为补语也是可以的。例如:

(58)盖是饥荒极了。《朱子语类》第一百三十三卷)
(59)至五代,衰微极矣。(《朱子语类》第七十二卷)

成熟的"AP(VP)极"一直到明代才出现,这时"极"已经基本不用于谓语位置上了,"AP(VP)极"完全语法化为程度补语结构。例如:

(60)欢喜极了,反有堕下泪来的。(《初刻拍案惊奇》第五卷)
(61)原来莫大姐醉得极了。(《二刻拍案惊奇》第三十八卷)
(62)李万腹中饿极了。(《喻世明言》第四十回)
(63)热极了,一身是汗。(《封神演义》第十二回)

8.1.3 粘合式形补结构的进一步发展

如前文所述,早期产生的粘合式述补结构多由主谓结构重新分析而来。

然而后期的粘合式述补结构则不同，多由动结式述补结构"VC"类推而来，V 为导致结果 C 产生的原因或方式。下面我们将以"A(V)死""A(V)透""A(V)坏"为例，通过对其发展过程进行考察，分析总结后期粘合式形补结构的演变规律。

8.1.3.1 "A(V)死"结构

先秦时期，"V 死"为一个连动结构。除了"V 死"形式，更常以"VP 而死"形式出现，由连词"而"连接两个接连发生的动作 V 以及"死"，是典型的连动式。由于动结式述补结构一直到六朝时期才得以确立，因此这一时期的"V 死"还不是动补结构，正如吴福祥(2000)所说，"连词'而'的有无，并不足以影响'V''死'之间的并列关系"。

(64) 触槐而死。(《左传·宣公二年》)
(65) 我战死，犹有令名焉。(《国语·晋语一》)
(66) 直躬证父，尾生溺死，信之患也。(《庄子·盗跖》)

大约在六朝时期，"V 死"就已经是一个动结式了。

(67) 后还欲竖，树已枯死，都无生理。(《百喻经·斫树取果喻》)
(68) 须臾便如醉死，无所知，因破取。(《三国志·华佗传》)
(69) 军人溃散，逃走山泽，皆多饥死。(《世说新语·德行》)
(70) 羔、犊瘦死。(《齐民要术》第六卷)

和先秦时期的"V 死"结构相比，六朝时期能用于这一结构的 V 已经有了发展，从普通的动作动词类推扩展至状态动词，甚至形容词。如上例中的"醉死""饥死""枯死""瘦死"等。当然，虽然从形式上来说"A 死"已经出现，但是和后来的程度补语"A 死"还是存在根本差异。这里的形容词 A 确实可以导致有生命物体的死亡，具有[+致死]语义特征，因此"死"为结果补语而非程度补语。

后 V 进一步扩展至心理动词上，这里的"死"仍为实词意义，表示由某一心理动词导致结果"死"。例如：

(71) 观其文字议论，是一个白直响快底人，想是懊闷死了。(《朱子语类》第一百三十二卷)
(72) 经春初败秋风起，红兰绿蕙愁死。(孙光宪《思越人》)
(73) 明妃一朝西入胡，胡中美女多羞死。(李白《于阗采花人》)

例(71)中"懊闷死了"结合语境"死"当为实义，"懊闷而导致死亡"的意思。例(72)中"愁死"用拟人化的手法反映了秋季到了花草衰亡的景象，例(73)中用胡姬"羞死"这一夸张手法凸显了明妃之美。句子分别运用了拟人、夸张的修辞格,"死"仍为实词义。唐贤清、陈丽(2011)也认为例(72)和例(73)中"死"的实词性比较强。

"V死"真正由结果补语到程度补语的转变发生在元明时期,"死亡"是终极,通过隐喻便可表达"极点、顶点"的概念,进而抽象化为极性量,这是"死"语法化为程度成分的语义基础。如果不达到极高程度则不能导致"死"这一结果,同时"死"这一结果在现实中并未真正实现,那么"V死"便由表结果的动结式进一步重新分析为一个程度补语结构,"死"也在极性量的基础上语法化为一个极性程度补语。例如:

(74)只因他火铳、火箭、火炮一齐的进将来,屈死了孩儿的英才,都不曾得展。(《三宝太监西洋记》第六十五回)

(75)奴身上随你怎的拣着烧遍了也依,这个剪头发却依不的,可不吓死了我罢了。(《金瓶梅》第十二回)

(76)若只在六尺地上转,怕不燥死了人!(《喻世明言》第一回)

(77)快莫要作此状!羞死人。(《初刻拍案惊奇》第三卷)

例(74)中"死"的语义对象为"英才",是一种无生命事物,因此不具有[+致死]义。例(75)—例(77)中的"吓死""燥死""羞死"都是心理类动词,具有程度性,但是一般情况下这些动词并不具有导致有生命物体死亡的能力,所以"V"和"死"的连用突出了"V"的程度之高。

随着"V死"的这一发展变化,具有级差性的形容词能进入这一结构也是十分自然的事了。我们在清代文献中发现成熟的"A死"表程度的用法。例如:

(78)儿子糊涂死了。(《红楼梦》第六十八回)

(79)真要把我乐死了!(《官场现形记》第二十九回)

(80)只要大帅肯赏收,他就快活死了。(《官场现形记》第三十六回)

(81)俺喉咙痒死了!(《续济公传》第一百五十回)

(82)有这么的巧事,那真巧死了人。(《清朝秘史》第二十八回)

(83)真真难死了人!(《清朝秘史》第二十八回)

(84)别说皇上,我听到也馋死了。(《清朝秘史》第三十四回)

(85)听说那地方脏死了,谁去那里剃头!(《留东外史续集》第三十二回)

从上述用例中不难看出,清代语料中能进入"A死"结构的形容词往往多数还是和人自身感官、心理情绪相关的形容词,如"糊涂、急、乐、快活、开心、饿、痒、痛、馋"等,这些词和心理动词一样通常不具有使人丧失生命的特点,"死"不再表示一种具体的结果,而是表达一种抽象的极性义。但是也有

"难死了""巧死了""脏死了"这种非感官情绪类形容词,说明"死"的程度义逐渐固化,不再依赖于语境推理来获得程度义,"A死"结构的语法化程度进一步加强。

随着"死"程度义的逐渐固化,"A死"结构不断扩展,越来越多语义客观的性质形容词也陆续进入这种结构,程度义更加凸显,"A死"作为一个程度补语结构已经相当成熟了。

(86)物以稀为贵,蕊秋每天定一瓶羊奶,也说"贵死了!"(张爱玲《小团圆》)

(87)我的皮肤黑死了,比有些男生还黑。(百度搜索)

(88)字小死了。(同上)

(89)电脑慢死了,求助!(同上)

8.1.3.2 "A/V透"结构

1. 共时平面"A/V透"的结构特征

"A/V透"结构也是现代汉语中常见的一种程度补语。例如:

(90)当时我那个心呐,真是苦透了。(张洁《世界上最疼我的那个人去了》)

(91)心情坏透了。(张承志《黑骏马》)

上例中的"透"都不表达一种实在意义,而是一种抽象的程度义。然而并非所有的"A/V透"都是一种程度结构,还可以表示结果义或者状态义。宗守云(2010)对"A/V透"中 A/V 的情况进行了分析,共分为以下几大类:

1)物体贯通类。如插、穿、戳、刺、搓、捣、钉、摁、刮、击、砍、抠等。

2)内容洞晓类。如说、讲、读、悟、参、猜、学、讲解、分析、领悟、钻研、揣摩等。

3)光线穿过类。如映、照等。

4)流体渗透类。如湿、泗、浸、泡、染、熬、浇、灌、洗、下(雨)、淋、蒸、煮、烧、烤等。

5)达到完全类。如干、红、熟、软、黑、热、凉、白、黄、亮、甜、酸、阴、烂、麻、荒等。

6)达到极端类。

消极义心理动词:恨、怨、烦、厌烦、讨厌、腻歪。

消极义形容词:暧昧、肮脏、懊丧、悲惨、笨、残忍、蠢、粗鲁、倒霉、狠毒、烦闷、腐败、古怪。

林华勇、甘甲才(2012)也对"V/A透(了)"中谓词的类进行了系统分

析,把 A/V 的语义特征与"透"的意义二者之间的关系分为以下几个类别:

V_1"穿"类:剥、插、穿、吹、戳、打、浇、淋、渗、照等。

V_2"讲"类:读、看、理解、说、学、想等。

"煮"类:熬、拌、炒、煎、烤、焖等。

V_3"恨"类:爱、操心、愁、感动、很、尚、伤、后悔等。

A_1[①]"湿"类:冻、干、黑、红、黄、烂、冷、凉、绿、湿、熟、饿、烦、坏、累、傻、酸、俗、糟、脏、甜、香等。

A_2"糟"类:肮脏、败兴、卑鄙、背(手气~)、别扭、残暴、惨、差、差劲、吃亏、蠢、倒霉、丢脸、恶劣、恶心、乏、乏味、烦闷、烦恼、反感、腐败、腐化、尴尬等。

宗守云(2010)以及林华勇、甘甲才(2012)都对"透"的不同意义和用法进行了分类,在此基础上归纳、列举了对与之相匹配的谓词类型。虽然两文的分类大体一致,但也存在一定差异,进一步影响了对"透"语法化路径的分析。比如宗守云(2010)将谓语位置上的 V 分为四类,即"物体贯通""内容洞晓""光线穿过""流体渗透",并认为物体贯通是"透"最基本的意义,在此基础上经过隐喻和泛化,进一步虚化出其他三种意义。林华勇、甘甲才(2012)将"光线穿过""流体渗透"类动词都归入"穿"类,而"内容洞晓"的意义是在此基础上进一步发展而来的。

在前人研究的基础上,结合"A/V 透"共时平面上的句法特征和历时平面的演变轨迹,我们对其进行了重新分类,具体如下:

V_1"穿"类:剥、插、穿、戳、刺、打、扎、照、映等。例如:

(92)苦干 450 天,凿透了一千多米深的山洞。(1994 年报刊精选)

(93)雷声未响,电光先照透了乌云。(杨绛《洗澡》)

(94)声波穿透浩空,余音袅袅。(1993 年《人民日报》)

和前人的研究不同,我们将"光线穿过"和"物体贯穿"归到一处,而将"流体渗入"拿开,列入下面的 V_2 一类。这一类动词的特点在于实体(刀、枪、针等)或半实体(光、影、声等)的事物从一端穿透至另一端,具有一定的方向性。因此"V_1 透"具有[+致使]的语义特征,"V_1 透"是结果补语,"透"表

---

① 林华勇、甘甲才(2012)区分了"A_1 透"和"A_2 透",指出部分 A_1 形容词后的"透(了)"可兼表状态或程度。如"湿透了"有歧义:可以表示"湿"的一种状态,"透"的语义较为实在;又可表示"湿"的很高的程度,意为"很湿","透"的意义进一步虚化。"A_2 透了"的意义为"极",主要表程度。此外,A_1 透可用于"A 得透透"的结构,A_2 透则不可以。

示动作 V_1 导致的结果。

V_2 "浸"类：浸、泡、染、熬、浇、灌、洗、下（雨）、淋、沁、淹、浸染、晕染等。例如：

(95) 他脱下当外衣穿的旧军装，泡透了雨有三斤重。（严歌苓《第九个寡妇》）

(96) 屋子被玉兰花的香气所熏透。（怀一《画风·湖湘卷》）

当主体由穿透性工具转为液体、气体时，我们对客体的观察也从外部转向内部。"V_2 透"并不会像"V_1 透"那样借助工具从外部对客体造成方向性、穿透性结果，而是慢慢深入，从各处渗透至物体内部。此外，受限于客体对象的特征，"V_1 透"的结果可以是短时性得到的，也可以是经历漫长过程而得到的。而"V_2 透"的结果则需要一定的过程。和"V_1 透"一样，"V_2 透"同样具有[＋致使]语义特征，是一个动结式述补结构。

V_3 "讲"类：读、看、理解、说、学、想、吃、悟、谙、揣摩等。例如：

(97) 只要道理讲透了，我们就不会再干那些不适宜的事情。（陈廷一《宋氏家族全传》）

(98) 珍珠已经把他看透了，对他非常冷淡。（莫言《红树林》）

宗守云(2010)指出，物体贯通是具体的、看得见摸得着的，而内容洞晓是内在的，只是人内在精神的反映，物体贯通意味着阻碍消失，内容洞晓也意味着阻碍消失，二者存在着相似性。我们认为内容洞晓除了由贯穿隐喻而来，和 V_2 浸染渗透义也存在莫大关系。首先，前文已经指出，V_2 将我们对客体的观察由外部转向内部，这种主体对事物内部的深入渗透和人的认知对内容的洞晓是相通的。其次，内容洞晓是一个认知过程，所以存在两种情况，除了猛然的顿悟外，往往需要长久的探索、思考，具有过程性，而这一点正和"V_2 透"相一致。因此"V_3 透"是在"V_1/V_2 透"的基础上进一步发展而来的。和"V_1/V_2 透"相比，"V_3 透"很难找到一个工具性的主体，导致整个结构的致使义明显削弱，虽然"V_3 透"还是一个结果补语结构，但是明显结果性降低而状态性提高。

V_4 "煮"类：煮、蒸、烧、熬、拌、炒、煎、烤、焖等。例如：

(99) 豆浆一定要煮沸煮透后加白糖才能饮用。（赵秀珍《大话养生》）

(100) ……上锅蒸四个小时，把冰糖熬化，芝麻蒸透。（李佩甫《羊的门》）

"V_4 透"和"V_2 透"的关系更为密切。前文指出"V_2 透"具有渗透性、过程性。而调制类动词也具有这一特征，"煮、蒸、烧"等都需要一定的时间，在这一过程中，热气慢慢渗透到客体中，发生从不熟到熟透的变化。而一旦具有过程性,那么在这一过程中客体所呈现的状态就具有了分别,呈现出层级性差异。而"V_4透"(如"煮透""蒸透")显然就是到达了结果的终点,状态的极端,因此为程度义的出现准备了语义基础。此外,"V_4透"中的致事也已经背景化了,一般只能由客体充当主语,试比较下面用例:

(101)a. 水湿透了鞋子
　　　b. *水煮透了肉
(102)a. 药味熏透了整个房间
　　　b. *热气蒸透了饭

这也就说明"V透"致事结果义削弱,而客体的状态义进一步凸显。

V_5"恨"类:恨、爱、操心、愁、感动、伤、伤心、后悔、怨、怨恨、腻、腻味、烦、厌烦等。例如:

(103)娴恨透了孟老板。(苏童《妇女生活》)
(104)毕加索爱透了西班牙。(《毕加索的真面目》,转引自1996年《作家文摘》)

"恨"类动词为心理动词,可以受程度副词修饰,具有级差性。前文指出,"V_4透"已经引申出状态到达终点和极端的意义,当V进一步扩展至"恨"类动词时,那么这类动词本身所具有的级差性义会进一步引发"透"语义虚化,在到达终极状态义的基础上引申出极性程度义。然而"V_5透"虽然不是动结式,但是也存在致事(李宗云,2010),仍然保留了一定的致使义的语义特征。

除了动词之外,形容词也可以用于"X透"结构中。根据语义和句法形式的不同,我们将"A透"进一步分为四类:状态渗透类、状态变化类、感官心理类和抽象性质类。然而有趣的是,从"A透"和"V透"之间的关系来看,并非"A透"内部四种类型关系更为密切,反而是不同类型的"A透"和不同类型的"V透"存在密切关系。下面我们进行进一步说明。

A_1状态渗透类:湿、冷、寒、冰、香、甜、酸等。例如:

(105)外面被雨水湿透,里面被汗水湿透。(1993年《人民日报》)
(106)老人声音更微细了,好像秋夜的细雨,一滴一滴的冷透那两个少年的心情。(老舍《老张的哲学》)
(107)……曾香透大陆的"康师傅"方便面又以香味四溢的势头香遍台湾岛。(2003年3月份新闻报道)
(108)舒展了眉头甜透了心,往后的日月也跟着甜。(1998年《人民日报》)

"A_1透"在语义和句法行为上和"V_2透"有极大的相似性。"A_1透"具有[+致使]义,并可以找到一个致事,和"V_2透"一样为具有渗透性的事物,如上例中"湿"的致事为液体,"冷、寒、冰"的致事为寒气或者液体,"香"的致事为气体,而"甜"和"酸"为一种味道,也具有渗透性。因此,"A_1透"在一定程度上保留了动结式"V_2透"的致使义和结果义,可以用于"$N_{致事}$+V 透+$N_{客体}$"结构中。但是和"V_2透"不同的是,A_1形容词本身所具有的级差性又导致了"A_1透"带有程度特征,表示一种高的程度义。

A_2状态变化类:熟、黑、红、干、枯、热、凉、白、黄、亮、阴、烂、麻、黑暗等。例如:

(109)苞米、高粱熟透了。(周立波《暴风骤雨》)

(110)到市区天其实已经完全黑透。(亦舒《流金岁月》)

(111)她脸红透了。(于晴《红苹果之恋》)

"A_2透"表示事物本身某种状态变化达到顶点,具有动态义特征,这种意义和"V_4透"有着十分密切的关系。和"V_4透"一样,"A_2透"需要一个时间过程,发生从"不 A_2"到"A_2了"的变化,当这一过程结束,也就是变化彻底、变化完了。比如"熟透了"表示从非完全成熟到完全成熟,"黑透了"表示从不完全黑到完全黑。此外,由于形容词的级差性特征,"A_2透"除了动态义,还具有极性程度义。

"A_2透"和"V_4透"一样,致事已经背景化或者不存在,而非像"A_1透了"那样表达一种致使义。在句法形式上,一般只用于"N+V/A 透了"结构中,如"苹果熟透了""天黑透了""头发白透了""枫叶红透了""果子烂透了""苹果熟透了""天亮透了"。

A_3感官心理类:苦、累、饿、紧张、丧气、寂寞、乐、疲倦、别扭、孤独、高兴、失望、乏、开心、幸福、舒服、窝火。例如:

(112)周燕的心里苦透了。(《魂归黄河》)

(113)我实在累透了。(梁凤仪《金融大风暴》)

(114)有你这个哥哥,幸福透了。(岑凯伦《蜜糖儿》)

A_3多是抽象的描述人的感官体验以及心理情绪的形容词,因此和 V_4 的语义关系最为密切,表达人的某种感觉或者心理情绪达到了极点,也就获得了一种极性程度义。虽然"A_3透"基本只用于"N+V/A 透了"结构中,但事实上"A_3透"也和"V_5透"一样还残余了一定的致使义,即我们往往可以在语境中找到一个致事(可以是人,也可以是事件),使人的某种感官体验或者心理情绪达到极点。如例(114)中的哥哥。

A_4抽象性质类:糟、坏、俗、糟、暧昧、肮脏、懊丧、悲惨、笨、残忍、蠢、粗鲁、倒霉、狠毒、烦闷、腐败、古怪等。例如:

(115)我的舞姿坏透了。(张小娴《荷包里的单人床》)

(116)这名字俗透了。(张爱玲《小团圆》)

和前几类结构相比,"A_4透"的语法化程度最高,"$A_1/A_2/A_3$透"都不同程度地保留了"V透"结构的致使义或状态变化义,而"A_4透"中"透"的实词意义已经完全虚化,是一个成熟的程度补语结构,表达了一种极性程度义。

综上,"$A_1/A_2/A_3/A_4$透"的出现有着不同的语义基础。其中"A_1透"和"V_2透"的语义句法关系更近,"A_2透"和"V_4透"的语义句法关系更近,"A_3透"和"V_5透"的语义句法关系更近,而"A_4透"是在具有程度性的"$A_1/A_2/A_3/V_5$透"的基础上进一步扩展类推而来。

2.历时平面"A/V透"的发展演变

结合"V/A透"共时平面上的分类情况,下面我们将对"V/A透(了)"结构的语法化过程进行重新阐释。

早期"透"做动词,本义为"跳,跳跃",后引申出"通过,穿过"的意思(林华勇、甘甲才,2012)。例如:

(117)有一玉长一尺许,形似冬瓜,从死人怀中透出堕地。(《三国志》第四十八卷)

(118)斯乃孝文帝射箭透过之处。(《入唐求法巡礼行记》第三卷)

唐诗中,"透"的主语往往为光、影、烟、气、色彩、液体等物。例如:

(119)谁怜独欹枕,斜月透窗明。(元稹《晚秋》)

(120)夜色侵洞房,春烟透帘出。(元稹《闺晚》)

(121)香透经窗桧柏,云生梵宇湿幡幢。(顾况《宿湖边山寺》)

(122)金波寒透水精帘,烧尽沈檀手自添。(李中《宫词二首》)

(123)半帘绿透偎寒竹,一榻红侵坠晚桃。(谭用之《途次宿友人别墅》)

(124)香连翠叶真堪画,红透青笼实可怜。(白居易《重寄荔枝与杨使君,时闻杨使君欲种植故有落句之戏》)

需要指出的是上例中的"香透""寒透""绿透""红透"虽然在形式上为"A透",但是这里的形容词都是名词化了的,"香"为香气,"寒"为寒气,"红"为红色,"绿"为绿色,因此皆为主谓结构。但是例(125)中的"冷透"既可以理解为"冷气完全渗透",也可以理解为"冷得彻底"。

(125)须臾拢掠蝉鬓生,玉钗冷透冬冰明。(张碧《美人梳头》)

而例(126)中的"湿透"和例(127)中的"烘透"应该可以看作"A_1透"和"V_2透"的萌芽了,其中"透"为实词义,即"(液体/热气)渗透、穿透"。

(126)看看湿透缕金衣,归摩归,归摩归。(顾夐《荷叶杯》)

(127)雕镂荆玉盏,烘透内丘瓶。(元稹《饮致用神曲酒三十韵》)

唐五代时期的"透"也已经引申出"透彻,明白"的意思,但不出现在 V

后。例如:

(128)若与摩透过得祖佛,此人却体得祖佛意,方与向上人同。(《祖堂集》第八卷)

(129)透古透今,声前看取。(《祖堂集》第九卷)

从宋代开始,由于"透"已经具备了"贯穿义、渗透义"和"透彻、明白义",因此"V/A 透"组合的意义是十分丰富的,出现了"V_1透""V_2透""V_3透"和"A_1透"。例如:

(130)威音前一箭,射透两重山。(《五灯会元》卷十四)

(131)直须参教彻觑教透。(《古尊宿语录》第三十八卷)

(132)明霞烘透春机杼。(史达祖《桃源忆故人》)

(133)恰恨一番雨过,想应湿透鞋儿。(石孝友《清平乐》)

(134)席上青衫湿透,算感旧,何止琵琶。(司马光《锦堂春》)[①]

根据前文对唐五代时期语料的调查,"V_2透"和"A_1透"已经出现个例。相比较而言,"V_1透"中的"透"虽是最为基本的用法,但是出现时间却晚于"V_2透",这有可能是限于语料搜集而导致的。不过鉴于唐五代时期"透"的主语往往为光、影、烟、气、色彩、液体等物,而基本上没有工具类事物,在这种句法环境和使用频率的影响下,"V_2透"和"A_1透"先于"V_1透"而出现是极有可能的。"透"的内容洞晓义一直到唐五代时期才发展出来,因此"V_3透"在宋代出现。因此,目前为止"V/A 透"的发展轨迹为"V_2透、A_1透→V_1透、V_3透"。

元明时期,"V/A 透"进一步发展,这主要表现为两点:其一,已经出现的"V_1透""V_2透""V_3透"和"A_1透"其内部发生进一步扩展,如"A_1透"除了已经出现的"湿透"外,还有"冰透""冷透""油腻透"等;其二,出现了"A_2透"。此外"A_3透"也有萌芽。例如:

(135)露珠儿湿透了凌波袜。(《北西厢秘本》第三卷)

(136)你爹已是冷透了心。(《醒世姻缘传》第四十八回)

(137)有两眼锅灶,也都是油腻透了,这等奈何?(《西游记》第十三回)

(138)却用煤炭如拳头大的烧得红透。(《醒世姻缘传》第二十八回)

(139)火里煨着,烧得熟透了。(《初刻拍案惊奇》卷三十七)

(140)都是隔年干透的枯焦之物,见火如同油腻一般。(《西游记》第七十九回)

---

① 例(130)—例(134)皆转引自宗守云(2010)。

(141)当初谁叫你快活透了,今日有许多眼泪!(《警世通言》卷三十一)

例(135)—例(137)都是"A_1透"的用例,例(137)中"油腻"还残留一点儿液体渗透的意义,因此我们也将其归为"A_1透",不过相比较而言,"油腻透了"的程度义更加凸显。例(138)—例(140)中的"透"都是"彻底、完全"之义,为"A_2透"的用例。而例(141)则是"A_3透"的萌芽,表达某种情绪达到了极点,是一种高程度义。

清、民国时期,出现了"V_4/V_5透"和"A_4透",至此"V/A 透"所有的结构类型都已具备,而"A 透"已经由一个动结式述补结构语法化为一个程度补语结构了。例如:

(142)这毒弩是用烂首草之汁煮透。(《七剑十三侠》第一百九回)

(143)我们老太太把你们恨透了。(《小五义》第八十一回)

(144)他的话讲完了,夫子的心便伤透了。(《儿女英雄传》第三十九回)

(145)然而愚笨透了顶,一言一动,倒变成了骄矜了。(《孽海花》第二十八回)

(146)我所以尽杀这些贪官污吏,是为他们已经坏透了……(《宋代十八朝宫廷艳史》第二十七回)

(147)陈道常可狠狈透了。(同上,第六十回)

(148)海川寒碜透了……(同上,第六十三回)

(149)完了完了,糟透糟透。(《民国演义》第一百二十六回)

结合前文的分析,"V/A 透"的历时演变进程如图 1 所示。

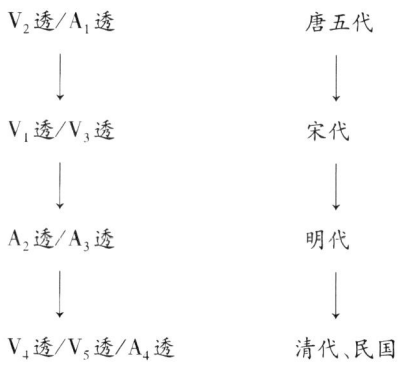

图 1 "V/A 透"的演变路径

从图 1 不难看出,"V/A 透"的发展路径并非由前人研究所显示的那样简单由动补结构类推至形补结构的,而是和大的句法语义类型相关。根据前文分析,"A_1透"和"V_2透"、"A_2透"和"V_4透"、"A_3透"和"V_5透"各自之间的语义句法关系更近。其中表示渗透义的"V_2透"和"A_1透"是最早同时出现的,进而扩展至本义的"V_1透"和引申义的"V_3透",在此基础上进一步发展出"A_2透"和"A_3透","透"由到达状态顶点之意进一步引申出程度义。至于清以及民国时期,由"A_2透"进一步扩展至"V_4透","A_3透"扩展至"V_5透",并在已有的兼有状态程度语义特征的"$A_1/A_2/A_3/V_5$透"基础上,进一步扩展类推至"A_4透",从而语法化为一个更为成熟的程度补语结构。

8.1.3.3 "A(V)坏"结构

"A坏"(如"累坏、忙坏、渴坏")也是现代汉语中常见的一种程度补语结构。除了"A坏"之外,还有"V坏"结构,我们统一将二者记为"A/V坏"结构。现代汉语中"A/V坏"既可以做结果补语,也可做程度补语,例如:

(150)箱子给你摔坏了。(钱锺书《围城》)

(151)孩子们高兴坏了,一个个狼吞虎咽!(《1994年报刊精选》)

例(150)中"摔"的动作导致了箱子"坏"这一结果,但是例(151)中,"高兴坏了"却不具有结果义,只是表达"高兴"的程度之高。

能进入"A/V坏"结构的动词和形容词数量也非常多,下面我们分类对其进行说明。

V_1:物理破坏性动词

常见的有:踩、摔、碰、打、刮、划、哨、压、碰、跌、砍、印、采、割、折磨、践踏、炸、烧、煮、腌、烤、跑、哭等。例如:

(152)箱子给你摔坏了。(钱锺书《围城》)

(153)刚搬来,踩坏了草,叫人家笑话。(周而复《上海的早晨》)

"V_1坏"是一个典型的动结式述补结构,"V_1"具有物理破坏性的语义特征,对客体(可以是人,也可以是物)造成一定损坏。

V_2:非物理破坏性动词

常见的有:宠、夸、惯、带、娇宠、压迫、折磨、折腾、虐待、欺负、使唤、打击、连累等。例如:

(154)其实我哥哥也不是坏人,他就是被宠坏了嘛!(琼瑶《烟锁重楼》)

(155)孩子是我的,惯坏了还是我的孩子呀!(杨绛《洗澡》)

"V_2坏"也是一个典型的动结式述补结构,只不过"V_2"并不具有物理破坏性,但是会对客体造成一种不好的结果,所以一般进入"V_2坏"的都是消极性词汇。此外,"V_1坏"的客体有生命物体和非生命物体皆可,但是"V_2坏"

只能为有生命物体,造成的伤害更侧重于品性或者心理精神方面。

V_3:情绪心理动词

常见的有:想、恨、气、惊、吓、急、羞、气愤、愁、臊、为难、想念、担心、后悔、伤心、生气、心疼、感动、羡慕、着急、惦记、眼馋等。例如:

(156)兄弟这几年哪去了?可把你大哥想坏了!(李文澄《努尔哈赤》)

(157)以前已经拉了几场了,最近连排三个晚上,这把他着急坏了!(汪曾祺《羊舍一夕》)

V_3为和人的情绪或者心理活动相关动词,有些心理动词确实可以对人造成实质上的不好的影响或结果,引起生理上的疾病,如"气/气愤/惊/吓/生气/伤心坏了",因此这样的"V_3坏"保留了一定的结果补语的语义特征;但是有的"V_3坏"却很难带来这种实质性的伤害,如"想/想念/臊/急/着急/惦记/羞/后悔/心疼/为难/担心+坏了",便在这种高度的不如意的状态基础上引申出了一种高的程度义。而当积极义的心理动词进入这类结构中时,那么"V_3坏"的程度义更为凸显,如"感动/羡慕坏了"。

A_1:感知类形容词

常见的有:饿、清淡、馋、凉、觑、疼、累、忙、渴、冻、臭、苦、冷、热、潮、干、闷、疲劳、辛苦等。例如:

(158)我都饿坏了。(王朔《我是你爸爸》)

(159)今天我可要忙坏了。(姚雪垠《李自成》)

这些形容词往往和人的机体感官有关,同样以消极义形容词为主,除了表达由A所造成的一种不如意的感觉之外,"A_1坏"也是一个程度补语结构。

A_2:心理类形容词

常见的有:郁闷、乐、激动、美、烦、惨、急、难、难过、难受、憋闷、高兴、欢喜、开心、快乐、幸福、兴奋、激动、惊奇、好奇、惊讶、奇怪、委屈、窝囊、别扭、烦躁、愤怒、着急、焦急、紧张、惭愧等。例如:

(160)刘邦当时给美坏了,乐坏了。(《百家讲坛·独尊儒术》)

(161)爸爸高兴坏了。(王蒙《风筝飘带》)

A_2主要为描述人心理感觉的形容词。当消极义形容词进入该结构时,"A_2坏"除了程度义外还残余了一定的结果义,而当积极义以及中性义进入该结构时,则完全表达了一种极性程度义,如"高兴/激动/欢喜/美/快乐/开心/兴奋/幸福坏了",语法化程度更高。

结合前文对"A/V 坏"谓语类型的分析,我们进一步考察其历时演变过程。

"坏"的本义,根据《说文解字》解释是:"坏,败也",即"坏"最初和"败、毁"同义。早期的"V 坏"并非是一种述补结构,而是一种并列结构,即 V 和"坏"的本义相近或相关,如"毁坏""隳坏""败坏",其中的"毁、隳、败"意义都与"坏"相似,因此语序并不固定,可以是"V 坏",也可能是"坏 V",或者两种形式都具有,例如:

(162)宫墙毁坏,门户不闭。《管子·八观》

(163)还顾世俗兮,坏败周罗。(《楚辞·九怀》)

(164)是月也,继长增高,无有坏隳。(《吕氏春秋·孟夏纪》)

(165)后乃大水,败坏城郭。(《淮南子·时则训》)

(166)行爵出禄,佐天长养,继修增高,无有隳坏。(《淮南子·时则训》)

随着谓语的不断扩展,自两汉时期起,连动式"V 坏"开始出现,其中 V 是具有破坏性的行为,"坏"为接连出现的结果,例如:

(167)险险戏戏,崩坏陂池,决胜万罢(《全汉文》卷二十)

(168)复引兵还,冬复击之,大兵仍出,虏必震坏。(《全汉文》卷三十三)

至于六朝时期,随着动结式述补结构的产生,"V 坏"由连动结构进一步语法化为一个述补结构,例如:

(169)世人见漆器暂在日中,鹽春炙坏。(《齐民要术》卷五)

(170)还取笔掷地,蹋坏之。《三国志·魏志·梁习传》

(171)我今日即打坏奴甘罗。(《搜神后记》卷六)

早期"V 坏"动结式 V 由具有破坏力的动词充当,语义指向为可以被损坏的事物,具有致使义和结果义的语义特征。后来随着结构的类推和扩展,非物理破坏义的普通动词也逐渐进入这种结构,如"说""写""教"等,结合动词所施与的对象如"意思""人""心"等,这些动作无法对其造成实质性物理伤害,因此"坏"的意思愈加抽象化,侧重于人或事物的品质或质量,而"V 坏"的意义也从对客体造成物理损害进一步泛化为造成一种不好的、不如意的结果,例如:

(172)也不是存心之切,恁地又说坏了圣人。(《朱子语类》卷三十四)

(173)如"求生以害仁",言身虽生,已是伤坏了这个心。(《朱子语类》卷四十一)

(174)说得意思回互如此,岂不教坏了人!(《朱子语类》卷八十三)

(175)且天地之所以与我者,色色周备,人自污坏了!(《朱子语类》卷一百一十七)

(176)晋书皆为许敬宗胡写入小说,又多改坏了。(《朱子语类》卷一百

三十四)

元明时期"V坏"结构又有了进一步发展,由普通的非物理破坏性动词进一步扩展至心理动词以及和人的心理情绪、感知有关的形容词上,如"苦""气""疑心""愁苦""想""渴""饿""难""痛""闷"等,即前文所述的 V_4、A_1 和 A_2。他们的共同特征在于具有程度性和级差性。因此当 V_4、A_1 和 A_2 进入"V/A 坏"结构时,就会发生如下的语用推理,如果 V_4、A_1 和 A_2 会造成一种极端的不尽如人意的状态和结果,那么 V_4、A_1 和 A_2 本身的程度肯定是极高的,"坏"本身是一种极性状态,因此在此基础上"V/A 坏"便进一步由一个结果补语演变为一个程度补语结构,而"坏"也进一步语法化为极性程度成分,例如:

(177)省得他牵肠挂肚,空想坏了。(《二刻拍案惊奇》卷十七)
(178)其大娘甚是怜他,恐怕他愁苦坏了。(《二刻拍案惊奇》卷二十四)
(179)怎么又要送我上山,却不渴坏了我?(《警世恒言》卷二十六)
(180)怕气坏了孩儿。(《三宝太监西洋记》第六十六回)
(181)你若饿坏了我,你有罪愆。(《西游记》第七十七回)
(182)聚义厅正面,大瓦垄中,难坏了屈己从人的胜三爷。(《三侠剑》第五回)
(183)公子怕痛坏了老人家,只得忍泪劝道:……(《儿女英雄传》第十二回)

然而需要注意的是,从上面的用例中不难看出无论是"V_4坏"还是"A_1/A_2坏"都还可以在语境中找到一个致事,从而在一定程度上还保留了致使义和结果义。相比较于"A 死"和"A 透"结构而言,"A 坏"的语法化程度较低,并不是一个完全成熟的程度补语结构。

8.1.4 小结

本章节主要考察了粘合式形补结构的历时演变。其中"A 极""A 甚"产生时间较早,主要经由主谓结构到述补结构重新分析语法化而来。然而后期的粘合式述补结构则不同,以"A(V)死""A(V)透""A(V)坏"为例,产生时间较晚,大约在明清时期才发展出程度义,并且皆由动结式述补结构"VC"类推而来,其中 V 为导致结果 C 产生的原因或方式,但是类推至"AC"结构后,C 往往表达了一种状态/程度义。因此后期的粘合式形补结构经历了"结果补语→(状态补语)→程度补语"的语法化过程。

8.2 组合式形补结构的历时演变

在章节 8.1 中我们主要考察了粘合式形补结构的历时演变。在章节 8.2 中我们将继续讨论组合式形补结构的历时发展情况。现代汉语中,组合式形补结构中常见的补语标记有"得""成""到""个"等。此处,我们主要讨论有"得"的情况,即"A 得 C"结构。本章我们先从整体上考察"A 得 C"结构及其历时演变,再进一步讨论"A 得紧/慌/可以/不行/比拟结构"这些下位构式发展演变的具体情况。

8.2.1 "A 得 C"结构

现代汉语中存在着大量的"A 得 C"结构,即带"得"的形补结构。章节 4.1 中,根据其形式意义上的特征,将"A 得 C"结构分为"A 得+NP+VP""A 得+VP/AP"以及"A 得 $C_{程度}$"三大类。既往研究主要集中在"V 得 C"结构上,关于"A 得 C"结构多为个案研究,相比较而言,整体方面的研究尚存在大量空白。本章节主要从历时的角度出发,通过对"A 得 C"结构的发展演变进行考察,深入探讨如下问题:"V 得 C"和"A 得 C"之间的相互关系如何?不同类型的"A 得 C"结构是何时产生以及如何演变的?基于构式化理论,我们在探究"A 得 C"的演化进程的同时,也为补语类型和形容词语义特征的相关性找到了历时层面的缘由。

8.2.1.1 形容词语义特征和"A 得 C"补语类型的相关性

1. 形容词的语义分类

一直以来,汉语性质形容词的语义分类尚未有统一的标准和结论。张国宪(2006)首先依据[+/-自变]语义特征,将形容词分为静态和动态两大类,然后再将静态形容词分为述人形容词和非述人形容词,最后依据[+/-可控]、[+/-抽象]等语义特征,再进行下位分类。王惠、詹卫东、俞士汉(2006)根据语义标准将形容词划分为事性值(如紧急、突然等)、物性值(包括量化属性值如热冷、大小等,模糊属性值如紧松、好坏等,以及颜色类红黄等)、人性值(如年轻、善良等)、空间值(如远近、平弯等)、时间值(如古老、短暂等)五大类。赵家新(2006)按意义类聚将性质形容词分为三大类:性状形容词,指表人、物、社会的形貌和属性的性质形容词,如高、富有;情态形容词,指表人的心理活动状态和感官感觉的性质形容词,如悲哀、兴奋;判断形容词,指表对客观事物的主观判断的性质形容词,如肮脏、昂贵。王军(2006)则依据[+/-对立状态]、[+/-连续过度]、[+/-极限值]、[+/-互补转化]等语义标准,对形容词进行了细致分类。

可以看出,我们很难在语义层面为形容词建立一个统一、完备且具有排他性的分类系统,只能力求所设定的语义分类标准条理清晰,并能和语法分析相结合。结合前人的相关研究,本书将性质形容词分为心理感官类、度量类、形象属性类、抽象评价类四大语义类型,用以考察"A得C"三个下位图式和形容词语义特征的相关性。

1)心理感官类形容词

A.述人:描述人自身心理状态、生理感受的形容词,可以进入"感到+A"框架,比如"他感到很开心""我感到有点累",常见的有"高兴、快乐、伤心、难过、无聊、紧张、开心、痛苦、忙、困、累、疼、恶心"等。

B.非述人:描述事物在味觉、触觉、嗅觉、视觉、听觉等方面给人带来的生理感受的形容词,可以进入"吃/摸/闻/看/听起来+A"框架,比如"这个苹果吃起来有点酸""这块布摸起来很软""今天的菜闻起来很香"。常见的有"酸、甜、苦、辣、冷、热、软、硬、干、湿、松、紧、香、臭、亮、暗、清晰、响亮、干燥、芬芳"等。

2)度量类形容词

即可以用数值进行度量,或者具有量化属性的形容词。其中,单音节度量类形容词往往可进入"A+数量"框架,以非述人为主,如"小一寸""高三米""长五米"等,一些情况下也可以述人,如"大两岁""高一头"等。双音节度量类形容词往往是在单音节度量类形容词的基础上复合而来。常见的有"大、小、多、少、高、低、长、短、厚、薄、快、慢、远、近、深、浅、粗、细、强、弱、贵、便宜、高大、矮小、广阔、昂贵"等。

3)形象属性类形容词

对人或事物外在的、可直观感知的形象属性进行描述的形容词,比如人的经济状况、身材、年龄、样貌,或者事物的颜色、形状、空间状况等。例如:

A.述人:穷、富、胖、瘦、老、年轻、漂亮、美、丑、健壮、瘦弱。

B.非述人:黑、白、红、绿、黄、蓝、圆、尖、弯、直、浓、淡、新、旧、空、满、干净、整齐、乱、茂盛、崎岖、拥挤。

4)抽象评价类形容词

对人或事物内在的抽象属性,或者对抽象事物本身进行评价的形容词,比如品行、性格、价值、内容、观念、思想、精神等,需要运用思维去判断和思考,可进入"认为+某人/某物+A"框架,比如"我认为她太天真了""我认为他

很聪明""我认为这件事很简单""我认为他的意志非常坚定",常见的有:

A.述人:善良、老实、狡猾、聪明、笨、认真、马虎、积极、消极、乐观、悲观。

B.非述人:好、坏、困难、容易、重要、复杂、简单、充沛、鲜明、深远、激昂。[①]

2."A 得 C"构式的子图式

构式是复杂的形式与意义的匹配体,相互之间形成构式网络,根据抽象化程度的高低,可以分为图式(schema)、子图式(subschema)和微观构式(micro-construction),构成多维的层级系统(Traugott 和 Trousdale,2013)。构式网络有助于解释语言变异现象,比如新构式的产生过程,图式性构式成员在历时层面的相互影响、相互作用,以及家族成员之间距离的远近对类推的影响等。"A 得 C"抽象图式下位存在"A 得+NP+VP""A 得+VP"以及"A 得+$C_{程度}$"三个子图式,其形式和语义特征我们已经在章节 3.1.2.3 中进行了详细的讨论分析,此处不再赘述,仅重新列举一下相关用例。

子图式 1:A 得+NP+VP

(184)高兴得他一个劲儿地咂嘴儿。(刘流《烈火金钢》)

(185)累得他筋疲力尽。(汪曾祺《故里三陈》)

(186)家珍累得一点力气都没了。(余华《活着》)

子图式 2:A 得+VP

(187)高兴得手舞足蹈。(周而复《上海的早晨》)

(188)嘴突然大得像个盆子。(贾平凹《秦腔》)

子图式 3:A 得+$C_{程度}$

常见的有"A 得+很/多/过分/慌/紧/厉害/不得了/了不得/要命/要死/邪乎/吓人/可怜/够瞧的/凶/邪行/够呛/够受的/够劲/不行/可以/什么似的"等。例如:

(189)天黑得很。(梁斌《红旗谱》)

(190)两个人都瘦得厉害。(戴厚英《流泪的淮河》)

3.形容词的语义特征和补语类型的相关性

出于使用频率和语义特征典型性方面的考虑,我们选取了 24 个形容词,用以考察形容词语义类型和"A 得 C"三个子图式之间的搭配情况,分别是心理感官类形容词"高兴/难过/紧张/累/热/辣"、度量类形容词"大/小/多/

[①] 张国宪(2006)将"充沛、淡泊、坚定、鲜明、深远、激昂"归为非述人形容词,同时指出这类形容词通常选择"观念、态度、思想、精神"等抽象概念名词为其补足语,这些名词大都与人有关,所以是间接述人。

少/高/长"、形象属性类形容词"穷/胖/老/美/黑/旧"以及抽象评价类形容词"善良/老实/聪明/认真/好/重要",语料来源为北京大学 CCL 语料库①。(见表39)

表39 现代汉语中典型形容词和三个子图式的搭配情况

形容词语义类型	典型个例	"A 得 C"子图式		
		A 得+NP+VP	NP+A 得+VP	A 得+C$_{程度}$
心理感官类形容词	高兴	12%	78%	10%
	难过	7%	77%	16%
	紧张	21%	66%	13%
	累	19%	60%	21%
	热	17%	61%	22%
	辣	29%	47%	24%
度量类形容词	大	1%	29%	70%
	小	4%	47%	49%
	多	1%	27%	72%
	少	0%	4%	96%
	高	0%	20%	80%
	长	0%	44%	56%
形象属性类形容词	穷	6%	74%	20%
	胖	12%	74%	14%
	老	6%	84%	10%
	美	2%	68%	30%
	黑	0%	84%	16%
	旧	0%	86%	14%

---

① 由于北京大学 CCL 语料库数据过于庞大,本书仅统计了文学类、口语类、相声小品类语料。

续表 39

形容词 语义类型	典型个例	"A 得 C"子图式		
		A 得+NP+VP	NP+A 得+VP	A 得+C$_{程度}$
抽象评价类 形容词	善良	17%	83%	0%
	老实	0%	55%	45%
	聪明	0%	45%	55%
	认真	14%	43%	43%
	好	3%	22%	75%
	重要	0%	10%	90%

首先，子图式 1"A 得+NP+VP"的使用频率整体偏低，但是相比较而言，心理感官类形容词比较容易进入该构式，其中"高兴、紧张、累、热、辣"这几个形容词由"NP+VP"充当补语的频率甚至可以与 C$_{程度}$做补语的频率持平。其他三类形容词很少出现在子图式 1 中，但也有特殊情况，如"穷、胖、老、善良、认真"，值得注意的是，这些形容词都具有[+述人]的语义特征。

其次，子图式 2"NP+A 得+VP"和子图式 3"A 得+C$_{程度}$"的使用频率都比较高，但不同语义类型的形容词用于这两个构式时也存在显著差异。其中，心理感官类形容词和形象属性类形容词更倾向于出现在子图式 2 中，使用频率远高于子图式 3。而度量类形容词更倾向于出现在子图式 3 中，由 VP 充当补语的情况要少得多。抽象评价类形容词的补语分布情况个体差异比较大，总体来说[-述人]抽象评价类形容词更倾向于和 C$_{程度}$补语相搭配，而[+述人]抽象评价类形容词中，描述对象越抽象则越倾向于出现在子图式 3 中。

可以看出，不同语义类型的形容词对补语的选择存在一定的倾向性，背后的规律值得我们进一步探究。

8.2.1.2　"A 得 C"构式的发展演变

1. 从结果补语到程度补语

从历时演变进程来看，"A 得 C"的构式化与"V 得 C"的类推扩展存在直接关系。

虽然学界对于状态补语标记"得"和能性补语标记"得"的来源是否一致存在分歧，但是目前普遍认可的是带"得"的状态补语结构是从表完成的"V 得"结构中的"得"演变而来，即"得"的"获得"义转化为"达成、实现"某种目的或结果，再由"达成"进一步语法化（王力，1958；祝敏彻，1960；岳俊发，1984；蒋绍愚，1994）。

"得"具有达成义,因此所连接的 V 和"NP+VP"之间便具有因果关系,表示前面事件致使后面事件中的主题事物产生某种情状(宋玉柱,1979;张豫峰,2006)。赵长才(2000)指出,"V 得 C"中的 C,既可以表示动作的结果,也可以表示动作结束后所造成的状态,在此基础上进一步产生了状态补语。例如:

(191)写得松间声断续。(僧皎然《风入松》)
(192)已应春得细。(杜甫《佐还山后寄三首之二》)
(193)分别得无量无边。(《敦煌变文集》)
(194)恼得老人肠肚烂。(《敦煌变文集》)
(195)唬得浑家手脚忙。(《敦煌变文集》)
(196)倍加弹得感人情。(《敦煌变文集》)
(197)此中会得处处全。(《祖堂集》)

唐五代时"V 得 C"结构的补语主要由主谓结构充当[例(191)],除此之外,还可以是形容词[例(192)]、并列结构[例(193)]、主谓谓语结构[例(194)和例(195)]、述宾结构[例(196)]、偏正结构[例(197)]等;但是当不及物动词和形容词充当述语时,补语只能是主谓结构或者主谓谓语结构(赵长才,2000)。例如:

(198)暖得曲身成直身。(孟郊《答友人赠炭》)
(199)醉得君王不解醒。(孙元晏《陈·望仙阁》)

"NP+VP"充当补语时所描述的情状具有[-常态]语义特征,从而暗含了程度性,因此当形容词、心理动词这些具有级差性语义特征的词汇进入该结构时,便可语用推理出一种高程度义,比如"暖得曲身成直身"说明非常暖和,"醉得君王不解醒"说明醉得很厉害,"唬得浑家手脚忙"说明吓坏了,"恼得老人肠肚烂"说明老人恼怒程度之高。

可见,"A 得 C"三个子图式中最早出现的为"A 得+NP+VP",由"V 得+NP+VP"扩展类推而来。图式性构式的每一个空位(slot),如双及物构式"V+N_1+N_2"中的 V、N_1、N_2,都可能在类推机制的作用下不断扩展,并且范例(exemplar)是新实例(novel utterance)的模板(attraction template)(Bybee,2010;彭睿,2016)。因此,类推是一个逐渐细微的过程,相似形式和意义的构式是极其重要的环境因素,可以充当类推的样例或者提供推动力,相似性越高越容易类推(Traugott 和 Trousdale,2013)。此时带"得"的状态补语刚刚产生,"得"仍保留了一定的实词意义,表示前一事件致使后一事件发生或影响后一事件,而当形容词后出现 NP 时,整个结构也会呈现出致使义,所以和这一时期其他类型的"V 得 C"结构相比,"V 得+NP+VP"的句法语义特征和形容词更为契合,而且使用频率也最高。所以,整体来说"V 得+NP+VP"更容易激活类推思维①,引起类推,导致新的语言形式"A 得+NP+VP"的产生。

2."A 得 C"的进一步发展

1)"A 得+VP"的产生

VP 形式的状态补语虽然在唐五代时期已有个例,但一直到宋代"V 得+VP"才大量出现,如:

(200)打得如此碎了。(《朱子语类》卷二)

(201)作文字须是靠实说得有条理。(《朱子语类》卷八)

受动补结构影响,"A 得+VP"到宋代开始产生。"V/A 得+VP"中 V/A 后没有 NP,状态义和程度义进一步凸显,在频率的作用下"得"补语标记的用法得以固化(entrenchment)和自主化(automatization),子图式 2 正式形成。例如:

(202)枕衾冷得浑似铁。(杨无咎《天下乐》)

(203)直使今学者忙得更不敢睡!(《朱子语类》卷十二)

(204)乐得大段颠蹶。(《朱子语类》卷三十一)

2)"A 得+C$_{程度}$"的萌芽

南宋时期由于"A 甚""A 极""A+数量"等结构已经语法化为形补结构(杨荣祥,2004),即本身具有程度义的成分可以位于形容词之后充当补语,作为对性状程度的补充说明,而此时"得"也已经是一个常用的补语标记,在此基础上便产生了"A/V 得+C$_{程度}$"。这一时期常见的有"A/V 得+甚/极/过分/些(子)/不足/多/一分/三四分"等。例如:

(205)只是被李先生静得极了。(《朱子语类》卷一百零三)

(206)则为恶犹轻得些。(《朱子语类》卷六十三)

(207)若喜得过分,一向喜。(《朱子语类》卷五十二)

(208)言易得多,故不敢尽;行底易得不足,故须敏。(《朱子语类》卷二十二)

相比较而言,"A 得+NP+VP"和"A 得+VP"的补语由描写性成分充当,程度义建立在"结果/状态"基础之上,而"A 得+C$_{程度}$"的补语由本身就具有数量义的成分充当,因此子图式 3 的出现强化了"A 得 C"的程度性。

---

① Traugott 和 Trousdale(2013)区分了类推思维(anological thinking)和类推化(analogization),指出类推思维是类推的动因,会促使但不一定会导致变化的发生,而类推化,也就是类推(analogy),是语言变化的机制,会导致新结构的产生。

3.明清时期的发展

1)"A 得+NP+VP"和"A 得+VP"的此消彼长

根据前文所述,带"得"的形补结构中最早产生的是子图式1"A 得+NP+VP",至宋代,才出现了子图式2"A 得+VP",元代语料中,仍以子图式1居多,根据我们对《新校元刊杂剧三十种》的统计,子图式1和子图式2的比例约为4∶1。例如:

(209)苦的人魂魄全无。(刘庭信《水仙子·相思》)

(210)气的肚里生嗔。(《新校元刊杂剧三十种·尉迟恭三夺槊》)

(211)饿的我肚里饥少魂失魄。(《新校元刊杂剧三十种·看钱奴买冤家债主》)

(212)百忙的麻鞋断了蕊。(《新校元刊杂剧三十种·张鼎智勘魔合罗》)

至明清,子图式1数量不断减少,子图式2逐渐占据主要优势,《红楼梦》中子图式1和子图式2的比例则已此消彼长为1∶1.6。二者在语义方面的差异是导致子图式1衰落的重要因素。子图式1主要通过补语"NP+VP"表结果性状态而语用推理出高程度义,语义上十分受限。子图式2形容词后并未出现名词,致使义和结果义被极大削弱,"得"的达成义彻底虚化,状态性和程度性更为显著,十分契合形容词的语义特征,便逐渐成为形补结构最主要的形式之一。

2)"A 得+$C_{程度}$"的不断兴起

明清时期,越来越多的"A 得+$C_{程度}$"出现,狭义层面上的形容词程度补语逐渐成熟。

杨平(1990)指出明清时期常用作程度补语的词语主要有"当不得、要不得、了不得、没入脚处、紧、很(狠)、慌"等七个。根据我们的调查,这一时期常见的$C_{程度}$补语还有"煞、分外、不行、要命、要死、吓人、可怜、厉害、可以"等。例如:

(213)谁似俺公婆每穷得煞。(《新校元刊杂剧三十种·相国寺公孙汗衫记》)

(214)这家子远得很哩!(《西游记》第二十二回)

(215)孙小官喜得了不得,连忙尾来。(《二刻拍案惊奇》卷三十五)

(216)我此刻不但是饿,而且还渴得厉害。(《大清三杰》第七十五回)

充当补语$C_{程度}$的词汇可分为三大类:一是结果类,如"A得慌""A得不行"①"A得要死""A得要命"等,都可以理解为A使人处于慌乱、要死、要命的一种结果性状态;二是状态类,如"A得紧""A得可怜""A得邪乎""A得什么似的"等;三是程度类,即充当补语的词汇本身具有程度性,如"A得很""A得过分""A得煞""A得不得了/了不得"等。结果类和状态类"A得+$C_{程度}$"存在"结果补语→状态补语→程度补语"的语法化路径,也就是说,不少子图式3也是在子图式1和子图式2的基础上演变而来,所以会存在不同程度的虚化问题。

8.2.1.3 形容词和补语搭配相关性的历时缘由

从历时的角度来看,"A得C"三个子图式中最早产生的反而是现代汉语中使用频率最低的"A得+NP+VP"。早期进入该构式的形容词,如唐代的"暖、醉",以及元代的"急、苦、疼、饿、忙"等,皆具有[+心理状态/生理感知]语义特征,这应当也与类推扩展的顺序有关。Dixon(1977)将英语中形容词的基本成员分为以下语义类型:

1)维度类(DIMENSION):big, large, little, small, long, short, wide, narrow等。

2)物理特性类(PHYSICAL PROPERTY):hard, soft, rough, smoth, hot, cold, sweet等。

3)色彩类(COLOUR):black, white, red等。

4)人性倾向类(HUMAN PROPENSITY):jealous, happy, kind, angry, hungry等。

5)年龄类(AGE):new, young, old。

6)价值类(VALUE):good, bad, excellent, fine, poor等。

7)速度类(SPEED):fast, quick, slow等。

其中,年龄类、维度类、价值类以及色彩类形容词为形容词的核心成员,物理特性类、人性倾向类以及速度类形容词则处于边缘位置。在此基础上,Wetzer(1996)指出,从跨语言的角度来看,不少语言在表达人的心理和生理状态等概念时往往倾向于使用动词形式。此外,Stassen(1997)提出了形容词的层级性(The Adjective Hierarchy),其中人性倾向类形容词的时间稳定性(time-stability)最低,其次是物理特性类形容词,时间稳定性越低在用作谓

---

① "A得慌"由"A/V得N慌"演变而来,所以最初具有致使义和结果义。"A得不行"由"A/V得N不行"演变而来,"不行"表示"接近于死亡",因此也具有致使义和结果义。

语时更倾向于使用和动词一样的谓语形式,而在本书的语义分类中,[+述人]心理感官类形容词以及[-述人]心理感官类形容词的成员可分别归入人性倾向类形容词和物理特性类形容词。综上,无论是语义特征上,还是句法行为上,心理感官类形容词和动词都是非常近似的,最容易发生类推,也便最早进入了带"得"的述补结构。其他语义类型的形容词中,和心理感官类形容词最为接近的则是具有[+述人]语义特征的形容词,可归为上述分类中的人性倾向类形容词,所以相对来说也较容易发生类推,使用频率也会稍高一些。但由于"A 得+NP+VP"具有显著的致使义和结果义,与形容词本身的性质状态义契合度很低,所以很难进一步扩展至其他语义类型的形容词。

受"V 得+VP"的影响,子图式 2"A 得+VP"也应时而生,形容词后 NP 空缺,整个结构的致使义弱化甚至消失,状态义进一步凸显,因此基本上所有语义类型的性质形容词都可以进入该构式。根据前文所述,现代汉语中心理感官类形容词所带的补语以"VP"形式居多,这也有一定历时层面的缘由。子图式 2 虽然由"V 得+VP"类推而来,但是也和子图式 1"A 得+NP+VP"关系匪浅,子图式 1 中的 I 式皆可转化为相应的子图式 2,更为有趣的是,最早出现在子图式 2 中的形容词,如"冷、忙、乐"也皆为心理感知类形容词,所以对于心理感知类形容词来说,子图式 2 相当于子图式 1 的变式,因此也会大量出现在子图式 1 中。而形象属性类形容词的状态描写性更强,也会更倾向于由描写更为生动的 VP 结构充当补语。

宋代"A 得+$C_{程度}$"构式萌芽,至于明清,狭义层面上的"A 得 C"程度补语发展成熟,程度性更加凸显,状态描写性弱化。现代汉语中度量类形容词最容易出现在"A 得+$C_{程度}$"构式中,应当也是度量类形容词的数量性更强的缘故。此外,子图式 3 中程度补语所包含的词汇意义已经不同程度地虚化了,意义就会更为抽象,因此,描述对象为人或事物的内在抽象属性,或者抽象事物本身的主观评价类形容词也容易出现在该构式中,并且描述对象越抽象越倾向于和 $C_{程度}$ 相搭配。还需要注意的是,根据前文所述,结果类和状态类 $C_{程度}$ 补语存在不同程度的虚化问题,这也会影响进入该结构的形容词,比如"A 得慌"中的"慌"结果性还比较明显,所以通常和心理感知类形容词相搭配。而"A 得不行"情况更为复杂,虽然在词典中表示程度高已经为"不行"的固有义项,各种语义类型的形容词都可以用于该构式,但"A 得不行"由表示"接近死亡"义的"不行"进一步语法化而来,所以心理感知类形容词的使用频率更高,同时受源头的影响,"A 得不行"通常具有消极色彩,所以进入该结构的形容词以贬义词为主。

综上,"A 得 C"三个子图式"A 得+NP+VP""NP+A 得+VP""A 得+

C$_{程度}$"相继产生,语义上也经历了"结果性状态义→状态义→程度义"的发展过程,并最终确立了程度义为形补结构最为核心的语义特征,因此整体上来看"A 得 C"构式存在"结果/状态补语→状态补语→程度补语"的演变路径。

8.2.2 "A(V)得紧"结构

8.2.2.1 用作程度补语的"A(V)得紧"

杨平(1990)列举了明清时期的程度补语结构,其中"A(V)得紧"便是当时典型的狭义层面的程度补语结构。然而现代汉语程度补语的相关研究中,如朱德熙(1982)、马庆株(1988)、刘月华等(2001)、蔡丽(2010),都未提及这一结构。事实上,通过对北京大学 CCL 语料库进行搜索,我们发现"V/A 得紧"有如下几种情形:

(217) 咱们团体抱得紧,啥也不怕呀。(周立波《暴风骤雨》)

(218) 可是气喘得紧,就省略了。(《笑迎风雨,拥抱人生的彩虹》,转引自 1995 年《作家文摘》)

(219) 虽心下仰慕得紧,憾未成行。(1995 年 6 月《人民日报》)

(220) 这般走法,那就慢得紧了。(《倚天屠龙记》第十一回)

例(217)中的"紧"表示一种密切合拢、没有空隙的状态,"抱得紧"是对"抱"的状态的描述;例(218)中"气喘得紧"既可以理解为"气喘得很急促",是状态补语,又可以理解为"气喘得厉害",是程度补语。例(219)与例(220)分别是动词和形容词充当谓语,"紧"表达一种很高的程度义。因此,在现代汉语中"V/A 得紧"既可以是状态补语,也可以是程度补语。

但为何各家在研究现代汉语程度补语结构时,都未提及"A(V)得紧"结构,"A(V)得紧"如何语法化为一个程度补语结构,以及古今"A(V)得紧"在使用上存在何种差异,是我们将要重点考察的问题。本章节主要先从共时层面出发对"紧"的语义类别与"A(V)得紧"结构中的谓词类别进行分析,并在此基础上考察"A(V)得紧"结构的历时演变。

8.2.2.2 共时平面"A/V 得紧"的结构特征

能进入"A/V 得紧"结构的动词和形容词类型也是十分复杂的,下面我们分类对其进行说明。

V$_1$ "压"类:常见的有"拧、捆、压、皱、抱、握、抓、咬、贴、盖、掩、关、合、抿、拴、卡、扎、拉、绷、缠、系、伸、拽"等。例如:

(221) 大家的脸比弓上的弦都绷得紧。(冯志《敌后武工队》)

"紧"本义"缠丝急",后引申为物体受拉力或压力后呈现的紧张状态,因此具有[+力]语义特征的动词可以用于"A(V)得紧"结构中。此外,在此基础上"紧"还可以进一步引申出"牢固、结实"的意思,但是由于"牢固、结实"是物体处于密切合拢或者紧张状态后所进一步呈现的状态,很多情况下难以区分,比如"握得紧"既可以表示"握得非常严密,没有缝隙",也可以较为抽象地表示"握得非常结实"。大部分V_1动词都处于这种两可状态,因此我们不再对其进行进一步区分,而是将其归为一类,统称为"V_1得紧"。不具备[+力]语义特征的动词,如"喝、玩、揍、摔、开、砸、钻、走、跑"等都不可以用于这一结构。

"V_1得紧"为典型的状态补语结构,"V_1得紧"的状态性还表现在可以进一步用于"V_1得紧紧的"结构中,加强"V_1得紧"的状态描写特征。此外,"V_1得紧"还可以用于"紧紧V_1着"结构中,说明"V_1得紧"中"紧"的实词意义非常明显。例如:

(222)a. 此刻他早把拳头握得紧紧的。(陈廷《宋氏家族全传》)

b. 只是双手紧紧握着,默默地对视。(《1994年报刊精选》)

(223)a. 他们的神经总是绷得紧紧的,一点不敢大意。(1994年《人民日报》)

b. 一天的飞行我们紧紧绷着的神经只有在此时才松弛了下来。(《1994年报刊精选》)

V_2"挨"类:常见的有"挨、排、排列、靠、站、坐、咬(比分~得紧)、跟、追、安排"等。例如:

(224)如排得紧可容三十万人。(傅国涌《1949年:中国知识分子的私人日记》)

(225)尽量把时间安排得紧一点,把工作安排得满一点。(2000年《人民日报》)

"V_1得紧"主要是描述事物由于受力处于一种密切合拢或者紧张状态,因此既强调事物之间的施受力关系,也强调受力后所呈现的紧密的状态。但是"V_2得紧"不再强调施力或者受力,而仅仅强调一种空间上距离很小,紧紧挨着的状态,相比较而言"V_2得紧"更为抽象。此外,还可以从空间隐喻到时间,比如例(225)中的"安排得紧"就是指时间安排得非常紧凑。和"V_1得紧"一样,"V_2得紧"同样可以用于"V得紧紧的"和"紧紧V着"结构中。例如:

(226)a. 分五个会场,每场一个多小时,也是排得紧紧的。(迮卫《透视ABA》)

b. 犹如一所中学的教学楼,而每个房间里紧紧排着双层木床又使人联想到兵营。(王朔《人莫予毒》)

(227) a. 码头边并肩挨得紧紧地,泊着大小不等的七八条过江小轮。（茅盾《蚀》）

b. 我们母女两个紧紧挨着,娘用她的身子温暖着我弱小的身子。（周而复《上海的早晨》）

V_3"管"类:常见的有"管、看、批、改、卡（分数～得紧）、防、守"等。例如:

(228) 子文身体不好,我管得紧些。（陈廷《宋氏家族全传》）

(229) 拉吉米平素看她看得紧,从不让她单独外出。（迟子建《额尔古纳河右岸》）

由于受力而没有空隙,也可以引申出受外力束缚,自由度小、非常严格的意思。"管得紧、看得紧、批得紧、防得紧"都是表达了一种非常严格,没有空隙让对方可以钻的意思。

"V_1得紧"和"V_2得紧"都可以自由用于"V得紧紧的"以及"紧紧V着"结构,而"V_3得紧"自由度则差很多,甚至有些动词不可以用于"V得紧紧的"以及"紧紧V着"结构,说明"V_3得紧"的状态义衰弱,逐渐开始语法化了。试比较如下用例:

(230) a. 看得紧

b. 看得紧紧的

c. *紧紧看着

(231) a. 管得紧些

b. 管得紧紧的

c. *紧紧管着

(232) a. 批得紧一点

b. *批得紧紧的

c. *紧紧批着

V_4"下"类:常见的有"吹、刮、下、飘"等。例如:

(233) 哦,有一条轻得像海燕似的小帆船,在海风吹得紧。（曹禺《雷雨》）

(234) 天色逐渐暗下来,雪又飘得紧了。（彭荆风《绿月亮》）

(235) 当时雨下得紧,雨刷不能用。（语料来源自百度搜索）

《广雅》中注释"紧,急也","紧"还有一个义项为"急",与"缓而慢"相对,如"紧事"为"急事","紧水"为"急水"。"紧"这一释义可能是在紧$_2$的基础上引申而来,时间上接连不断,一个紧接着一个发生,可以进一步理解为迅猛而急速。其中V_4中的动词多与天气状况有关,形容风、雨、雪等迅猛而急,而"风刮得紧""雨下得紧""雪飘得紧"除了形容风、雨、雪势头之迅猛,还可以从中量化出大量义,进而引申出程度义,即含有"又大又急"的意思,从而初步具备了"V得紧"语法化为一个程度补语结构的语义条件。

和"$V_1/V_2/V_3$得紧"不同,"V_4得紧"已经不能用于"V得紧紧的"结构了,同样的,也不可以变换为"紧紧V着"结构,如下面的例句都是不能成立的。

(236) a. 下得紧
  b. *下得紧紧的
  c. *紧紧下着

(237) a. 刮得紧
  b. *刮得紧紧的
  c. *紧紧刮着

我们将"V_5得紧"分为以下两类:

V_{5a}"催"类:如"催、查、逼、追查、追问、赶"等。

V_{5b}"叫"类:如"叫、问、喊、找、吃、喘、跳"等。

(238) 上边催得紧,下边不顶用,掌柜的两头受气!(老舍《春华秋实》)

(239) 小成呢,老孙叫一声,他哼一声,叫得紧了,他脚乱蹬手乱抢,口里瞎嘟哝。(杜鹏程《保卫延安》)

(240) 你越是问,他越是不说,问得紧了,他还打口吃。(梁斌《红旗谱》)

(241) 一是有依赖思想,喊得紧了,可以向上面要点好处。(1998年《人民日报》)

(242) 快到了猫城,我的心跳得紧。(老舍《猫城记》)

"V_5得紧"的共同特征在于从不同侧面进一步加强了"V得紧"的数量特征和程度特征,为"紧"意义的进一步虚化准备了条件。其中"V_{5a}得紧"和V_3、V_4有着密切关系。"急促"也带来一种紧蹙、迫切感,加之"紧"本身还带有"施力"特征,因此"V_{5a}得紧"除了"急"之外,还暗含着紧张、压迫之意,显示出状况非同一般,造成人心理上一种压力很大的状态,从而也含有一定的程度义,如"催/逼/追查得紧"也可以理解为"催/逼/追查得厉害"。"V_{5b}得紧"和V_4的语义关系更加密切。V_{5b}具有较为明显的动作起讫点,因此具有可数性,可以通过量词对其进行计量,如"叫一声、叫两声、叫三声……""问一次、问两次、问三次……"。因此V_{5b}则侧重于由于"急"带来的快而频率高的意思,也带有大量义的特征,在此基础上进一步语法化为表程度高的程度补语也是非常容易的事了。如例(242)中"心跳得紧"既可以理解为心跳频率高,快而急促,又可以理解为"心跳得厉害",因此可以视为由状态补语语法化为程度补语临界状态的用例。

总体来说,"V_5得紧"从不同角度加强了"V得紧"结构的数量特征,在此基础上语义便可沿着下面的路径逐渐虚化:"非常性状态——量化——大的数量义(心理压力大/频率高)——高程度义"。

V_6"恨"类:常见的有"恨、爱、疼、喜欢、讨厌、恼、佩服、怨、盼"等。例如:

(243)英国人也确实爱茶叶爱得紧。(2014年10月29日《中国青年报》,《恋上"东方美人"》)

(244)我跟你在一起,心中喜欢得紧呢。(金庸《射雕英雄传》)

(245)那时候儿只有俺娘疼俺疼得紧,俺爹不喜欢我。(张大春《聆听父亲》)

大量的心理动词也可以用于这种结构,既可以是积极情意,也可以是消极情意,这里"紧"的实词意义基本上已经消失不见,表达一种抽象的程度义。此外,"V_5得紧"和下面的"A得紧"都不可以用于"V/A得紧紧的"以及"紧紧V/A着"结构中,进一步说明语法化程度的提高。

A"渴"类:常见的有"渴、干、闷、痛、疼、肉麻、热、欢喜、心虚、奇怪、寂寞、鲜、乏味、有趣、标致、好看、贪玩、重要、热闹、嚣张、大、妙、高明、慢、糟糕、厉害、聪明、容易、快、红"等。例如:

(246)端的有趣得紧。(高洪波《泸西情结》)

(247)秀子正渴得紧。(朱邦复《巴西狂欢节》)

(248)听说东京的孩子也标致得紧哪!(白先勇《孽子》)

(249)许是刚才肉吃多了,口干得紧。(六六《双面胶》)

能用于"A得紧"结构的形容词,有一些和人的心理感受及主观感知有关,如"渴、干、闷、痛、疼、肉麻、热、欢喜、寂寞、心虚"等,有一些涉及人的主观评价或者带有主观色彩,如"乏味、有趣、标致、重要、嚣张、妙、高明、糟糕、厉害、容易"等。"紧张、急迫"义是"紧"进一步语法化的重要语义基础,而这一义项和人的心理感知和身体感觉具有密切关系,因此心理类形容词和感知类形容词较为常见。而主观评价义的形容词相比较而言主观性色彩也比较浓,适用性也较强。相比较而言客观性的度量类形容词和颜色类形容词极少用于这种结构。

综上,从共时平面来看,无论是"A/V紧"结构还是"紧"本身的意义都存在语法化程度高低的差异:从"V_1得紧"到"A得紧","A/V得紧"的状态义越来越衰落,而程度义越来越凸显,相应地,"紧"本身也从实词义项发展出了抽象的程度义。我们将共时平面上各种类型"A/V得紧"之间的相互关系用示意图表示出来。(见图2)

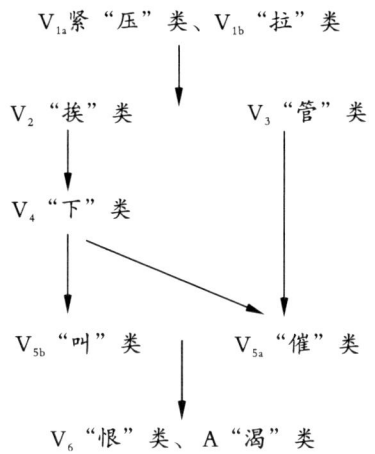

图2 "A/V 得紧"谓词类型的关系示意

Craig(1991)、Heine 等(1991)及 Heine(1992;1999)等在讨论语法化链(grammaticalization chains)现象时指出语法化的历时与共时维度相对应系。概括地说,语法化的语法化项在历时演变中的阶段性用法,可能在之后的某一特定共时层面形成遗迹;同时,在某一特定共时层面的用法变体,能在一定程度上反映之前其历时演变的不同阶段(彭睿,2009)。因此在上述共时层面的讨论基础之上,我们来分析"A/V 得紧"的历时演变轨迹。

8.2.2.3 历时平面"A/V 得紧"的发展演变

(一)宋代的"A/V 得紧"结构

"紧"用作补语的时间非常晚,一直到宋代才出现。这一点是受状态补语发展的制约而造成的。带"得"的状态补语在唐五代时期初步产生和建立,到宋元时期已经发展得相当成熟了。而这一时期"紧"自身的语义内容也较为丰富,因此在我们搜集到的宋代语料中,"V_1 得紧""V_3 得紧""V_4 得紧"皆已出现。其中"V_4 得紧"中"紧"仍重在强调速度急而快。整体来说,这一时期"V 得紧"的状态义和"紧"的实词义特征都非常强。例如:

1)"V_1 得紧"

(250)上三句散著,下一句方闩得紧。(《朱子语类》卷四十三)

(251)幞头本是偃脚垂下,要束得紧。(《朱子语类》卷一百一十二)

2)"V_3 得紧"

(252)但于紧要处反复论难,自是照管得紧。(《朱子语类》卷六十七)

(253)和靖守得紧,但不活。(《朱子语类》卷第一百零一)

3)"V_4得紧"

(254)只是气旋转得紧,如急风然,至上面极高处转得愈紧。(《朱子语类》第一卷)

(255)若做得紧,又太过了。(《朱子语类》第三十六卷))

(二)元代的"A/V得紧"结构

元代是"V得紧"迅速发展的时期,其中"V_5得紧"大量出现,如"逼的我紧""责罪紧""走的紧""去的紧""漏得紧"等,并进一步扩展至"V_6得紧"和"A得紧",程度补语"A/V得紧"结构开始萌芽。例如:

1)"V_5得紧"

(256)解下这搂带裙刀,为你逼的我紧也便自伤残害,颠倒把你娘来赖。(《全元曲·墙头马上》)

(257)怎禁他恶噷噷的曹司责罪紧。(《全元曲·救孝子》)

(258)走的紧来到荒坡佃,觉我这可扑扑的心头战。(《全元曲·五侯宴》)

(259)你这厮有酒肉吃处,便去的紧也。(《全元曲·包待制智勘后庭花》)

以上各例"紧"还保留着一定的实词意义,但已经非常抽象化了,一些用例用"V得厉害"来替换也是可以的。如"逼/责罪/漏+得紧"都可以进一步引申出"逼/责罪/漏得厉害"的意思。这也说明"紧"的程度义确实来源于心理紧迫感以及高频率带有的数量义。

2)V_6得紧

(260)心上只因萦闷紧,万愁千恨叹离人,天那!(《全元曲·幽闺记》)

(261)这等为何恼得你紧?(《全元曲·杀狗记》)

3)A得紧

(262)这等悭吝的紧。(《全元曲·看钱奴买冤家债主》)

(263)人都说他灵验的紧。(《全元曲·盆儿鬼》)

(264)虚弱得紧,胃口倒了。(《全元曲·幽闺记》)

在"V_5得紧"的基础上,"V得紧"进一步语法化为一个程度补语结构,即经历了"非常性状态→大的数量义(心理压力大/频率高)→高程度义"虚化过程,"V_6得紧"和"A得紧"中"紧"的实词意义已经基本消失不见了,取而代之的是表程度高的抽象义。

(三)明清时期的"A/V得紧"结构

明清时期"A/V得紧"使用得相当普遍,我们共搜索到相关语料390余例。和现代汉语中情况相比,这一时期"A得紧"的使用频率和形容词适用度都要高得多。常见的有"熟/多/馋/亲热/好/重/标致/抠/凶/冷/暖/厉害/乖滑/神通广大/欢喜/乖稳/疼/动荡/渴/饥渴/饿/皎洁/奇/怪异/古怪/凶恶/热/炎热/燥/热燥/清凉/凄惨/毒恶/毒/实用/灵验/臭/黑/琐碎/妙/大醉/虚弱/灵验/好笑/认真/好看/忙/快/高/早/荒凉/闲/鲁莽/瘦/齐整"等。前文中指出,现代汉语能进入"A得紧"结构的形容词多带有较强的主观性。而客观性较强的形容词,如度量类形容词和颜色类形容词极为少见。明清时期的语料中我们发现不少客观性较强的形容词都可以用于这一结构中,如"多得紧、重得紧、深得紧、快得紧、高得紧、早得紧、大得紧、黑得紧"等。

(265)若说起人时,府中且是多得紧。(《醒世恒言》卷二十三)
(266)只是船重得紧,所以只管搁浅。(《二刻拍案惊奇》卷五)
(267)兄弟,果然深得紧!(《西游记》第八十二回)
(268)此山高得紧。(《说唐全传》第二十九回)
(269)若说县里,此刻还早得紧哩!(《说岳全传》第七回)
(270)这官儿虽然不甚大,名头却大得紧。(《海公案》第六回)
(271)走了二三十步,只是黑得紧。(《七剑十三侠》第二十一回)

此外,我们对作品中出现"A得紧"的作者籍贯进行了调查,发现其广泛分布于中国各地,如江苏、浙江、陕西、山东、北京、四川等省,说明"A得紧"应该是一种普遍用法而非某种方言特有。

因此,综合前文考察,古代汉语"A/V得紧"确实是一个成熟的高频使用的程度补语结构,而现代汉语中虽然存在着表程度的"A/V得紧"用法,但适用范围和使用频率已经很低了,导致前人研究中都未提及这一结构。据此我们推测,明清时期"A/V得紧"结构确实已经语法化为一个程度补语结构,但是由于一些原因这一用法并未完整地保留下来,较多存在于方言中或文辞较为古典的小说中。

综上,"V/A得紧"的历时发展轨迹具体如下:

南宋　　V_1得紧、V_3得紧、V_4得紧
元　　　V_5得紧
　　　　V_6得紧、A得紧(萌芽)
明清　　V_6得紧、A得紧(成熟)
现代　　V_6得紧、A得紧(衰退)

8.2.2.4　小结

结合共时平面和历时平面的相关分析,"V/A得紧"结构在共时平面的结构类型和历时层面的演变轨迹基本是一致的,"紧"的实词语义越来越泛

化,越来越抽象化,而"V/A得紧"也逐渐由一个状态补语语法化为一个程度补语结构。但是这一程度用法却没能在现代汉语中完整地保留下来,只能在方言因素或者文体因素的影响下偶尔出现。但是作为一个历史上十分成熟而现代汉语中仍有存留的形补结构,仍然值得我们对其产生和发展进行深入研究和探讨。

8.2.3 "A(V)得慌"结构

8.2.3.1 用作程度补语的"A(V)得慌"

现代汉语中研究者们对"A(V)得慌"表示是否含有程度义存在不同看法。赵元任(1979)、朱德熙(1982)、吕叔湘(1980)、马庆株(1992)认为"A/V得慌"表示程度、状态达到了很高程度,而唐健雄(2007)、李丹(2007)则认为其只是表达一种不适宜的感觉,不包含程度高义。王明月(2011)通过对身边的同学及师长进行调查,90%的人认为"A(V)得慌"有一定的程度义,但不一定是很高的程度,比如"累得慌"比"累"表达的累的程度要高,可以理解为"很累",但不是累到了极点。

结合"A(V)得慌"结构中A/V的语义特征来看,一般认为"A(V)得慌"的结合能力较为有限,通常和表示不如意、为人的主观意志所不能控制的心理感知类动词、形容词相搭配。因此,"A/V得慌"中旧有意义(表达不适感觉的状态义)尚未完全背景化,而新的意义(表示抽象的高程度义)也未能完全前景化。综上,我们认为"A(V)得慌"结构仍处于从状态补语到程度补语的语法化过程中。

8.2.3.2 共时平面"A/V得紧"的结构特征

通过对北京大学CCL语料库进行调查,能进入"A/V得慌"结构的谓词主要有以下几大类。

V_1 "扎"类:常见的有"扎、捂、咬、揪、压、硌、烤、闷、跳、催"等。例如:

(272) 整天被跳蚤咬得慌。(张清平《林徽因》)

(273) 见光光这副模样,阿英心里就揪得慌……(《宽容生活》,转引自1997年《作家文摘》)

(274) 心里压得慌。(张抗抗《白罂粟》)

V_1为普通的动作动词,"V_1得慌"表示外在动作V_1导致对象产生一种生理上或心理上不舒适的感觉,此外,如果不用在和人主观感受有关的语境中,"V_1得慌"是不可以成立的:

(275) *球跳得慌

(276)＊鸡翅烤得慌

V_2"胀"类:常见的有"胀、馋、噎、撑"等。例如:

(277)哈,我最近那我觉着肚子胀得慌。(《郭德纲相声集》)

(278)几年未曾沾唇,听见名字就馋得慌。(陆步轩《屠夫看世界》)

V_2为感官动词,表示人的感官感受,和人的身体体验密切相关,而身体体验又会极大地影响人的心理状态,进而造成一种非适意的感觉。

V_3"气"类:常见的有"气、吓、烦、憋闷、闷、憋、怵、堵、愧、委屈、惦(记)、想、惊、讪、瘆、恨、倾慕"等。例如:

(279)心里气得慌。(《1994年报刊精选》)

(280)一时之间吓得慌了,没了主意。(金庸《天龙八部》)

V_3为心理动词,并且大多和负面情绪相关。

A"冷"类:常见的有"饿、急、闹、闲、累、冷、疼、渴、痒、拥堵、挤、笨、可惜、冷清、辣、痛、空、恶心、难(挺难得慌)、腻、窝、臊、虚、吵、酸、紧(心里紧得慌)、烫、热、难受"等。例如:

(281)一时未找到,心里急得慌。(李文澄《努尔哈赤》)

(282)正闲得慌,不如两岗都由他顶了,奖金福利则按多劳多得计。(《1994年报刊精选》)

(283)姑娘觉得爸招待客人方法太僵得慌。(老舍《老年的浪漫》)

能用于"A得慌"的形容词大多和人的感官感受、心理情绪有关,同样以消极义形容词为主。

"慌"的本义为"慌张/慌乱",然而从总体上来说,"A(V)得慌"结构已经很难看出"A(V)使人慌张/慌乱"的意思,而是表示处于一种抽象且不如意的感官评价中,进而在句法环境中获得了一种高的程度义,已经进一步语法化了。结合共时层面"A(V)得慌"谓词的类型,下面我们将从历时的角度出发,考察其发展演变过程。

8.2.3.3 历时平面"A/V得慌"的发展演变

"V得慌"最早出现在元代的语料中,能用于这种结构的基本上为动词,并且形式并不固定:有的"V得慌"中V不具有支配义,"慌"只是描述V的状态,是一个典型的状态补语结构;有的可以在"得"和"慌"中间插入一个致使对象N,如"V得N慌",含有致使义和结果义;有的使用了"慌了些儿""乱慌慌""慌上慌"等更加形象的表达,如"V得乱慌慌""V得慌上慌"。综上,这一时期"慌"的实词意义十分明显,表达一种慌忙、慌乱的意思。

(284)我这里走的慌,他可也赶的凶。(《全元曲·尉迟恭单鞭夺槊》)

(285)他赶的慌了,变做一条小蛇,藏在淤泥里面。(《全元曲·洞庭湖柳毅传书》)

(286)小生害得眼花,搂得慌了些儿,不知是谁,望乞恕罪!(《西厢记杂剧》)

(287)则见几个巡捕弓兵如虎狼,赶得俺慌上慌,忙上忙。(《全元曲·幽闺记》)

(288)迤逗得肠慌,断送得眼乱,引惹得心忙。(《西厢记杂剧》)

(289)烧起烟天,抢的师父慌,看你出来不出来?(《全元曲·庞涓夜走马陵道》)

(290)a.也则是打的慌,我胡攀乱指。(《全元曲·河南府张鼎勘头巾》)

b.俺越打得手脚儿慌,他越逞着言词儿谤。(《全元曲·包待制智赚灰栏记》)

(291)a.睡魔缠缴得慌,别恨禁持得煞。(《全元曲·墙头马上》)

b.只为那呆汉缠的我慌!(《全元曲·对玉梳》)

(292)白侍郎要住下,着这二位催逼的慌,好生败兴。(《全元曲·江州司马青衫泪》)

上述各例"V得慌"中的V主要由普通动作动词充当,具体又可分为两种情况。其中例(284)—例(286)中"慌"为"慌张、慌乱"之义,表示V的状态,而无致使义和结果义。如"搂得慌"就是"搂得慌张",所以没能看清楚是谁;"走的慌"是指"走得急慌慌",和"赶的凶"相对应;"赶的慌"是指赶得很慌张。而例(287)—例(292)中的"V得慌"则除了状态性外,还兼具有致使义,表示由V导致N呈现出一种"慌"的状态,如"迤逗得肠慌""抢的师父慌",甚至有些动词还兼具"V得慌"和"V得N慌"两种形式,如例(294)中的"打的慌"和"打得手脚儿慌",例(295)中的"缠缴得慌"和"缠的我慌"。

除了动作动词之外,我们还发现心理动词也可以用于这种结构,但是心理动词基本上出现在"V得N慌忙/慌上慌/乱慌慌"结构中,不仅N要出现,而且"慌"也用了更加形象具体的表达形式,因此和后来的"V_3得慌"具有很大的区别。同样,这类结构也兼具致使义的语义特征。例如:

(293)吓得我乱慌慌,忙劫劫。(《全元曲·楚昭王疏者下船》)

(294)不甫能得相见唬的来慌上慌。(《全元曲·㑇梅香骗翰林风月》)

(295)昨日个唬的你慌上慌,哎,儿也,从今后不索你忙上忙。(《全元曲·散家财天赐老生儿》)

(296)吓的我慌忙,则这小鹿儿小心头撞。(《全元曲·鲁大夫秋胡戏妻》)

结合前文对表状态的"V 得慌"和表致使的"V 得(N)慌"的说明,程度补语结构"V 得慌"应当是由兼具状态性和致使性的"V 得(N)慌"结构发展而来,其中"慌"表示由"V"导致的一种结果性状态。

此外,我们还发现了一例"A 得慌"的用例,即"渴的慌",通过这一时期"V/A 得慌"的特点来看,"口渴的慌"并非一个程度补语,很有可能是"口渴得 N 慌"的变式,"慌"的实词义仍然很强。例如:

(297)我恰才口渴的慌,去寻一钟儿茶吃。(《全元曲·玎玎珰珰盆儿鬼》)

至明清时期,"V/A 得慌"又有了新的发展。首先,元代较为普遍的"V 得 N 慌"结构消失,由"V 得慌"结构取代,因此整个结构的致使性大大降低。其次,元代"慌"的形式并不固定,明清时期,除了"V 得慌"之外,也存在"V 得慌张/慌慌张张/慌忙/慌上慌/慌速"等形式,但不同的是,能用于上述结构的 V 十分有限,基本上是元代就已经出现的"走、来、惊、吓、唬"等,而这一时期新产生的能进入"V 得慌"结构的动词并不存在"V 得慌张/慌慌张张/慌忙/慌上慌/慌速"等形式,说明"V 得慌"与其他结构形式出现了分化。语法化过程的重要表现便是形式的紧缩与固定,因此"V/A 得慌"的语法化程度进一步提高。

"A/V 得慌"的语法化还表现为语义特征的泛化和虚化,这一时期"V_1/V_2/V_3/A+得慌"都已经出现,"慌"的本义泛化,进而引申出抽象的不如意的感受或者感觉评价,从而在句法环境中获得了一种高的程度义,已经进一步语法化了。至此,现代汉语"A/V 得慌"所有的结构形式也都已经具备。

1. V_1 得慌

(298)心里又激得慌,太阳又晒得慌。(《三宝太监西洋记》第十三回)

(299)沙僧只叫:"脚底烙得慌!"(《西游记》第九十五回)

2. V_2 得慌

(300)两个孩子吃着,她还不住手儿的揉奶膀子,嚷怪涨得慌的呢!(《儿女英雄传》第三十九回)

(301)头里晕得慌,要紧回去睡觉。(《官场现形记》第十三回)

3. V_3 得慌

(302)只是心里烦得慌。(《红楼梦》第一百零八回)

(303)小弟听着和尚无法无天的作恶,气得慌了!(《野叟曝言》第十二回)

4. A 得慌

(304) 小神饿得慌,那里管他甚么好?(《三宝太监西洋记》第五十五回)

(305) 怪累得慌的!(《文明小史》第五十九回)

(306) 我这会正热得慌。(《野叟曝言》第二十六回)

8.2.4 "A(V)得可以"结构

8.2.4.1 前人研究中存在的问题

"A(V)得可以"也是现代汉语中常见的一种程度补语结构,其中"可以"为程度成分,表示 A 的程度之高。"A 得可以"中的"可以"为"很,厉害"的意思。例如:

(307) 真是骄傲得可以了。(陈世旭《将军镇》)

(308) 玛利亚这个名字不错,通俗得可以。(梁凤仪《九重恩怨》)

关于表程度的"A 得可以"结构的来源,徐文君(2013)以及李泽慧和朱玲玲(2014)都认为这是在"X 得可以+VP"结构的基础上省略后面的 VP 而来。例如:

(309) 豚翁笑容和语气里的顽皮,笨重得可以压塌楼板。(钱锺书《围城》)

(310) 房间里一片寂静,静得可以听到遥远的市声。(礼平《小站的黄昏》)

由于该句式太长,出于语言经济性的考虑,在语言使用过程中"可以"后面的成分渐渐省略。虽然后面的成分脱落了,但是情态补语"X 得可以……"含有的程度高的意义保留了下来,从而"X 得可以"含有了程度高之义,随着格式的固化,形成了固定的程度补语。

但是根据我们对"A 得可以"的考察,上述观点是存在问题的。"A/V 得可以"最早出现在民国时期的语料中,其中"A 得可以+VP"有一例,而"V 得可以"有两例。举例如下:

(311) 一曲清溪,流水淙淙,树下一块青光大石,亮得可以照人。(《大清三杰》第十二回)

(312) 咱们爷儿几个这一气走得可以,咱们坐这儿歇会儿,凉快凉快吧。(《雍正剑侠图》第二十一回)

(313) 果然宝镜禅师把燕普耗得可以了。(《雍正剑侠图》第五十六回)

如果"A/V 得可以"是在"A/V 得可以+VP"的基础上省略 VP 而来,那么需要具备两个条件。首先,"A/V 得可以+VP"先于"A/V 得可以"高频出现,只有当"A/V 得可以+VP"以较高的频率反复出现,才有可能在其基础上省略其后成分。然而事实并非如此,"A/V 得可以"和"A/V 得可以+VP"的最早出现时间并无先后之别,且"A/V 得可以+VP"只有一例,毫无频率优势。其次,用于充当"A/V 得可以+VP"结构中的 VP 需要达到一定的长度,才需要出于经济原因将其截断,而显然例(311)"亮得可以照人"也无法满足这一条件。

我们又对 CCL 语料库进行了调查,发现现代汉语语料①中"A/V 得可以"和"A/V 得可以+VP"的情况和民国时期大体一致。在搜索到的 26 条"A/V 得可以(+VP)"结构的语料中,"A/V 得可以"共有 20 例,而"A/V 得可以+VP"仅有 6 例。且在这 6 例中,充当 VP 的基本为形式简短的结构,只有一例较为复杂:

(314)澄清得可以照见浮在水面上的鸭嘴的斑纹。(郁达夫《郁达夫回忆录》)

而李泽慧和朱玲玲(2014)的调查显示,"X 得可以+VP"的句式共有 107 例,比"X 得可以"的用例多一点儿,基本上数量相当。他们的数据应当反映的是当代汉语语料的情况。如果要对一个结构的来源进行分析考察,显然早期历时语料的情况更为可靠。

8.2.4.2 "A(V)得可以"结构的形成

根据《现代汉语词典》(第 7 版)对"可以"的解释,"可以"有四个义项:(a)助动词:表示可能或能够。(b)助动词:表示许可。(c)助动词:表示值得。(d)形容词:好;不坏;过得去。(e)形容词:厉害。

"可以"最先语法化为一个助动词,表示可能或能够,在此基础上进一步表示许可。而主观的许可也是一种认同,因此,"可以"便有了"好、不错"的意思。这时,"可以"为形容词,可单独使用,不需要后附 VP 结构,并可受副词修饰。例如:

(315)那个过来动手多时,艺业也甚可以。(《康熙侠义传》第二十五回)

(316)老兄的才具,着实可以!(《二十年目睹之怪现狀》第九十四回)

(317)据我看你这本事虽不甚强,你这身量相貌还可以。(《续小五义》第七十回)

---

① 根据北京大学 CCL 语料库"选择范围"一栏的检索分类,我们区分了现代汉语料和当代汉语语料。现代汉语语料早于当代汉语语料。

(318) 哎哟！大家伙儿瞧着这老头儿,心说真可以啊!(《雍正剑侠图》第二十五回)

而当语境中含有一种不赞同意味时,"可以"用于夸赞便获得了一种负面意义。例如:

(319) 你真可以,打着更就睡着啦。(《三侠剑》第五回)

(320) 老千你们真可以,不是说了半夜横话吗?(《雍正剑侠图》第三回)

根据前文所述,当"A 得 C"结构发展成熟之后,本身具有程度义语义基础的动词或者形容词可以直接进入该结构,形成新的"A 得 C"下位构式。而"可以"在清代语料中已经进一步发展出"好、不错"的意思,是一种高度的令人满意的状态,因此具备相关的语义条件,当"可以"进入"A 得 C"结构时,整个结构便进一步语法化为程度补语,而"可以"在结构中获得了"很、厉害"的意思。

如前文所述,"V 得可以"最早在民国时期的语料中已经出现,如例(312)中的"走得可以"和例(313)中的"耗得可以",典型的"A 得可以"的出现是在稍后的现代汉语语料中。例如:

(321) 好象小划儿慢得可以,老不肯到。(俞平伯《人生不过如此》)

(322) 橘子确是甜得可以的。(俞平伯《人生不过如此》)

(323) 他办事,兼教书,实在勤快得可以。(鲁迅《朝花夕拾》)

(324) 可是远处看,简直小得可以。(朱自清《南京》)

徐文君(2013)以及李泽慧和朱玲玲(2014)都指出,现代汉语中当中性形容词以及褒义形容词进入"A 得可以"结构时,反而会带有一种负面意义。例如:

(325) 他们为同乡人仗义鸣冤的勇气真是大得可以,往往走上绝对化的道路,有时不能不使人读了发笑。(黄裳《翻案文章》)

从前文对形容词"可以"的调查中,我们发现"可以"在对人或事物表示认同的时候,也会带有很大的主观色彩,即"可以"用于主观评价的时候,有可能是正面肯定,也有可能是反面讽刺,如例(325)。而"A 得可以"又是在这种用法的"可以"基础之上而产生的,据此可以推测,主观评价义的"可以"在进入"A 得可以"结构中时会将其语义色彩也代入新结构中,导致新结构语义色彩的丰富性。

8.2.5 "A(V)得不行"结构

"不行"的意思非常丰富。根据《现代汉语词典》(第 7 版)中的解释,

"不行"常见的义项有以下几种：

1) 动词：不可以；不被允许。如"开玩笑可以，欺负人可不行"。

2) 形容词：不中用。如"你知道，我在工程技术方面是不行的"。

3) 动词：接近于死亡。如"老太太病重，眼看不行了"。

4) 形容词：不好。如"这件衣服的手工不行"。

5) 动词：表示程度极深；不得了（用在"得"字后做补语）。如"累得不行""大街上热闹得不行"。

"不行"用于表程度是最晚出现的，在清代晚期，并且只有一例：

(326) 武杰把两只鞋都扔出去了，实在累得不行，口中直嚷：……（《彭公案》第一百五十六回）

从民国时期开始渐渐增多。从搜集到的语料来看，早期能用于这类结构的往往为感官体验类和心理感受类的形容词和动词，如清末出现的"累"以及后来出现的"饿、怕、害怕、气、高兴、喜欢、欢喜、激动、懊丧、倾慕、钦佩"等。

(327) 饿得不行。（《古今情海》卷七）

(328) 高兴得不行。（《古今情海》卷七）

(329) 吓得不行。（《古今情海》卷八）

关于"A得不行"的表程度的用法，我们认为应当是在"不行"表示接近于死亡的义项基础上引申发展而来的。"不行"在下面的语境中表示身体或生命接近于一种极限。例如：

(330) 蒋爷一看，人已然不行了。（《小五义》第七十二回）

(331) 仙长爷，我不行了！（《康熙侠义传》第一百五十回）

接近于死亡也就意味着快要到达生命的极端，具有极性语义特征，因此很容易发展出程度义。这也就说明了为何早期能用于这类结构的形容词为感官体验类和心理感受类的形容词和动词。

在"A(V)$_{感官/心理}$+得不行"这一句法环境中，"不行"进一步语法化为程度性成分，其程度义进一步固化、前景化，而原有的实词意义背景化。在此基础上"A得不行"进一步扩展至和"生命接近死亡"无关普通的形容词上，比如客观性较强、无法对人生命造成影响的度量类形容词和颜色类形容词，从而由状态补语语法化为一个成熟的程度补语结构。例如：

(332) 这个蒋处长，架子大得不行。（李鸿禾、管虎《冬至》）

(333) 汽车多得不行。（新华社2001年9月份新闻报道）

(334) 满大街都吊着孝，白得不行了。（迟子建《原始风景》）

8.2.6 "A+(得)+比拟"结构

比拟是以甲物来喻乙物,往往在不同类事物之间进行(李崇兴、丁勇,2008)。虽然从语义上来看"A+(得)+比拟"表达一种比拟义,是比较义形谓句的重要成员,但是在形式上,又属于形补结构,而本章节则主要讨论各类形补结构的演变路径,以窥其内在规律,所以也将其放在此处一起讨论。根据形式意义上的特征,可将"A+(得)+比拟"分为三种类型:

1. 甲式:A+比拟动词+喻体+(比拟助词)

即不带有补语标记"得",而由比拟式直接充当形容词的补语。这种结构多限于书面语,使用频率很低。此外,能进入比拟式的形容词基本为性质形容词,但是状态形容词却可以进入甲式,如例(337)和例(338)。

(335)爆火鱼个体很小,<u>大如手指</u>。(《中国儿童百科全书》)

(336)盛夏时节,这里的夜晚却<u>冷若寒冬</u>。(《1994年报刊精选》)

(337)果酒<u>嫣红如诗</u>。(2000年《人民日报》)

(338)引导游客渐入佳境,颇有<u>飘然若仙</u>之感。(《1994年报刊精选》)

2. 乙式:A+得+本体+比拟动词+喻体+(比拟助词)

乙式和丙式都带有补语标记"得"。乙式由"本体+比拟动词+喻体+(比拟助词)"充当形容词的补语,除了具有状态义和程度义外,由于形容词后出现了本体NP,所以还可以从语境中推得一种致使义,即状态A致使本体NP处于某种情状中。能进入该结构的形容词皆为性质形容词,同时需要具有[+心理状态/生理感知]义。例如:

(339)多子,饥荒,苛税,兵,匪,官,绅,都<u>苦得他像一个木偶人</u>了。(鲁迅《故乡》)

(340)甚至有一段时间<u>忙得我像丢了魂似的</u>。(《一个美好心灵的自述》)

(341)在此之前,要<u>急得他像小孩子见了爸爸拿着糖一样</u>,跟在老爹背后哭爹叫娘。(王小波《寻找无双》)

此外,乙式都可以转换成丙式,也可以借用"把"字句将补语中的本体NP前置。例如:

(342)a.他<u>苦得像一个木偶人</u>。

　　　b.把他<u>苦得像一个木偶人</u>。

(343)a.我<u>忙得像丢了魂似的</u>。

　　　b.把我<u>忙得像丢了魂似的</u>。

(344)a.他<u>急得像小孩子见了爸爸拿着糖一样</u>。

b. 把他急得像小孩子见了爸爸拿着糖一样。

3. 丙式：A+得+比拟动词+喻体+（比拟助词）

由"比拟动词+喻体+（比拟助词）"充当形容词的补语，具有很强的状态性和程度性，但不具有致使义。基本上所有的性质形容词都可以进入该结构中，在现代汉语中使用频率最高。例如：

（345）每天人<u>多得像赶集一样</u>。（姚雪垠《李自成》）

（346）眼睛<u>红得跟桃子似的</u>。（六六《蜗居》）

结合上述分析，"A+（得）+比拟"存在以下几个问题值得探讨。首先，尽管从共时层面来看，现代汉语中的比拟式可以用作句子的谓语、状语、补语，但是从历时的视角来看，其句法功能的扩展经历了漫长的过程。根据江蓝生（1999）的研究，金元以前比拟式的语法功能是在句中充当谓语成分，后元代产生了新的比拟式"X·Z+NP/VP"，比拟式的句法功能得以扩展到状语和定语位置上。然而，比拟式还有一个重要的句法功能便是充当补语，因此比拟式是如何出现在形容词补语位置上的，需要进一步研究。其次，甲式、乙式、丙式之间的关系也值得讨论，甲式的产生时间最早，和丙式在形式上极为相似，那么，丙式是否简单地由早期古汉语中的甲式附加补语标记"得"而来，而乙式的源头又是什么？此外，为何进入三种格式的形容词类型存在如此大的差异？这些问题都需要一一解答。

8.2.6.1 先秦时期

甲式出现时间最早，在先秦时期已是常见句式。甲式需要区分"$A_{性质}$+比拟动词+喻体+（比拟助词）"和"$A_{状态}$+比拟动词+喻体+（比拟助词）"两种情况。如 A 为性质形容词，则喻体一般为名词或名词性词组，如例（347）和例（348）；如 A 为状态形容词，那么喻体除了为名词、名词性词组外，更常见的是结构复杂的动词性词组，如例（350）。

（347）君子之交<u>淡若水</u>，小人之交<u>甘若醴</u>。（《庄子·山木》）

（348）楚国之民，齐疾而均，<u>速若飘风</u>；宛钜铁䏻，<u>利若蜂虿</u>；胁蛟犀兕，<u>坚若金石</u>。（《商君书·弱民》）

（349）<u>巍巍乎若太山</u>。（《吕氏春秋·本味》）

（350）<u>怊乎若婴儿之失其母也</u>，<u>傥乎若行而失其道也</u>。（《庄子·天地》）

除此之外，两种结构在使用频率上也存在差异。

通过对《论语》《左传》《孟子》《庄子》《韩非子》《礼记》进行考察，"$A_{状态}$+比拟动词+喻体+（比拟助词）"有 51 例，使用频率是"$A_{性质}$+比拟动词+喻体+(比拟助词)"的四倍,也就是说先秦汉语中状态形容词更容易进入甲式,这也就解释了为什么现代汉语的甲式中存在着一定数量的"A$_{状态}$+比拟动词+喻体+(比拟助词)"。

然而,这种不对称性和现代汉语正好相反,先秦汉语中能进入比拟式的多为状态形容词,而现代汉语中除了因为古语残存的原因而存在的少量"A$_{状态}$+比拟动词+喻体+(比拟助词)"结构外,能进入比拟式的基本都为性质形容词。这应当和两种结构的句法、语义特征有关。

首先,在句法特征方面,如前文所述,"A$_{性质}$+比拟动词+喻体+(比拟助词)"结构中,喻体只能是名词或名词性词组,而且性质形容词和"比拟动词+喻体"紧密结合在一起,中间不可插入其他成分,句法形式较为单一;而"A$_{状态}$+比拟动词+喻体+(比拟助词)"中,喻体还可以由复杂的动词性词组充当,而且状态形容词后的"比拟动词+喻体"独立性更强,句法形式更为灵活多样,相应地使用频率也会更高一些。

其次,语义特征方面,比拟式主要是用喻体来说明本体,那么在语义上越需要对其进行解释说明,就越容易用于这种句式中。根据郭锡良(2000)的研究,春秋战国时期正是形容词的兴盛发展时期,这一时期新增了状态形容词,用来描摹事物的某种状态,虽然是对客观事物的描绘,但是总含有人们主观感受的因素,这一点正好与比拟式的主观性特征相契合。而且早期的状态形容词以重言词以及联绵词为主,他们的共同特点是属于语音造词,大多数词很难从其字面上推得意义,而比拟式有修辞的功用,可对状态形容词进行解释说明,因此"A$_{状态}$+比拟动词+喻体+(比拟助词)"结构更为常见。

8.2.6.2 魏晋至唐宋时期

魏晋到唐宋时期,"A$_{性质}$+比拟动词+喻体+(比拟助词)"的使用频率大幅上升,并且句法结构发生了重新分析。

《世说新语》中仍以"A$_{状态}$+比拟动词+喻体+(比拟助词)"居多,但是在《抱朴子》中使用频率降低,仅有12例,而"A$_{性质}$+比拟动词+喻体+(比拟助词)"则有20余例。这种趋势一直持续下去,《祖堂集》和《朱子语类》中已经很少见到状态形容词用于这种结构了。

程湘清(2003)认为,汉语造词方式的发展经历了语音造词阶段、过渡阶段以及语法造词阶段。先秦时期的状态形容词多为音变构词的重言词和双声叠韵联绵词,属于过渡阶段,到了语法造词阶段,则较少有新的"双声""叠韵"形式的状态形容词产生,而以重叠式状态形容词、根缀式状态形容词、并列式状态形容词和偏正式状态形容词为主。语音造词阶段语音上的关联大于意义上的关联,而语法造词主要运用虚词和语序方式造词,语义上具有很强的理据性,因此,语义并不像之前那样晦涩难解。此外,状态形容词的语义内容越来越抽象、泛化,除了描情状物外,还可从诸种情态中显示出一种较高的程度义。受这种发展趋势的影响,比拟式和状态形容词在语义上不再兼容。比拟式涉及两个事物的比较,广义的比较甚至可以视为比拟的上位概念(于立昌、夏群,2008),因此,从主观层面上确定了某一程度层级,而状态形容词总是表示一定的量点或者量段,所以二者语义重复,无法共现。

"$A_{性质}$+比拟动词+喻体+(比拟助词)"形式占据主导,对甲式的发展是极为重要的。我们以《抱朴子》中的"$A_{性质}$+比拟动词+喻体+(比拟助词)"和"$A_{状态}$+比拟动词+喻体+(比拟助词)"结构为例予以分析。"$A_{状态}$+比拟动词+喻体+(比拟助词)"结构形式比较灵活,有的在比拟词之前会添加其他成分,如"恒若、有如、旁若"等,有的在状态形容词和"比拟词+Y"之间存在明显停顿。例如:

(351)专诚祗栗,恒若天威之在颜也;宵夙虔竦,有如汤镬之在侧也。(《抱朴子·臣节》)

(352)懔乎若跟挂于万仞,果然有如乘奔以履冰。(《抱朴子·勖学》)

(353)情神辽缅,旁若无物。(《抱朴子·嘉遁》)

(354)在大石中,赤黄溶溶,如鸡子之在其壳中也。(《抱朴子·仙药》)

(355)思眇眇焉若居乎虹霓之端,意飘飘焉若在乎倒景之邻。(《抱朴子·嘉遁》)

可以看出状态形容词和"比拟动词+喻体"之间关系非常松散,很难在此基础上语法化为句法关系相当紧密的述补结构。

而"$A_{性质}$+比拟动词+喻体+(比拟助词)"的情况则不太一样。例如:

(356)其茎大如手指,赤如丹,素叶似苋。(《抱朴子·仙药》)

(357)林子明服术十一年,耳长五寸,身轻如飞。(《抱朴子·仙药》)

(358)久而渐大,一室尽明如昼日。(《抱朴子·仙药》)

先秦汉语中,陈述向指称转化是很自由的,一个表陈述的主谓结构可以很自由地(甚至可以不加标记)指称化充当句子的主语(杨荣祥,2004)。例如:

(359)道之大如天,其广如地,其重如石,其轻如羽,民之所以知者寡。(《管子·白心》)

(360)且夫富,如布帛之有幅焉,为之制度,使无迁也。(《左传·襄公二十八年》)

以上各例通过"N 之 A""其+A""夫+A"的形式将形容词指称化为一个

名词性结构。由于存在上述几种平行结构,所以甲式在句法上可以分析为[(本体+A$_{性质}$)+比拟动词+喻体],由"(本体+)A$_{性质}$"充当主语,"比拟动词+喻体"充当谓语。

至于魏晋南北朝时期,情况稍有不同,由于口语中"NP+VP"结构的指称化现象已经消失(王洪君,1987),甚至在主语和性质形容词之间还可以出现副词,如例(358)"一室尽明如昼日",因此,像"其茎大如手指"这样的结构,就无法将"其茎"和"大"划分在一起,共同充当句子主语了。随着"AP(VP)"和"比拟式"的句法关系愈加密切以及主谓结构指称用法的衰落,甲式由"[(本体+A$_{性质}$)+比拟动词+喻体]"重新分析为"[本体+(A$_{性质}$+比拟动词+喻体)]"。

但是这一重新分析的实现,并不意味着甲式已经是一个形补结构了。南北朝时期,由于结果补语才刚产生,不太可能出现程度补语,因此,甲式仍为一个主谓结构。但是,需要指出的是,魏晋南北朝至于唐宋,句法环境发生了一些重大变化,为甲式的进一步语法化准备了必要条件。

首先,动结式述补结构最迟到南北朝时期得以确立(王力,1980;梅祖麟,1991;志村良治,1995),因此,当句中两个不存在先后顺序关系的谓词相比邻时,后面位置上的V$_2$已经失去了独立的句法地位,通常被视为V$_1$的补语C,整个结构也由动结式重新分析为述补结构。其次,从唐宋时起,形容词作为述补结构中心语的形补结构逐渐产生,如"A 甚""A 极""A+得+NP+VP""NP+A+得+VP"等。在上述因素的影响下,"比拟动词+喻体+(比拟助词)"的句法地位逐渐下降。大约在宋代,甲式已经可以被视为一个述补结构了。例如:

(361)金刚眼睛<u>大如拳</u>。(《古尊宿语录》卷二十三)

(362)窗外泉声<u>长似雨</u>。(《古尊宿语录》卷二十二)

(363)铁蛇横大路,通身<u>黑似烟</u>。(《五灯会元》卷十四)

8.2.6.3 元明至近代汉语时期

带"得"的形容词比拟式,一直到元代才开始出现,但是用例较少,从明代开始才大量产生。例如:

(364)不勾多时<u>饥饿的你似夷齐瘦</u>。(《全元曲·陈季卿误上竹叶舟》)

(365)<u>忙得似走马灯一般</u>。(《喻世明言》卷五)

(366)<u>急得如煎盘上蚂蚁</u>,没奔一头处。(《醒世恒言》卷二十)

(367)<u>脏得那脸就如鬼画符一般</u>。(《醒世姻缘传》第二十八回)

值得注意的是,此时"A+(得)+比拟"的三种下位句式皆已出现,但是三者之间的关系错综复杂。首先,从形式上来看,乙式在"得"后还出现了本体NP,显然和甲式的句法形式差异过大,但是乙式还可以无条件限制地变换成丙式,乙式和丙式应该存在关联。

其次,从进入三种句式的形容词来看,元明时期用于乙式和丙式的为[+心理状态/生理感知]义形容词,而用于甲式的多为[-心理状态/生理感知]义形容词,如"大、小、多、长、高、轻、红、白、细"等,更为有意思的是,[-心理状态/生理感知]义形容词一直到清朝末年、民国时期才出现在丙式中。例如:

(368)眼睛<u>细得同一条线似的</u>。(《续济公传》第一百三十回)
(369)只见敌兵,<u>多得犹同蚂蚁一般</u>。(《大清三杰》第四十七回)
(370)只见这人个<u>大得像甘虎似的</u>。(《雍正剑侠图》第二十八回)
(371)面色<u>白得似金纸一般</u>。(《明代宫闱史》第二十六回)
(372)脸儿<u>红得像玫瑰一般鲜艳</u>。(《隋代宫闱史》第四十一回)

可以看出,丙式的产生和甲式并无直接关系,反而是乙式和丙式的关系更为密切。那么乙式和丙式是如何产生的呢?

乙式和丙式都是带"得"的形补结构,这类形补结构最早出现的是"A得+NP+VP"形式,即补语由主谓结构充当(赵长才,2000)。由于"A"和"NP"共现,导致整个结构带有结果义和致使义。例如:

(373)吹霞弄日光不定,<u>暖得曲身成直身</u>。(孟郊《答友人赠炭》)
(374)浮名浮利浓于酒,<u>醉得人心死不醒</u>。(郑遨《偶题》)

从上例中可以看出,最早带"得"字补语的形容词,皆为[+心理状态/生理感知]义形容词。而"NP+A得+VP"结构,是受平行的述补结构"NP+V得+VP"影响,在"A得+NP+VP"结构的基础上,将补语后的"NP"迁移至主语位置上而来的,所以,宋代最初产生的"NP+A得+VP"中的形容词仍受该语义条件制约。例如:

(375)<u>瘦得不胜衣</u>,试腰围、都无一搦。(高登《蓦山溪·黄茅时节》)
(376)枕衾<u>冷得浑似铁</u>。(杨无咎《天下乐·雪后雨儿雨后雪》)
(377)直使令学者<u>忙得更不敢睡</u>!(《朱子语类》卷十二)
(378)<u>乐得大段颠蹶</u>。(《朱子语类》卷三十一)

值得注意的是,元明时期,用于乙式和丙式的基本上也都是[+心理状态/生理感知]义形容词,如例(364)—例(367)所示。又例如:

(379)<u>喜得许宣如遇神仙</u>。(《警世通言》卷二十八)
(380)<u>急得似道面如土色</u>。(《喻世明言》卷二十二)
(381)还<u>冷得象"良姜"一般靴底厚的脸皮</u>。(《醒世姻缘传》第八十八回)

(382) 晁夫人也便累得不似人了。(《醒世姻缘传》第十七回)

(383) 脖儿瘦的银条儿相似。(《金瓶梅词话》第六十二回)

从结构形式以及能进入相关句式的形容词类型来看,乙式、丙式的产生和"A得+NP+VP""NP+A得+VP"结构的扩展具有密切联系。一个构式形成之后并不是固定不变的,会在类推机制的作用下继续扩展,能产性不断提高。扩展效应一般包括同构项的扩展、语义语用的扩展和句法环境的扩展(Himmelmann,2004),三种类型的扩展都可以发生在后构式化阶段,尤其是同构项的扩展和句法环境的扩展(Traugott 和 Trousdale,2013)。显然,乙式和丙式的产生是 VP 由普通的动词性词组类推至比拟式的结果,这也就解释了为什么能进入乙式以及早期丙式的形容词十分受限。

虽然早期能进入丙式的多为[+心理状态/生理感知]义形容词,但是丙式"A+得+比拟动词+喻体+(比拟助词)"形容词 A 后并未出现名词 NP,整个结构的致使义和结果义背景化,状态义前景化,十分契合形容词表性质状态的语义特征,因此,在类推机制的作用下,[-心理状态/生理感知]义形容词也可以进入丙式。此外,甲式在宋代也已语法化为一个述补结构,且甲式中的形容词并未有语义限制,因此,由比拟式充当各类形容词的补语已极为常见,也为丙式的扩展进程提供了重要推动力。总之,在上述两个因素的影响下,从清朝末年、民国时期起,越来越多类型的性质形容词可以进入丙式,在现代汉语中已经基本不受限制了。与此同时,甲式中没有补语"得",形容词和其后的"比拟动词+喻体+(比拟助词)"结合得非常紧密,导致喻体多局限在单音节或双音节名词上;相比较而言,丙式中喻体形式要丰富得多,既可以是单音节或双音节名词,又可以是复杂的名词性词组,甚至还可以是动词性或形容词性词组。因此,当进入丙式的形容词不再受限之后,其便取代甲式,成为现代汉语中最为常见的"A+(得)+比拟"结构,而甲式也只见于书面语中了。

8.2.6.4 小结

通过对"A+(得)+比拟"结构的形成和发展进行系统的历时考察,我们解答了现代汉语中共时层面的相关疑问。比拟式出现在形容词补语位置上,主要通过两种路径:甲式是由主谓结构重新分析为形补结构的,而乙式和丙式则是"A得+NP+VP""NP+A得+VP"形补结构不断类推扩展的结果。由此也可以看出,虽然甲式产生于先秦,远早于元明时期出现的乙式和丙式,但是乙式和丙式有着独立的发展路径,和甲式并无直接关系。

此外,为何进入三种格式的形容词类型之间存在着巨大差异,也可从历时层面找到原因。甲式中的"A$_{状态}$+比拟动词+喻体+(比拟助词)",在先秦具有很高的使用频率,所以,由于古语残存的原因仍保留在现代汉语的书面语中。乙式由"A 得+NP+VP"类推而来,受其影响[+心理状态/生理感知]义性质形容词方可进入乙式。丙式中由于形容词 A 后并未出现名词 NP,整个结构的致使义削弱甚至消失,状态义进一步凸显,大约在清朝末年和民国时期,在类推机制的作用下,便不断从[+心理状态/生理感知]义性质形容词扩展至普通的性质形容词,而甲式对这一进程也起了一定的推动作用。

8.3 形补结构历时演变的路径和规律

形补结构是汉语重要的结构类型,为了对形补结构这一宏观构式的历时演变进行系统而深入的分析,本书共考察了两大类 11 小类下位构式。
(一)粘合式形补结构
Ⅰ."A 甚""A 极"
Ⅱ."A 死""A 透""A 坏"
(二)组合式形补结构
Ⅰ."A 得 C"结构
Ⅱ."A 得紧""A 得慌""A 得不行""A 得可以"
Ⅲ."A(得)+比拟"结构
通过对上述结构的形成发展进行考察,我们进一步总结了形补结构历时演变的路径和规律,具体如下。

8.3.1 从主谓结构到形补结构

经由主谓结构到形补结构重新分析的主要有"A 甚""A 极""A+比拟动词+喻体+(比拟助词)"。

之所以将上述结构分析为主谓结构,主要从形容词和"甚""极""比拟动词+喻体"之间的语义关系以及形容词自身的句法特征来看的。首先,"甚/极"和"比拟动词+喻体"在先秦时期的重要句法功能都是用作谓语。其次,先秦时期,由动词或者形容词性成分充当句子主语、宾语是十分常见的,很多学者都注意到这一时期名词和动词、形容词的区分并不是很明确,兼类现象十分普遍。最后,这些结构中形容词和后面的谓词"甚""极""比拟动词+喻体"之间并不存在并列或时间先后关系,而是一种"主题—陈述"的关系,即"甚、极、比拟动词+喻体"是对形容词状态的描写说明,这恰和主谓结构的语义特征相符。因此,综合以上情况来看,上述结构应当分析为主谓结构。

大约在魏晋南北朝时期,汉语发生了一些剧烈的变化:"N 之 A""其 A""夫 A"等名词化现象在口语中逐渐消失,动结式述补结构到南北朝时期也进一步确立,从而为上述结构的重新分析提供了条件和动因。此外,"甚""极"在先秦时期就已经语法化为程度副词,实词功能逐渐衰落,也对其进一步语法化为补语成分产生了影响。从宋至元明,这些结构便逐渐由主谓结构重新分析为一个程度补语结构。

8.3.2　从结果补语/状态补语到程度补语

这一语法化路径具体来说又分为以下三种情况:

首先,具有致使义的状态结果补语→普通状态补语→程度补语。符合这一发展路径的有"A 得(NP+)VP"结构、最早产生的一批"A+得+本体+比拟动词+喻体"结构、"A 透"结构、"A 得慌"结构等。这类结构的共同特征在于最初兼具致使/结果义和状态义,后来状态义逐渐凸显,并进而发展出程度义。

其次,结果补语→程度补语。例如"A 死""A 坏"等。和上类情况的区别在于,这类程度补语直接由结果补语重新分析而来,并没有经过状态补语的中间状态。"V 死""V 坏"本来为典型的动结式,如"打死、射死""踏坏、炙坏"等,最开始也具有结果义和致使义的语义特征。随着动词的不断扩展,心理动词、心理形容词、感官形容词等不具有致死义和破坏义的词出现在这类结构中,使得"死""坏"在到达极端的语义基础上进一步引申出程度义,最终整个结构也由结果补语语法化为程度补语。

最后,状态补语→程度补语。如"A 得紧""A 得不行"。这类结构的共同特征在于补语所描述的都是非同一般的状态属性,如"紧"暗含了"心理压力大/频率高"的状态,而"不行"则表达了一种生命即将死亡的状态,在此基础上引申、量化出大量义或者极性义,"A 得紧/可以/不行"便获得了程度义,进而由状态补语语法化为典型的程度补语结构。

8.3.3　由其他形补结构类推而来

当不断有新的形补结构沿着从主谓结构到形补结构以及从结果补语/状态补语到程度补语的路径语法化而来时,那么便可以在这些微观构式的基础上,层层抽象化出相应的上位构式。而上位构式也会反过来类推出新的微观构式,只要具备类似的功能和语义特征,那么便可以进入相应的构式框架,形补结构的能产性大为增强。如果说重新分析是一种句法结构和语义的重新解释,那么类推则可以造成新规则的推广,很多结构不需要经历漫长的历时演变便可直接类推而来,从而造成新的微观构式的大量涌现。

8.3.3.1 "A得+程度成分"

当"A甚""A极"语法化为形补结构之后,便可以在其基础上抽象化出"A+程度成分"结构,而此时"得"已经语法化为一个补语标记,因此"A+程度成分"结构便有了另外一种形式"A得+程度成分"。作为一个具有能产性的中观构式,便可将和"甚/极"一样本身具有程度意义的成分纳入其中,从而类推出新形式的微观构式,导致新的形补结构形成,如前文所讨论的"A得可以",此外"A得过分""A得煞""A得厉害""A得不得了/了不得"也应当是沿着这一路径演变而来的。

8.3.3.2 "A得+状态成分"

"A得+VP"是能产性很强的形补结构,其中VP是对事物状态的描写,往往由复杂词组充当,如"忙得更不敢睡",也可以由单个词汇充当,如"A得紧",那么在此基础上,本身具有状态描写性的词汇便可以直接进入"A得+状态成分"这一结构中,如"A得可怜""A得凶""A得邪乎""A得够呛""A得什么似的""A得出奇""A得可爱""A得一塌糊涂""A得离谱"等。而这些类推而来的微观构式也获得了由"A得+状态成分"这一上位构式所赋予的程度义和状态义。

8.4 本章小结

本章我们分别考察了各类形式的形补结构:"A甚/极""A死/透/坏""A得C"及其下位构式"A得慌/紧/不行/可以""A(得)+比拟"。在此基础上,归纳总结了形补结构历时演变的路径和规律:或由主谓结构到形补结构重新分析而来,或由结果补语/状态补语进一步语法化为程度补语结构,或者由既有的形补结构类推而来,具有很强的规律性。

不难看出,动补结构对形补结构的形成以及演变有着极为重要的作用,一方面为形补结构完成由主谓结构到形补结构的重新分析提供了必要条件,另一方面,不少形补结构是由相应的动补结构类推而来。因此,形补结构的发展演变离不开动补结构的影响和推动,但同时也具有自身的独特性和复杂性。

第9章 其他形容词谓语有标记结构的历时演变

9.1 "A+了+N"结构及其演变

9.1.1 "A+了+N"句式特征及类型

"A+了+N"是现代汉语以及方言中一种常见的特殊句式。张国宪(2006)指出,能用于这一构式的形容词主要有"辛苦、便宜、苦、累、肥、穷、富、坏、红、绿"等。构式具有很强的能产性,事实上能用于该结构的形容词很多,其他常见的如"湿、黑、白、黄、蔫、寒、冷、热、暖、饱、烂、脏、干净、瘦、馋、瞎、香、歪、乱、正、斜、臭、好、低、醉、哑、空、模糊、惭愧"等。例如:

(1) 由于车辆漏油,污浊了地面,引起了宾馆的不满。(转引自张国宪,2006)

(2) 可是一接触到爱情,就苦了若男,累了若男,在四个男人中迂回。(同上)

(3) 红了海棠绿了芭蕉。(同上)

(4) 摇晃的水溅出来,湿了邱老康的鞋面和裤腿。(同上)

(5) 禾苗刚抽穗就蔫了苗,麦子正灌浆就黄了叶。(《作家文摘》)

(6) 天很快黑了脸。(1993年《人民日报》)

(7) 李家妈妈一听就寒了脸。(池莉《太阳出世》)

"A 了 N"构式通常有两种类型:

句式一:"S+A 了+N"

该句式的特点是句首主语 S 是使 N 变成 A 这种状态的施事,表达一种致使意,如"雨湿了鞋子""由于车辆漏油,污浊了地面",含有"雨使鞋子变湿了""车辆漏油使地面变得污浊"之意。

句式二:"$N_1+A 了+N_2$"

该句式的特点是 N_2 是 N_1 的一部分,可以变换成"N_1(的)N_2+A 了"这种形式,是对状态的描述,常见的为新状态的出现,如"他湿了鞋子""他红了脸""这里错了一个字""树上又黄了一片叶子"。

之所以做上述区分不仅因为二者有着不同的句法形式以及语义内涵,而且两种格式的产生机制也存在一定差异。下面将具体进行分析。

9.1.2 "A+了+N"的构式化

9.1.2.1 句式一的产生

早在宋代诗词中,就出现了"A 了 N"格式的用例。例如:
(8)夜来能有几多寒,已瘦了、梨花一半。(黄升《鹊桥仙》)
(9)流光容易把人抛,红了樱桃,绿了芭蕉。(蒋捷《一剪梅》)
(10)睡起三竿红日过,冷了沈香残火。(毛滂《清平乐》)
(11)如此春来春又去,白了人头。(欧阳修《浪淘沙》)
(12)莫等闲、白了少年头,空悲切。(岳飞《满江红》)
(13)黄了旧皮肤,最是风流处。(陈瓘《卜算子》)
但是此时"A 了 N"有两种情况。

其一,为形容词的使动用法,如例(8)和例(9),可以看作是句式一的用例。古今汉语形容词用法发生了很大改变,早期形容词用作谓语时,后面可加名词,即"A+N"构式,为形容词的使动、意动用法。而"了"大约在晚唐五代可以进入"V+了+N"格式,并进一步在宋初语法化为一个动态助词,可以表动作的完成以及动态变化。Traugott 和 Trousdale(2013)指出,当构式化已经完成,既有的构式并非处于固定不变的状态,而会随着语言的发展而进一步变化,因此在"A+N"使动用法的基础上,附加动态助词"了",便形成了新的"A 了 N"结构。如例(8)中"已瘦了、梨花一半"为寒气一夜之间让梨花少了一半的意思,这里的"瘦"即形容词的使动用法。例(9)也为岁月(流光)使樱桃变红、芭蕉变绿的意思。

其二,为主谓倒装,即"A 了 N"是"N+A 了"的倒装形式,如例(10)—例(13)。之所以采用这种特殊形式,往往是出于协调韵律、对称结构以及突出焦点的考虑。然而需要指出的是,这种情况并非"A 了 N"构式的句式二。句式二的完整形式为"$N_1+A 了+N_2$",N_1 和 N_2 存在领属关系,但是前文所列举的例子中没有一例可以在句中找到存在领属关系的 N_1 和 N_2,虽然现代汉语中 N_1 有时也可以省略,但是以不省略的情况居多,不太可能简略形式先于基本形式而出现。此外,还有一个重要因素便是句式二的出现与相关的存现句型的产生时间密切相关。这一点我们将在下文重点论述。综上,句式二在这一时期仍没有出现。

诗词中往往出于特殊考虑出现倒装形式的"A 了 N"结构,但是在南宋时期的口语语料中却不太会出现,基本为含有使动义的"A 了 N"结构。例如:

(14)如狄仁杰只留吴太伯伍子胥庙,坏了许多庙。(《朱子语类》第三卷)

(15)慢了商弦,令与宫弦相似。(《朱子语类》第二十五卷)

(16)尽用石灰白了城,多写"完颜亮死於此"字。(《朱子语类》第一百三十三卷)

(17)下此则不须看,恐低了人手段。(《朱子语类》第一百三十九卷)

其中"坏了许多庙""慢了商弦""白了城""低了人手段"中的"坏、慢、白、低"皆为形容词的使动用法,都应是在形容词"A+N"结构基础上附加"了"而形成的。综上,句式一在宋代应该已经出现并发展成熟。

9.1.2.2 句式二的产生

形容词的使动用法从魏晋南北朝时期就逐渐式微,至南宋已极为少见,而被其他的句式取代,或用使令句的形式表达出来,如"其有不均处,则随其道里远近分割裨补,令其恰好,人甚便之"(《朱子语类》),或用于 VCO 格式中,占据 C 的位置,表达一种致使义,如"公只是将那头放重了,这头放轻了,便得"(《朱子语类》)。然而元以后,我们发现"A 了 N"结构不但没有减少,反而在数量以及类型上有了新的发展。例如:

(18)兄长若如是再三推让,恐冷了众人之心。(《水浒传》第三十八回)

(19)趁早送出我师父,不要白了面皮,失了亲情。(《西游记》第四十一回)

(20)寒了肚子,年来就不坐了胎气……(《醒世姻缘传》第二十九回)

(21)今日因这些事情,就又薄了面皮。(《金瓶梅》第三十四回)

(22)洞庭湖范蠡烂了桩橛。(《新校元刊杂剧三十种·范张鸡黍宫天挺》)

(23)缊地红了面皮。(《新校元刊杂剧三十种·闺怨佳人拜月亭》)

(24)变了卦今日,冷了心晚夕。(《新校元刊杂剧三十种·诈妮子调风月杂剧》)

(25)当时气喘咳嗽,实时黑了疮口。(《醒世姻缘传》第六十六回)

(26)道士红了脸,不敢答应。(《平妖传》第十回)
(27)睡到天明,就哑了喉咙。(《醒世姻缘传》第五十三回)

其中例(18)—例(21)为句式一的用例,而例(22)—例(27)为句式二的用例。句式二中,如果说例(22)—例(24)还有可能和诗词一样是在韵律、结构的因素下形成的倒装句式,那么例(25)—例(27)都为小说语料,因此不存在这种因素。而且句中或显或隐,都存在一个领属性质的主语。据此判断句式二的"A 了 N"结构一直到明代才正式形成,要晚于句式一的出现时间。

根据上述分析,便存在两个问题。其一,形容词使动用法在口语中已经基本不复存在的情况下,为何"A 了 N"结构在口语中还是保留了下来,并有了进一步的发展?其二,句式二"A 了 N"结构是如何形成的,难道仅仅是受诗词曲特殊文体的影响?

9.1.2.3 存现句对"A 了 N"结构的影响

为了回答上面的两个问题,我们发现"A 了 N"构式的形成发展还需要另外一股强大的推力,那就是汉语存现句的影响。

Traugott(2008)指出,一个宏观构式建立之后,会因为类推效应导致其下层的微观构式和中观构式不断扩展,从而最终使得构式整体在宏观层面上也出现了扩展。此外,Peng(2013)通过对汉语溯因兼语句七个语义大类的历时研究,主张图式性构式最重要的特征是"语义语用限制条件的放宽"(relaxation of semantic and pragmatic restrictions)。从历时的角度来看,汉语存现句也处在不断发展、不断扩展的动态变化过程中。存现构式以两种途径扩展:一是动词的扩展,二是句首词语的扩展。根据王建军(2003)的研究,"有"字句可能是汉语存现句的雏形之一,随着思维的精密化,表达越来越精细,"有"逐渐为表示具体状态的词语所替代,"处所+动词+存在物"结构的意义扩大,表示"出现""消失"语义的动词出现在该句式中。在扩展过程中,一些非"存现"义动词通过隐喻关系也可出现在存现句中(吕建军,2013)。据此,吕建军(2013)把"A 了 N"结构也视为存现句的一种,并将能进入此结构的形容词归入"偏离常态"义的动词,指出事物总是以某种常规状态存在,若事物出现了异常情况,有两种表现:一是偏离了正常状态,二是偏离了先前的状态。"偏离"意味着事物失去了原有的形态、性质或特点,对参照物而言,意味着该事物从参照物背景中消失。因此,从语义上来说,句式二的"A 了 N"结构和存现句存在密切关系。例如:

(28)我烂了骨头也要跟你们算清。(冯德英《苦菜花》)
(29)他馊了一斤豆腐,惹得老婆唠叨了半天。(刘震云《一地鸡毛》)

（30）他坏了嗓子，恐怕以后很难赚大钱了。（刘连群《谭鑫培的戏外戏》）

（31）父亲红了眼圈儿。（陈建功、赵大年《皇城根》）

此外，从形式上来看，句式二和"王冕死了父亲"这一类存现句更为接近。试比较：

（32）他红了眼睛。

（33）王冕死了父亲。

对"王冕死了父亲"一类语句，郭继懋（1990）将其称为"领主属宾句"。典型的存现句以"表示处所的词语+动词语+表示存现者的词语"为一般结构式，而领属句的一般结构式为"表示人或事物的词语+动词语+表示所属者的词语"。而句式二"A 了 N"结构的一般结构式也可抽象表示为"表示人或事物的词语+形容词语+表示所属者的词语"，因此二者在结构上存在一致性。

结合存现句和句式二在语义和形式上的关联，我们认为句式二是在句式一的基础上，受"王冕死了父亲"这类存现句的影响而产生的。

此外，在产生时间上，二者也有密切关系。石毓智（2007）考察了"王冕死了父亲"这类句子的历时发展，通过广泛调查，宋代以前的文献中没有这种说法，"王冕死了父亲"这类用法最早见于南宋的话本。例如：

（34）万三员外女儿万秀娘死了夫婿。（《万秀娘仇报山亭儿》）

（35）今日听得说万员外底女儿万秀娘死了夫婿。（《万秀娘仇报山亭儿》）

元明时期的文献中已经时常可以见到这种用法了。例如：

（36）我如今死了养爹，更没个亲人。（《三遂平妖传》第八回）

（37）我自小亡了父母。（《元朝秘史》第九卷）

（38）那堪连丧了公婆。（《元本琵琶记·祝发买葬》）

除了和"死"同义的词外，也可以用于其他普通动词。例如：

（39）那打的人，就动手不得，瘫了手。（《喻世明言》第十九卷）

（40）洪崖先生因走了白骡子，下了一阵大雪。（《喻世明言》第三十三卷）

（41）每人去了百十两银子。（《金瓶梅》第三十五回）

（42）只是掉了个眼珠子，弄的个眼眶鄙塌拉。（《醒世姻缘传》第八十五回）

上述例句的共同特征是在语境中或显或隐存在具有领属关系的 N_1 和 N_2，可进一步变换为"N_1 的 N_2+V 了"，且句子直接表达或者间接引申出一种存现义。显然这类句式在元明时期已经发展得相当成熟了。作为一个极为活跃且具有能产性的句式,便具有类推功能。不过,构式化过程中虽然会发生类推和扩展,但是需要具备一定的条件,并不是任意的。关于类推和扩展条件的研究,目前还鲜少有人涉及,Bybee(2010)认为图式性构式的每一个空位(slot),如双及物构式"V+N_1+N_2"中的 V、N_1、N_2,都可能经历扩展,在这种扩展过程中,范例(exemplar)是新实例(novel utterance)的模板(attraction template),新实例的类推以这种模板的某种局部而具体的语义特征为依据。Traugott 和 Trousdale(2013)也指出,类推是一个逐渐细微的过程,并且一般发生在功能具有相似性的两者之间,相似性越高越容易类推。结合存现句的情况来看,此时也具备了其他相关的类推条件:其一,这类句子中的动词多为不及物动词,形容词本身在用作谓语时也是不及物的;其二,早在宋代句式一"A 了 N"结构就已出现,与句式二在外部结构形式上同形。那么在上述条件的基础上,便很容易由领主属宾句的"V 了"存现句,扩展类推到已经具备"A 了 N"形式的形容词上,从而导致了句式二的形成,描写事物身上出现了某一新状态。

9.1.3 小结

本章节考察了"A+了+N"及其构式化的历时进程,通过对现代汉语中"A+了+N"进行讨论,发现该构式可以进一步分为句式一和句式二。其中句式一具有致使义,句式二表达了某种新状态的出现,因此具有不同的句法语义特征。此外,二者在演变路径上和出现时间上也存在差异。句式一是在形容词使动用法"A+N"的基础上直接附加动态助词"了"而形成的,这一变化出现在宋代;而句式二是受由领主属宾句的"V 了"存现句影响而产生的,出现时间较晚,大约在明代。显然"A 了 N"结构的形成和动态助词"了"的产生以及存现句的发展有着密切的关系,动词谓语结构的发展演变对形容词谓语有着极其关键的影响。

9.2 比较义"有"字句及其演变

表比较的"有"字句可以分为句式"有……(+那么)+形"和句式"有+数量"。本章节主要考察这种表比较的"有"字句是如何产生的,与表领有的"有"字句有何关联,以及句式"有……(+那么)+形"和句式"有+数量"是否有着相对独立的发展路径等相关问题。

9.2.1 先秦至魏晋南北朝时期

李佐丰(2004)对古汉语中"有"字的用法进行了归纳,主要有四种:存现句(如"天有十日,人有十等")、领有句(如"汤有天下,选於众,举伊尹")、记异句(如"秋,有蜮")和介绍句(如"有献不死之药于荆王者,谒者操之以入")。

先秦时期起,"有+数量"用法逐渐增多,在"存现义"和"领有义"的基础上逐渐发展出"计量义"和"列举义",实词意义进一步虚化,强化了"有"和数量范畴之间的联系。例如:

(43)苌叔反是,以诳刘子,必有三殃:违天,一也;反道,二也;诳人,三也。(《国语·周语下》)

(44)楚有五败,晋不知乘,我则强之。(《国语·周语中》)

(45)民有三患:饥者不得食,寒者不得衣,劳者不得息。(《墨子·非乐上》)

(46)扶留有三种:一名"获扶留",其根香美;一名"南扶留",叶青,味辛;一名"扶留藤",味亦辛。(《齐民要术》卷十)

从先秦至魏晋南北朝,还有一个现象值得注意,便是"N_1 有 N_2 之 N_3"结构的产生和发展。例如:

(47)夫郤氏有车辕之难,赵有孟姬之谗,栾有叔祁之诉,范、中行有亟治之难,皆主之所知也。(《国语·晋语九》)

(48)有攻伐之备,有征讨之备,有威让之令,有文告之辞。(《国语》)

N_3 除了可以由具象名词来充当之外,很多情况下也可由抽象名词来充当,表达状态、品质、情感等没有实物的抽象概念,这样一来便很容易类推至表达事物属性状态的形容词,构成"X 有 Y 之 A"结构,而"X 有 Y 之 A"具体又可以分三种情况。具体如下:

1. 表度量

(49)夏不见,有六十日之旱,月蚀。(《史记·天官书》)

(50)上有万仞之高,下有不测之深。(《世说新语·德行》)

2. 表客观存有

(51)败,王起兵救之,有救齐之利,而无伐楚之害。(《战国策·秦二》)

(52)东有肴、函之固。(《战国策·秦一》)

(53)下有怨弊之苦,上无忬豫之情。(《宋书·列传·王僧达传》)

3. 表主观比拟

(54)若客有泰山之安,则主有累卵之危。(《三国志·蜀书·黄李吕马王传》)

(55)有天地之大,故觉万物之小,有万物之小,故觉天地之大。(《抱朴子·塞难》)

(56)真宗有召伐之兴,俗巨(民)有尧年之乐。(《敦煌变文集》)

表度量的"X有Y之A"已经和现代汉语十分近似了,意义上皆表事物度量属性的具体数值,唯一的差别便是助词"之"的有无。而表客观存有和表主观比拟的"X有Y之A"需要我们仔细辨别。比如例(51)中的"救齐之利"和"伐楚之害"描述的是会产生的客观结果,例(52)中的"有肴、函之固"是现实存在的地理条件,例(53)中的"有愁弊之苦"也都是基于事实的描述。但是例(54)—例(56)中的情况却不同。例(54)和例(55)中的"有泰山之安""有累卵之危"是一种比拟说法,是指像"泰山"那样安稳,像"累卵"那样危险,而例(56)中的"有天地之大"和"有尧年之乐"也指"像天地那么大""像尧统治的时候那样欢乐"。在上述句法和语义环境下,"有"的意义便有了新的发展,由对事物存有的客观描述,转为一种主观的估计和比拟,即开始出现了表估量的用法,通过比拟来主观估量事物性质所到达的某种状态性程度。基于上述句法和语义特征上的相似性,我们认为表度量和表估量义的"X有Y之A"分别是"有……(+那么)+形"和"有+数量"的源头。

9.2.2 宋元时期

9.2.2.1 "X有Y之A"的发展

"X有Y之A"结构在宋代又有了新的发展变化,首先,能用于"X有Y之A"的形容词增多,该句式的使用频率也会增加。例如:

(57)然在朝亦有四凶之恶。(《朱子语类》卷三十三)

(58)谓龟有钻灼之易,而筮有扐揲之烦。(《朱子语类》卷六十六)

(59)仲弓只是循循做将去底,如何有颜子之勇!(《朱子语类》卷四十二)

(60)说才之品,若如此推究,则有千百种之多。(《朱子语类》卷五十九)

(61)札眼中便有千里万里之远!(《朱子语类》卷四十三)

(62)君子有公共之乐,无私己之怨。(《朱子语类》卷二十)

伴随着能进入"X有Y+之A"格式的形容词不断增多,不论是类型频率还是语符频率都得以大幅提升,而当词汇或者短语高频率反复出现在含有旧有或背景化信息的相似语境中时,就会出现紧缩或者融合现象(Bybee,2003)。加上魏晋南北朝以后,"之"在口语化的冲击下逐渐消逝,"之"本身就经常省略,所以便具有了从"X 有 Y+之 A"紧缩为"X 有 Y+A"的句法条件。

其次,出现了"有+这般/一般/千般/如是+A"句式,指示代词开始进入表比拟的"有"字格式,"这般/一般/千般/如是"所指代的是一个不确切的比较值,但我们可以从语境中推得这是一种模糊的高量。例如:

(63)人间纵有千般乐,不及今朝事事无。(《古尊宿语录》卷二十九)

(64)贤人君子有这般底多。(《朱子语类》卷七十二)

(65)既有如是奇特,更有如是光辉。既有如是广大,又有如是周遍。(《五灯会元》卷二十)

该类句式的产生,应该也是受到平行的"有+这般/一般/千般+N"句式的扩展类推。例如:

(66)便自有这般心。(《朱子语类》卷三十二)

(67)但是有这般见识,有这般心胸,积累做将去,亦须有效。(《朱子语类》卷四十三)

"有+这般/一般/千般/如是+A"也对"X 有 Y+A"的构式化起到重要作用。"有+这般/一般/千般/如是+A"中"有"为谓语,"这般/一般/千般/如是+A"充当宾语,但是该结构和"X 有 Y 之 A"不同,没有外在的形式标记"之"来标示结构的体词性,而形容词的典型句法功能却是充当句子的谓语或者定语,这样一来,便会导致句法中心的后移,形容词 A 和"有"开始竞争谓语中心语的位置,"有"的动词性弱化,逐渐获得准介词的身份。此外,由于指示代词"这般/一般/千般/如是"所指代的是一个主观量,所以这一格式的大量使用必然会进一步强化"有"的估量义,弱化领有义。

此外,这一时期的还有两个特殊的用例,代表了"X 有 Y 之 A"新的发展趋势。例如:

(68)犹有一般天富贵,夜来雨、早来晴。(刘辰翁《糖多令·癸未上元午晴》)

(69)若是陂塘中水方有一勺之多,遽决之以溉田,则非徒无益于田,而一勺之水亦复无有矣。(《朱子语类》卷五十四)

而例(68)因为受限于词的格律要求,采用了倒装形式,"犹有一般天富贵"事实上便是"犹有天一般富贵",在形式和意义上已经和"有天一般高"这样的表述没什么区别了。

前文所列举的"X 有+数量+之 A"皆表一种高程度义,但是例(69)中的"一勺之多"并非强调水量多,反而指水量很少,"一勺之多"事实上是"一勺之少",那么"多"的语义范围就发生了改变,从积极量扩展至消极量,也就是覆盖了"多"和"少"的整个量级。张豫峰(1999)将能进入比较类"有"字句的形容词分为"高大"类和"低小"类,并指出"高大"词语本身无所谓褒义和贬义,其性质、状态可以随着句子所要表达的某种表意倾向的变化而发生偏移。显然,一直到宋代,"X 有+数量+之 A"中的形容词才具备了这种可偏移性特征。

整体来看,宋代"X 有 Y+之 A"格式使用频率的增多,为"之"的脱落提供了条件,而"有+这般/一般/千般/如是+A"句式的出现,则强化了该句式的数量义,并进一步弱化了"有"的动词性特征。

9.2.2.2 "似"对"有"的影响

但是我们认为"X 有 Y+之 A"结构的产生,并非简单由"X 有 Y 之 A"脱落名词化标记"之"而来,还应受到了来自比拟标记"似"的类推力。至元代,出现了一个非常重要的发展变化,那便是"有"和"似"的功能和意义出现了交叉。"有似"早在先秦时期便已融合为一个比拟动词,表达如同、类似之义。例如:

(70)射有似乎君子。失诸正鹄,反求诸其身。(《中庸·第十四章》)

(71)一种,子大如鸡卵,有似牛乳,味微减羊角蕉。(《齐民要术》卷十)

而在元代的语料中,甚至出现了如下用例,该句中"有似"构成了"X+有似+Y+A",句法结构和比较义"有"字句已经完全一致了。例如:

(72)红馥馥面皮有似胭脂般赤,黑蓁蓁三绺美髯垂。(全元曲·诸葛亮博望烧屯)

此外,"有"和"似"还经常用于平行的句法结构中。"有+指示代词+A"在这一时期的语料中继续广泛使用,同时有趣的是,这一时期也新产生了"似+指示代词+A"结构,二者形式上十分相似,语义上也表达一种近似的比较义。试比较:

(73)a. 我看这海有偌般宽阔,无边无岸。(《全元曲·沙门岛张生煮海》)

   b. 有这般疏庸愚钝,孤陋寡闻?(《全元曲·西华山陈抟高卧》)

(74)a. 似这般忒自由,没拘束,猛轩腾,但发路。(《全元曲·李太白贬夜郎》)

   b. 似这般冷呵,咱每远垛子放者射,赌一个羊。(《原本老乞大》)

而在例(75)和例(76)中,"有"和"似"出现在并列分句中,句法位置则是完全一致的。

(75)今汉天下有倒悬之急,社稷似累卵之危。(《三国志平话》卷中)

(76) 我想的有人家虔婆利害,也不似俺娘这般忒狠毒也呵!(《全元曲·李亚仙花酒曲江池》)

"有倒悬之急"平行于"似累卵之危","有人家虔婆利害"平行于"不似俺娘这般忒狠毒",而且"有人家虔婆利害"甚至已经使用了"X+有+Y+A"形式,其出现似乎应该是受到与之平行的"不似俺娘这般忒狠毒"的影响,因为自宋元以来,"X+似+Y+A"便已经是一种常用句式了。

由于"有"和"似"经常出现在平行的句法结构中,那么二者便会激活联系,处于一个互相关联的网络环境之中,这些相互联系的节点便可引起类推思维,由"X+似+Y+A"充当类推的样例,进而推动"X 有 Y+A"的产生。

但正如前文所说,构式并不是孤立存在的,总体来说"X 有 Y+A"的构式化过程不是简单由"X 有 Y+之 A"脱落"之"而来,也不是由"有+这般/一般/千般/如是+A"在指示代词前附加名词而来,更不是完全由"X+似+Y+A"类推而来。但是以"有"为节点,这些构式被联系一起,而这些处于同一个构式网络中的多个构式,不断相互作用,为"X 有 Y+A"的产生推波助澜:宋元时期,"X 有 Y+之 A"的高频使用,为"之"的脱落提供了必要条件;同时"有+这般/一般/千般/如是+A"的产生则导致了句法重心的后移,弱化了"有"的动词性特征,逐步语法化为一个介词,并且自此,指示代词开始进入表比拟的"有"字格式;至元代,"有"和"似"的功能和意义出现了交叉,网络联接中具有相似形式和意义的构式会产生强大的类推力,由"X+似+Y+A"充当类推的样例,推动"X 有 Y+A"的产生。

9.2.3 明清时期

在上述因素的共同作用下,明清时期,"X 有 Y+A"完成了最后的构式化进程,在"X 有 Y+之 A"的基础上,名词化标记"之"成功脱落,"有"的句法地位降级,从谓语核心位置被边缘化为一个修饰性成分,并由动词语法化为一个介词,意义方面也经历了语义漂白,存有义彻底背景化,而比较义前景化,形成由 X 充当比较主体、Y 充当比较基准、A 构成比较结果的典型平比格式。由于其源头"X 有 Y+之 A"本来就同时存在表度量[如前文中的例(49)和例(50)]和表主观比拟[如前文中的例(54)—例(56)]两种用法,伴随着"之"的消失,"X 有 Y+A"下位也便继承了这两个次类。例如:

(77)馒头足有斗大。(《西游记》第四十四回)
(78)上面扣着一口破钟,也有水缸般大小。(《儿女英雄传》第七回)
(79)只见扯起一个大螺,约有二三丈高大。(《警世通言》卷四十)
(80)里面装着四副银模子,都有一尺多长,一寸见方。(《红楼梦》第三

十四回)

甚至在一些用例中,为了表达的恰当性和丰富性,会同时变换使用这两个小类。例如:

(81) 其石<u>有三丈六尺五寸高</u>,<u>有二丈四尺围圆</u>。(《西游记》第一回)

(82) 原来这梦甜香只<u>有三寸来长</u>,<u>有灯草粗细</u>。(《红楼梦》第三十七回)

9.3　本章小结

本章主要讨论了"A 了 N"以及比较义"有"字句这两种重要的形容词谓语有标记结构。

"A 了 N"结构可以进一步分为句式一和句式二,不仅具有不同的句法语义特征,而且二者在演变路径上和出现时间上也存在差异。"A 了 N"结构的形成和动态助词"了"的产生以及存现句的发展有着密切的关系:句式一是在形容词致使结构的基础上直接加"了"形成的,而句式二是受由领主属宾语的"V 了"存现句影响而产生的,出现时间要晚于句式一。

比较义"有"字句的产生也再次说明了重视构式之间关联的必要性,具有相似形式和意义的构式形成构式网络体系,可以充当类推的样例或者提供推动力:以"有"为节点,"X 有 Y+之 A"的高频使用、"有+这般/一般/千般/如是+A"的产生以及"有"和"似"功能、意义的交叉,这些处于同一个构式网络中的多个构式,不断相互作用,最终推动了"X 有 Y+A"的产生。

第10章 结　语

形容词谓语句是汉语谓语系统的重要组成部分,不论是和汉语内部的动词谓语句以及名词谓语句相比,还是和其他语言中的形容词谓语句相比,都呈现出独特且复杂的特性,值得我们深入研究。汉语形容词谓语句的产生时间早、使用范围广、历时变化大,以往的研究多限于共时层面,历时研究尚不充分。在此背景下,本书从共时层面的句式类型、历时层面的分阶段研究,以及形容词谓语特殊有标记结构的发展过程和规律三个角度出发,对汉语形容词谓语句的历时演变进行了深入而系统的考察和分析。

10.1　形容词谓语的句式类型研究

本书首先依据形容词在用作谓语时是否带有外在的显性标记,能否较为独立地用作句子谓语句为依据,将汉语形容词谓语句分为无标记形谓句和有标记形谓句两大类。第2章主要考察了无标记形容词谓语句的使用情况,现代汉语形容词谓语的无标记形式主要出现在对比格式、对话语境、并举格式、复句分句以及主谓谓语句中。虽然现代汉语的性质形容词在一些情形下虽然可以独立用作谓语,但事实上却在篇章层面上实现了有界化。

第3章以显性句法标记为判定依据,根据语义功能的不同,将现代汉语中的有标记形容词谓语句分为程度义形谓句、动态义形谓句、比较义形谓句和判断义形谓句四大类,并依次梳理了各类型形谓句的下位句式成员及其句法语义特征。其中程度义形谓句在意义上表达事物性状的量和相应级次序列中的层级对应关系,在汉语中主要有词汇、词组、句子、形态四个层面的表达手段。动态义形谓句主要用以描述事物的性状随着时间的流逝,在量级上发生的高低起伏的动态变化。通常认为汉语形容词的时间稳定性偏低,在充当谓语时更倾向于利用动词性手段来进行编码,可借助语法性动态标记、词汇性动态标记和形态类动态标记来表达丰富的动态义。比较义形谓句由形容词充当谓语核心,且使用句法手段进行表达比较关系的相关句式构成,可分为平比义形谓句和差比义形谓句,具体包括"和"类平比句、"有"字句、"像"类平比句、比字句以及"X不像/不比/没有不如Y(那么)+A"结构等丰富多样的下位句式。判断义形谓句指的是在形式上以"是+A+的"结构为主,在意义上主要表示对事物性质或状态的判断(包括引申义用法)的相关句式。前人的相关研究很少将该类句式纳入形容词谓语句的研究范围,但不论是从跨语言的角度来看,抑或是从"是+A+的"本身的句法特征来看,同时考虑到汉语历时演变的延续性,判断义形谓句都是汉语形容词谓语句非常重要的一种功能语义类型。

10.2　汉语形容词谓语句的分阶段历时研究

本书的第2章以及第4至第8章,分四个历史时期(先秦、魏晋南北朝、宋元、明清),以无标记形谓句,以及有标记形谓句中的程度义形谓句、动态义形谓句、比较义形谓句和判断义形谓句为脉络索引,结合先秦至明清的12部代表性专书的穷尽性数据分析,对汉语形容词谓语句的历时演化过程进行了系统的梳理和分析。我们将部分关键数据进行汇总。(见表40)

表40　不同历史时期汉语形容词谓语句的使用情况汇总表

历史分期	代表文献	无标记形容词谓语句①	有标记形容词谓语句②			
			程度义	动态义	比较义	判断义
先秦	《论语》	56.2%	30.5%	9.1%	5.8%	17.2%
	《庄子》	43.3%	22.7%	10.7%	8%	9.6%
	《孟子》	38.3%	37.3%	10.6%	12.9%	18.1%

---

①　根据章节2.2.2所述,该列数据在统计时并未将状态形容词充当谓语的情形计算在内。

②　根据第4章引言部分所述,形容词在充当谓语时经常受多重成分修饰,比如"她的身体比之前好多了",形容词谓语的相关标记便包括比较类、程度类、动态类共计三种类型,导致了其语义功能呈现多元性和复杂性,对于这类复合标记形式,在进行数据统计时,我们依据标记类型的差异,采用不同标记类型分别计数,拆分重组的方式,在对程度义、动态义、比较义、判断义形谓句进行分析讨论时,将分别计数1次。此外,除四类基本标记类型之外,早期的形容词谓语也可以单独受少数其他标记类型的修饰,比如地点类或者情态类标记,这样必导致各类形谓句所占比例相加的总和并不等于100%,在此特作说明。

续表40

历史分期	代表文献	无标记形容词谓语句	有标记形容词谓语句			
			程度义	动态义	比较义	判断义
魏晋南北朝	《抱朴子》	41.1%	31.3%	13%	8.5%	6.2%
	《搜神记》	32.2%	41.8%	17.6%	6.1%	3.3%
	《世说新语》	39%	41%	15.8%	6.9%	1.4%
宋元	《景德传灯录》	28.5%	38.9%	17.7%	9%	10%
	《朱子语类》	19.5%	24%	26.1%	6.5%	20.7%
	《新校元刊杂剧三十种》	32.5%	38%	18.6%	13.4%	3.9%
明清	《西游记》	29.8%	46.4%	16.6%	9.2%	3.7%
	《红楼梦》	14.4%	43%	36.6%	6.6%	7.1%
	《儿女英雄传》	9.2%	53.3%	34.5%	9.1%	9.1%

古汉语中形容词谓语的无标记形式主要出现在简单句式、复杂逻辑关系句、对举格式、并举格式以及主谓谓语句中。显然，古汉语无标记形容词谓语句的形式要更加丰富和复杂。此外，12部代表性专书中的统计数据显示，从先秦至于明清，汉语无标记形谓句的使用频率持续下降，与此相对，有标记形谓句的所占比例在不断攀升，从占比最高的56.2%（《论语》）降至占比最低的9.2%（《儿女英雄传》），变化巨大。

有标记形谓句中，最为常用的是程度义形谓句，虽然具体情况有所波动，但是一直以来都是使用频率最高的形容词谓语功能语义类型，在清代的语料中，这一数据逐渐攀升至50%左右。动态义形容词谓语句则呈显著的稳固增长的态势，先秦时期使用频率并不高，甚至在《论语》和《孟子》中要低于判断义形谓句的使用频率，但是随着语言的发展，人们对事物性状的观察和认知越来越深入，加之动词谓语句的平行影响，形容词谓语句的动态性特征越来越凸显，至于明清，动态义形谓句的使用频率仅次于程度义形谓句，且远高于比较形谓句和判断义形谓句。比较义形谓句则一直处于稳定发展，略有上升的状态中，虽然比较义形谓句的表达形式越来越丰富，但是表达功能较为单一，所以使用上也颇为有限。判断义形谓句则在先秦时期有着不俗的表现，这主要由于早期人们对形容词数量特征的认知是"A"和"非A"的差别，即存在一个标准量值，达到这个量值的则为A，未达到这个量值的则为"非A"，这也便是判断义形谓句的核心语义功能。然而随着认知的逐渐深入,人们发现形容词所描述的性状在不同事物上存在个体差异,即在满足基本量值的基础上,还进一步存在量值大小差异,这种差异进而对应着一个程度序列。通过比较和对应,形容词通过产生不同的量级,形容词的级差性系统逐渐建立,那么判断义形谓句便不能满足人们的表达需求,使用频率自然呈现下降趋势。

10.3 形容词谓语特殊有标记结构研究

此外,在基本的形容词谓语和相关标记组合的基础上还形成了大量的特殊有标记结构,并具有很强的能产性,进而提高了形容词谓语句的丰富性和复杂性,因此它们的产生、发展也对我们探究形容词谓语句的演变特征和规律有着十分重要的意义。由于这些结构形成过程较为复杂,我们挑选了一些重要并且缺乏相关研究的有标记形谓句结构进行了个案研究。其中,第8章主要考察各类形补结构的历时演变,第9章分别探讨了"A 了 N"结构以及比较义"有"字句的产生与发展。结果显示,这些结构从魏晋南北朝时期萌芽,宋元时期虽然在使用频率上呈现先降后升的趋势,但形补结构的下位句式却呈现极其丰富的面貌特征。至明清,形容词谓语有标记结构的数量呈现爆发式增长,以形补结构为例,在所有程度义形谓句中的占比皆已经仅次于"程度副词+A"式谓语结构。从形成机制来看,动词谓语句对形容词谓语句中形式、意义相似或者相关的结构形式有着极为重要的作用,比如动补结构对各类形补结构的影响、存现句对"A 了 N"结构的影响等,这主要是由于被关联的构式组成网络环境(network context),这些相互联系的节点可引起类推思维(analogical thinking),也就是说网络连接中具有相似形式和意义的构式是极其重要的环境因素,可以充当类推的样例或者提供推动力,所以我们需要重视处于网络关系中的不同构式之间的关联。此外,构式网络具有多维性,处于网络中的构式根据抽象化程度的高低,可分为图式、子图式和微观构式,相互之间可通过承继性连接和关系性连接联系在一起。形容词谓语句内部各层级间的相互作用也是十分重要的影响因素,图式可能从形式和意义两个方面限制新的低层级构式产生,比如述补结构未产生之前,必然会制约下位形补结构的形成与发展。上位图式也有可能为新的低层级构式的产生提供合适的构式网络环境,反过来促进新的低层级构式的发展,以"A 得+程度/状态成分"为例,当不断有新的形补结构沿着从主谓结构到形补结构以及从结果补语/状态补语到程度补语的路径语法化而来时,那么便在这些微观构式的基础上,层层抽象化出相应的上位图示。而上位图示也会反过来促进微观构式的形成,只要具备类似的功能和语义特征,那么便可以直接进入相应的构式框架,无须经历漫长的历时演变进程,形补结构的能产性大为增强。

综上,本书在充分的语料基础之上,从历时层面对汉语形容词谓语句的历时演变进程进行了系统而深入的考察。此外我们还进一步引入语法化和构式化理论,用以分析形容词谓语特殊有标记结构,并据此探讨了构式网络关系中的不同构式之间的关联、类推机制和扩展效应的重要影响,以及形容词谓语句内部各层级间的相互作用等相关问题,从而使研究更加系统、深入。而共时层面的语言现象往往是历时发展的结果和遗迹,因此本项研究也有助于学者们更深入地探究现代汉语形容词谓语句的相关句法语义特征。

参考文献

[1] 蔡丽. 程度范畴及其在补语系统中的句法实现[D]. 广州:暨南大学,2010.
[2] 曹广顺. 近代汉语助词[M]. 北京:语文出版社,1995.
[3] 曾骞. 再论VP前"是"的语法性质[J]. 汉语学习,2013(1):103-112.
[4] 常志伟. 近代新兴差比介词"如/似"的历史来源与形成机制[J]. 南京师范大学文学院学报,2019(1):123-131.
[5] 陈昌来. 现代汉语句子[M]. 上海:华东师范大学出版社,2000.
[6] 陈建民. 现代汉语句型论[M]. 北京:语文出版社,1986.
[7] 陈克炯.《左传》形容词简析[J]. 华中师院学报(哲学社会科学版),1979(4):99-106.
[8] 陈梦家. 殷墟卜辞综述[M]. 北京:中华书局,1988.
[9] 陈群. 近代汉语程度副词研究[M]. 成都:巴蜀书社,2006.
[10] 陈望道. 文法简论[M]. 上海:上海教育出版社,1978.
[11] 陈晓燕. 形容词谓语句句法语义接口的认知语法研究[J]. 外国语文,2022,38(5):88-96.
[12] 陈秀然. 汉语量词修饰形容词现象探因[J]. 重庆三峡学院学报,2007(1):88-91.
[13] 陈重瑜. "动性"与"动态"的区别:汉语与英语的状态动词比较[J]. 语言研究,2002(4):1-10.
[14] 程工. 从跨语言的角度看汉语中的形容词[J]. 现代外语,1998(2):17-26.
[15] 程建伟.《牡丹亭》与《紫钗记》形容词研究[D]. 重庆:西南大学,2010.
[16] 程湘清. 汉语史专书复音词研究[M]. 北京:商务印书馆,2003.
[17] 崔永华. 汉语形容词分类的现状和问题[J]. 语言教学与研究,1990(3):132-140.
[18] 戴耀晶. 现代汉语时体系统研究[M]. 杭州:浙江教育出版社,1997.
[19] 丁崇明. 汉语、藏缅语形容词重叠式的特殊用法[J]. 云南民族学院学报(哲学社会科学版),2001(5):188-191.
[20] 丁加勇,谢樱. 表程度的"A得C"构式分析[J]. 汉语学习,2010(2):48-55.

[21] 丁声树,吕叔湘,孙德宣,等.现代汉语语法讲话[M].北京:商务印书馆,1953/1961.

[22] 杜道流.现代汉语中的独词感叹句考察[J].语言文字应用,2003(4):80-88.

[23] 段益民."形趋结构"的组织结构和语义特点[J].青海民族学院学报,2001(4):103-107.

[24] 范晓.汉语的句子类型[M].上海:书海出版社,1998.

[25] 冯征霞.《孟子》和《庄子》(内篇)形容词语法研究[D].南京:南京师范大学,2017.

[26] 傅国通.武义话里的一些语音、语法现象[J].中国语文,1961(9):24-35.

[27] 傅书灵.也谈"N之V"结构[J].语言研究,2011(3):86-94.

[28] 傅佐之.温州方言的形容词重叠[J].中国语文,1962(3):128-131.

[29] 高名凯.汉语语法论[M].北京:商务印书馆,1948/1986.

[30] 高育花.近代汉语"和"类虚词研究述评[J].古汉语研究,1998(3):56-60.

[31] 耿直.基于语料库的比较句式"跟、有、比"的描写与分析[D].北京:北京大学,2012.

[32] 龚晨."形容词+动态助词"结构初探[D].济南:山东大学,2009.

[33] 顾阳.时态、时制理论与汉语时间参照[J].语言科学,2007(4):22-38.

[34] 管燮初.殷墟甲骨刻辞的语法研究[M].北京:中国科学院出版社,1953.

[35] 郭继懋.领主属宾句[J].中国语文,1990(1):24-29.

[36] 郭莉.两周金文副词初探[D].广州:华南师范大学,2004.

[37] 郭锐.现代汉语词类研究[M].北京:商务印书馆,2002.

[38] 郭锐.形容词的类型学和汉语形容词的语法地位[J].汉语学习,2012(5):3-16.

[39] 郭锡良.先秦汉语名词、动词、形容词的发展[J].中国语文,2000(3):195-204.

[40] 韩容洙.现代汉语的程度副词[J].汉语学习,2000(2):12-15.

[41] 韩煦.《五灯会元》比较句研究[D].武汉:华中科技大学,2016.

[42] 何杰.现代汉语量词研究[M].北京:民族出版社,2001.

[43] 何乐士.文言虚词浅释[M].北京:北京出版社,1979.

[44] 何翎格.西周金文形容词研究[D].上海:华东师范大学,2017.

[45]何晓霞.现代汉语"一+量+形"格式研究[D].上海:上海师范大学,2007.

[46]何亚南.试论先秦汉语"S 为₂O"句式中"为₂"的性质[J].南京师大学报(社会科学版),1999(2):130-136.

[47]何亚南.试论有判断词句产生的原因及发展的层级性:兼论判断词成熟的鉴别标准[J].古汉语研究,2004(3):24-30.

[48]贺阳.汉语完句成分试探[J].语言教学与研究,1994(4):26-38.

[49]洪波.先秦判断句的几个问题[J].南开学报,2000(5):50-54.

[50]洪诚.论南北朝以前汉语中的系词[J].语言研究,1957(2):1-12.

[51]胡明扬.语体和语法[J].汉语学习,1993(2):1-4.

[52]胡亚.构式语法与语法化理论的交汇[J].语言教学与研究,2022(4):31-43.

[53]黄伯荣,廖序东.现代汉语(增订三版)[M].北京:高等教育出版社,2002.

[54]黄南松.试论短语自主成句所应具备的若干语法范畴[J].中国语文,1994(6):441-447.

[55]黄启素.《齐民要术》述补结构研究[D].济南:山东大学,2011.

[56]黄晓惠.现代汉语差比格式的来源及演变[J].中国语文,1992(3):213-224.

[57]江蓝生.从语言渗透看汉语比拟式的发展[J].中国社会科学,1999(4):169-179.

[58]蒋绍愚.汉语词汇语法史论文集[M].北京:商务印书馆,2000.

[59]蒋绍愚.近代汉语研究概况[M].北京:北京大学出版社,1994.

[60]解植永.中古汉语判断句研究[D].成都:四川大学,2007.

[61]金晓艳.汉语时间标记成分的历时考察[J].东北师大学报(哲学社会科学版),2012(2):91-94.

[62]金兆梓.国文法之研究[M].北京:商务印书馆,1922/1983.

[63]金忠实."形容词+着"格式的句法语义特点[J].汉语学习,1998(3):20-21.

[64]雷瑭洵.先秦汉语的述谓形容词[J].语文研究,2022(2):42-50.

[65]黎锦熙.新著国语文法[M].北京:商务印书馆,1924/2001.

[66]李崇兴,丁勇.元代汉语的比拟式[J].汉语学报,2008(1):2-10.

[67]李丹."P得慌"的小三角验察[D].长春:吉林大学,2007.

[68]李凤吟.双音节性质形容词 ABAB 式的重叠:兼与 AABB 式比较[J].集

美大学学报(哲学社会科学版),2006(2):58-62.
[69]李杰群."甚"的词性演变[J].语文研究,1986(2):43-46.
[70]李劲荣,范开泰.状态形容词的句法语义分类[J].宁夏大学学报(人文社会科学版),2006(1):5-9.
[71]李蓝.现代汉语方言差比句的语序类型[J].方言,2003(3):214-232.
[72]李临定.动词分类研究说略[J].中国语文,1990(4):248-257.
[73]李临定.现代汉语句型[M].北京:商务印书馆,1986.
[74]李琳.论现代汉语的程度范畴[D].长春:东北师范大学,2004.
[75]李娜.《元刊杂剧三十种新校》形容词研究[D].重庆:西南大学,2010.
[76]李讷,石毓智.汉语比较句嬗变的动因[J].世界汉语教学,1998(3):16-28.
[77]李泉.现代汉语"形+动态助词"考察[J].语言教学与研究,1997(1):99-114.
[78]李生信."为"在上古汉语中可以是一个判断词[J].固原师专学报,1995(1):65-67.
[79]李宇明.程度与否定[J].世界汉语教学,1999(1):29-36.
[80]李宇明.汉语量范畴研究[M].武汉:华中师范大学出版社,2000.
[81]李宇明.论词语重叠的意义[J].世界汉语教学,1996(1):11-20.
[82]李宇明.双音节性质形容词的ABAB式重叠[J].汉语学习,1996(4):24-27.
[83]李泽慧,朱玲玲."X得可以"和"X得不行"的对比分析[J].廊坊师范学院学报(社会科学版),2014,30(1):48-51.
[84]李佐丰.古代汉语语法学[M].北京:商务印书馆,2004.
[85]梁焱,张延成.论形容词的"体"特征与形容词句法标记模式之间的关系[J].语言与翻译,2018(1):36-42.
[86]廖振佑.古代汉语特殊语法[M].呼和浩特:内蒙古人民出版社,1979.
[87]林华勇,甘甲才."V/A透(了)"格式与谓词的类[J].世界汉语教学,2012,26(1):65-76.
[88]林泰安.介词"有"字三探[J].殷都学刊,1993(4):100-104.
[89]林泰安.这个"有"可以看作介词[J].汉语学习,1986(5):33.
[90]蔺璜,郭姝慧.程度副词的特点范围与分类[J].山西大学学报(哲学社会科学版),2003(2):71-74.
[91]蔺璜.状态形容词及其主要特征[J].语文研究,2002(2):13-16.
[92]刘辰诞."界"与有界化[J].外语学刊,2007(2):53-58.

[93] 刘楚群.形容词的动态性及其语法形式[D].桂林:广西师范大学,2002.

[94] 刘丹青.形容词和形容词短语的研究框架[J].民族语文,2005(5):28-38.

[95] 刘坚,江蓝生,白维国,等.近代汉语虚词研究[M].北京:语文出版社,1992.

[96] 刘坚.试论"和"字的发展:附论"共"字和"连"字[J].中国语文,1989(6):12-23.

[97] 刘伟乾.现代汉语程度副词的范围界定状况考察[J].现代语文(语言研究版),2009(3):77-79.

[98] 刘焱.比较范畴的语义认知研究[D].上海:华东师范大学,2002.

[99] 刘焱.量词修饰形容词现象探讨[J].徐州师范大学学报,1997(3):151-152.

[100] 刘焱.量词与形容词的搭配问题探讨[J].汉语学习,1999(5):60-63.

[101] 刘月华,潘文娱,故韡.实用现代汉语语法(增订本)[M].北京:商务印书馆,2001.

[102] 刘振平.表比较的"有"字句研究述评[J].信阳师范学院学报(哲学社会科学版),2010,30(4):86-90.

[103] 刘忠华.古代汉语判断句的确认问题[J].汉中师范学院学报(社会科学版),2002(1):22-25.

[104] 龙国富.浅谈语法化中补语"却"的句法环境[J].长沙电力学院学报(社会科学版),2003(4):109-112.

[105] 龙果夫.现代汉语语法研究[M].北京:科学出版社,1958.

[106] 陆俭明.关于词的兼类问题[J].中国语文,1994(1):28-34.

[107] 罗福腾.牟平方言的比较句和反复问句[J].方言,1981(4):284-286.

[108] 罗骥.北宋句尾语气词"也"研究[J].古汉语研究,1995(3):29-32.

[109] 罗琼鹏.汉语"比"字比较句的句法和语义问题[J].现代外语,2017,40(3):324-335.

[110] 吕必松.关于"是……的"结构的几个问题[J].语言教学与研究,1982(4):21-37.

[111] 吕建军."王冕死了父亲"的构式归属:兼议汉语存现构式的范畴化[J].语言教学与研究,2013(5):75-83.

[112] 吕叔湘.单音形容词用法研究[J].中国语文,1966(2):1-24.

[113] 吕叔湘.汉语语法分析问题[M].北京:商务印书馆,1979.

[114] 吕叔湘. 现代汉语八百词[M]. 北京: 商务印书馆, 1980.

[115] 吕叔湘. 中国文法要略[M]. 北京: 商务印书馆, 1942/1982.

[116] 吕文杰. 现代汉语程度范畴表达方式研究[D]. 长春: 吉林大学, 2013.

[117] 吕雅贤. 从先秦到西汉程度副词的发展[J]. 北京大学学报(哲学社会科学版), 1992(5): 63-70.

[118] 马建忠. 马氏文通[M]. 北京: 商务印书馆, 1898/2000.

[119] 马克冬. 《搜神记》述补结构研究[D]. 重庆: 西南大学, 2007.

[120] 马庆株. 汉语动词和动词性结构[M]. 北京: 北京语言学院出版社, 1992.

[121] 马予超. 《世说新语》形容词研究[D]. 成都: 四川师范大学, 2005.

[122] 马真. 简明实用汉语语法[M]. 北京: 北京大学出版社, 2002.

[123] 莫彭龄, 单青. 三大类实词句法功能的统计分析[J]. 南京师大学报(社会科学版), 1985(3): 55-63.

[124] 彭睿. 共时关系和历时轨迹的对应: 以动态助词"过"的演变为例[J]. 中国语文, 2009(3): 212-224.

[125] 彭睿. 语法化·历时构式语法·构式化: 历时形态句法理论方法的演进[J]. 语言教学与研究, 2016(2): 14-29.

[126] 戚晓杰. 明清山东方言"X+VP+比较标记+Y"式差比句研究[J]. 语言科学, 2006(5): 52-61.

[127] 齐沪扬, 韩天姿, 亚鑫. 形容词的形性功能考察[J]. 汉语学习, 2019(6): 3-16.

[128] 齐沪扬, 王爱红. 形容词性短语与形容词的功能比较[J]. 汉语学习, 2001(2): 1-9.

[129] 齐沪扬. 语气词与语气词系统[M]. 合肥: 安徽教育出版社, 2002.

[130] 庆力. 程度补语为什么没有相应的否定式[J]. 哈尔滨师专学报, 1984(2): 65-68.

[131] 尚平. 比较句系统研究综述[J]. 语言文字应用, 2006(S2): 77-80.

[132] 沈家煊, 完权. 也谈"之字结构"和"之"字的功能[J]. 语言研究, 2009, 29(2): 1-12.

[133] 沈家煊. "有界"与"无界"[J]. 中国语文, 1995(5): 367-380.

[134] 沈家煊. 不对称和标记论[M]. 南昌: 江西教育出版社, 1999.

[135] 沈家煊. 形容词句法功能的标记模式[J]. 中国语文, 1997(4): 242-250.

[136] 生为, 刘振前. 论现代汉语"了$_2$"的时制功能: 从"NP 了"的"推移性"

谈起[J].湖北大学学报(哲学社会科学版),2019,46(6):127-134.
[137] 石毓,马碧.焦点标记"是"的来源结构[J].湖北大学学报(哲学社会科学版),2020,47(6):111-118.
[138] 石毓.汉语形容词重叠形式的历史发展[M].北京:商务印书馆,2010.
[139] 石毓.形容词 ABAB 式重叠的种类、形成时间及其他[J].广播电视大学学报(哲学社会科学版),2004(4):85-89.
[140] 石毓智,白解红.汉英形容词概念化的差别及其句法后果[J].四川外语学院学报,2006(6):77-82.
[141] 石毓智,李讷.汉语语法化的历程[M].北京:北京大学出版社,2001.
[142] 石毓智.汉语发展史上的双音化趋势和动补结构的诞生:语音变化对语法发展的影响[J].语言研究,2002(1):1-14.
[143] 石毓智.汉语语法[M].北京:商务印书馆,2011.
[144] 石毓智.试论汉语的句法重叠[J].语言研究,1996(2):2-13.
[145] 石毓智.形容词的数量特征及其对句法行为的影响[J].世界汉语教学,2003(2):13-26.
[146] 石毓智.语言学假设中的证据问题:论"王冕死了父亲"之类句子产生的历史条件[J].语言科学,2007(4):39-51.
[147] 史佩信.比字句溯源[J].中国语文,1993(6):456-461.
[148] 宋亚云.上古汉语性质形容词的词类地位及其鉴别标准[J].中国语文,2009(1):10-21.
[149] 宋玉柱.介词"有"应该肯定[J].汉语学习,1987(2):20-21.
[150] 宋玉柱.论带"得"兼语式[J].徐州师范学院学报,1979(1):69-72.
[151] 隋娜,胡建华.性质形容词 AA/ABAB 式重叠的句法语义[J].汉语学报,2021(3):53-63.
[152] 孙鹏飞.形容词谓语句的标记手段及其功能透视:类型学的视角[J].上海对外经贸大学学报,2018,25(2):76-86.
[153] 孙锡信.近代汉语语气词[M].北京:语文出版社,1999.
[154] 太田辰夫.中国语历史文法[M].蒋绍愚,徐昌华,译.北京:北京大学出版社,1958/1987.
[155] 唐广厚,车竞.形容词接动态助词动词化初探[J].锦州师院学报(哲学社会科学版),1985(2):92-97.
[156] 唐健雄.河北方言里的"X 得慌"[J].河北师范大学学报(哲学社会科学版),2008(2):84-88.
[157] 唐贤清,陈丽."死"作程度补语的历时发展及跨语言考察[J].语言研

究,2011,31(3):79-85.
[158]唐钰明.中古"是"字判断句述要[J].中国语文,1992(5):74-80.
[159]屠爱萍.语言的隐显形式与"是……的"句的再分类[J].语文研究,2013(4):30-37.
[160]汪维辉.系词"是"发展成熟的时代[J].中国语文,1998(2):133-136.
[161]王惠,詹卫东,俞士汶."现代汉语语义词典"的结构及应用[J].语言文字应用,2006(1):134-141.
[162]王建军.汉语存在句的历时研究[D].南京:南京大学,2001.
[163]王俊毅.形容词带"得"字补语的考察[J].延安大学学报(社会科学版),1996(2):74-76.
[164]王力.汉语史稿[M].北京:中华书局,1958/1980.
[165]王力.汉语语法史[M].北京:商务印书馆,1989.
[166]王力.中国文法中的系词[J].清华大学学报(自然科学版),1937(1):1-67.
[167]王力.中国现代语法[M].北京:商务印书馆,1943/1985.
[168]王力.中国语法理论[M].北京:中华书局,1944.
[169]王明月."X得慌"结构的语法化[J].现代语文(学术综合版),2011(11):157-160.
[170]王玉华."单音节形容词+了"用法特点考察[J].天津外国语学院学报,2000(4):71-74.
[171]翁中锐.《韩非子》形容词非范畴化现象考察[J].现代语文,2020(10):31-38.
[172]吴春相.现代汉语"数+量+形"结构的机制和动因:从语法构式到修辞构式[J].当代修辞学,2015(1):28-36.
[173]吴福祥.关于动补结构"V死O"的来源[J].古汉语研究,2000(3):44-48.
[174]吴福祥.汉语伴随介词语法化的类型学研究:兼论SVO型语言中伴随介词的两种演化模式[J].中国语文,2003(1):43-58.
[175]伍雅清,祝娟.形容词作谓语的不完句效应研究[J].现代外语,2013,36(1):18-24.
[176]武钦青.述程结构"V/A+得+程度补语"研究[D].上海:上海师范大学,2012.
[177]夏齐富.程度副词再分类试探[J].安庆师范大学学报(社会科学版),1996(3):63-67.

[178]向熹.简明汉语史[M].北京:高等教育出版社,1993/2010.
[179]邢福义.谈"数量结构+形容词"[J].中国语文,1965(1):34-36.
[180]邢福义.词类难辨[M].兰州:甘肃人民出版社,1981.
[181]邢福义.汉语语法学[M].长春:东北师范大学出版社,1996.
[182]邢福义.现代汉语语法知识[M].武汉:湖北人民出版社,1980.
[183]邢福义.形容词动态化的趋向态模式[J].湖北大学学报(哲学社会科学版),1994(5):7-15.
[184]邢福义.形容短语[M].北京:人民教育出版社,1990.
[185]徐荣妗.汉韩形容词重叠对比研究[D].济南:山东大学,2008.
[186]徐湾湾.《吴越春秋》形容词研究[D].成都:四川师范大学,2016.
[187]徐文君."X得可以"的用法及形成[J].长江大学学报(社会科学版),2013,36(2):80-82.
[188]许国萍.现代汉语差比范畴研究[D].上海:复旦大学,2007.
[189]许嘉璐.古代汉语[M].北京:高等教育出版社,1992.
[190]杨伯峻,何乐士.古汉语语法及其发展[M].北京:语文出版社,2001.
[191]杨伯峻.文言文法[M].北京:中华书局,1983.
[192]杨逢彬.关于殷墟甲骨刻辞的形容词[J].古汉语研究,2001(1):63-69.
[193]杨平.带"得"的述补结构的产生和发展[J].古汉语研究,1990(1):56-63.
[194]杨荣祥.从历史演变看"VP+甚/极"的句法语义结构关系及"甚/极"的形容词词性[J].语言科学,2004(2):42-49.
[195]杨荣祥.近代汉语副词研究[M].北京:商务印书馆,2005.
[196]杨石泉."是……的"句质疑[J].中国语文,1997(6):439-442.
[197]杨树达.高等国文法[M].北京:商务印书馆,1930/1984.
[198]姚振武.上古汉语语法史[M].上海:上海古籍出版社,2015.
[199]易孟醇.先秦语法[M].长沙:湖南教育出版社,1989.
[200]殷国光.《吕氏春秋》词类研究[M].北京:华夏出版社,1997.
[201]于江.近代汉语"和"类虚词的历史考察[J].中国语文,1996(6):457-464.
[202]于立昌,夏群.比较句和比拟句试析[J].语言教学与研究,2008(1):14-18.
[203]余瑞雪.现代汉语"数量形"结构研究[D].上海:上海外国语大学,2009.

[204]余忠.古汉语状态形容词的典型特征及其界定[J].湖北社会科学,2010(2):115-118.

[205]俞理明.古代汉语语法分析琐记[J].汉语史研究集刊,2004(00):90-111.

[206]俞敏.名词、动词、形容词[M].上海:上海教育出版社,1987.

[207]喻国红.《三国志》形容词研究[D].贵阳:贵州师范大学,2018.

[208]袁宾.宋语言词典[M].上海:上海教育出版社,1997.

[209]袁毓林,周韧.汉语词类划分手册[M].北京:北京语言大学出版社,2009.

[210]袁毓林.形容词的极性程度意义及其完句限制条件[J].中国语文,2022(2):131-144.

[211]袁毓林.形容词的语义特征和句式特点之间的关系[J].汉藏语学报,2013(00):147-166.

[212]岳俊发."得"字句的产生和演变[J].语言研究,1984(2):10-30.

[213]岳立静.从《醒世姻缘传》看近代汉语助词"将"的语法功能[J].语言科学,2008,7(6):590-598.

[214]詹芳琼,TRAUGOTT E,韩笑.构式化和语法化的异同:以汉语增量比较构式"越来越……"的演变为例[J].辞书研究,2020(6):53-68,126.

[215]张宝林."是……的"句的歧义现象分析[J].世界汉语教学,1994(1):15-21.

[216]张斌.单音节形容词的动态性研究[D].上海:上海师范大学,2010.

[217]张伯江,方梅.汉语功能语法研究[M].南昌:江西教育出版社,1996.

[218]张伯江.现代汉语形容词做谓语问题[J].世界汉语教学,2011,25(1):3-12.

[219]张丹凤.《洛阳伽蓝记》述补结构研究[D].大连:辽宁师范大学,2007.

[220]张桂宾.相对程度副词与绝对程度副词[J].华东师范大学学报(哲学社会科学版),1997(2):92-96.

[221]张国宪.现代汉语的动态形容词[J].中国语文,1995(3):221-229.

[222]张国宪.现代汉语形容词的典型特征[J].中国语文,2000(5):447-458.

[223]张国宪.现代汉语形容词功能与认知研究[M].北京:商务印书馆,2006.

[224]张国宪.延续性形容词的续段结构及其体表现[J].中国语文,1999(6):403-414.

[225]张国宪.状态形容词的界定和语法特征描述[J].语言科学,2007(1):3-14.

[226]张建.《盐铁论》形容词研究[D].合肥:安徽大学,2020.

[227]张琼琼.《战国策》形容词研究[D].金华:浙江师范大学,2011.

[228]张文国,张能甫.古汉语语法学[M].成都:巴蜀书社,2003.

[229]张先亮.谈谈形容词与动词的划界标准[J].浙江师大学报,1996(5):46-50.

[230]张琰.《史记》形容词研究[D].合肥:安徽大学,2014.

[231]张谊生.程度副词充当补语的多维考察[J].世界汉语教学,2000(2):3-12.

[232]张谊生.现代汉语副词探索[M].上海:学林出版社,2004.

[233]张颖.论程度范畴与程度心语的性质及类[J].学术交流,2007(6):151-153.

[234]张玉金.甲骨卜辞语法研究[M].广州:广东高等教育出版社,2002.

[235]张豫峰.表比较的"有"字句[J].汉语学习,1999(4):25-29.

[236]张豫峰.说"SV得NV"句[J].语言研究集刊,2006(00):157-168.

[237]张志公.汉语语法常识[M].上海:上海教育出版社,1959.

[238]张志公.汉语知识[M].北京:人民教育出版社,1979.

[239]赵从娜.《荀子》形容词谓语句研究[D].西安:陕西师范大学,2012.

[240]赵家新.现代汉语心理形容词语义网络研究[D].南京:南京师范大学,2006.

[241]赵金铭.论汉语的"比较"范畴[C]//中国语言学会《中国语言学报》编委会.中国语言学报(第十期).北京:商务印书馆,2001.

[242]赵日新.形容词带程度补语结构的分析[J].语言教学与研究,2001(6):45-51.

[243]赵淑华.关于"是……的"句[J].语言教学与研究,1979(1):57-66.

[244]赵长才.汉语述补结构的历时研究[D].北京:中国社会科学院研究生院,2000.

[245]志村良治.中国中世语法史研究[M].江蓝生,白维国,译.北京:中华书局,1995.

[246]周金雷.从"形容词+着"看"着"的可变性持续:兼论汉语的谓语类型[D].南京:南京大学,2019.

[247]周梅.现代汉语中的形容词谓语句[D].芜湖:安徽师范大学,2003.

[248]周小兵.论现代汉语的程度副词[J].中国语文,1995(2):100-104.

[249] 朱德熙.现代汉语形容词研究[J].语言研究,1956(1):1-37.

[250] 朱德熙.现代汉语语法研究[M].北京:商务印书馆,1978.

[251] 朱德熙.语法讲义[M].北京:商务印书馆,1982.

[252] 朱秋婷.上古汉语形容词的统计研究:基于《尚书》等三种语料[D].金华:浙江师范大学,2019.

[253] 朱星.古代汉语[M].天津:天津人民出版社,1980.

[254] 朱玉梅.《韩非子》形容词谓语句研究[D].西安:陕西师范大学,2008.

[255] 祝敏彻."得"字用法演变考[J].西北师大学报(社会科学版),1960(S1):49-61.

[256] 宗守云.补语"透"语义的泛化和虚化[J].汉语学习,2010(6):22-28.

[257] 左思民.汉语时体标记系统的古今类型变化[J].汉语学报,2007(2):11-23.

[258] AVGUSTINOVAT, USZKOREIT H. Reconsidering the relations in constructions with non-verbal predicates.//KOSTA P, BLASZCZAK J, FRASEK J, et al. Investigations into Formal Slavic Linguistics: Contributions of the Fourth European Conference on Formal Description of Slavic Languages-fdsl IV. Held at Potsdam University, November 28-30, 2001[C]. Berlin: Peter Lang, 2003:483-499.

[259] BHAT D. Word class and sentential functions.//Vogel P, Comrie B. Approaches to the Typology of Word Class. Berlin: Mouton de Gruyter, 2000:47-65.

[260] BISANG W. Precategoriality and syntax-based parts of speech: The case of late archaic Chinese[J]. Studies in Language, 2008, 32(3):568-589.

[261] BYBEE J, PERKINS R, PAGLIUCA W. The Evolution of Grammar, Tense, Aspect and Modality in the Languages of the World[M]. Chicago: University of Chicago Press, 1994.

[262] BYBEE J. Language, Usage and Cognition[M]. Cambridge: Cambridge University Press, 2010.

[263] CARNIE A. Non-verbal Predication and Head-Movement[D]. Toronto: University of Toronto, 1991.

[264] COMRIE B. Polite plurals and predicate agreement[J]. Language, 1975, 51:406-418.

[265] CRAIG G. Ways to go in Rama: A case study in polygrammaticalization.//TRAUGOTT E, HEINE B. Approaches to Grammaticalization (Vol. 2).

Amsterdam/Philadelphia: John Benjamins Publishing Company, 1991: 455-492.

[266] CROFT W. Syntactic Categories and Grammatical Relations[M]. Chicago and London: University of Chicago Press, 1991.

[267] CROFT W. Radical Construction Grammar: Syntactic Theory in Typological Perspective[M]. Oxford: Oxford University Press, 2001.

[268] DIXON R M W. Where have all the adjectives Gone[J]. Studies in Language, 1977, 1(1): 19-80.

[269] DIXON R M W, AIKHENVALD Y. Adjective Classes: A Cross-Linguistic Typology[M]. Oxford: Oxford University Press, 2004.

[270] DOETJES J. Adjectives and degree modification.//MCNALLY L. AND KENNEDY C. Adjectives and Adverbs: Syntax, Semantics and Discourse. Oxford & New york: Oxford University Press, 2008: 123-155.

[271] GIVÓN T. Syntax: A Functional-typological introduction (Vol. 1)[M]. Amsterdam: John Benjamins, 1984.

[272] GOLDBERG A. Constructions: A Construction Grammar Approach to Argument Structure[M]. Chicago: University of Chicago Press, 1995.

[273] GOLDBERG A. Constructions at Work: The Nature of Generalization in Language[M]. Oxford: Oxford University Press, 2006.

[274] GRANO T. Mandarin hen, universal markedness, and tense[J]. Natural Language and Linguistic Theory, 2012, 30(2): 513-565.

[275] HALE K. Universal Grammar and the necessity of linguistic diversity[D]. Boston: Massachusetts Institute of Technology, 1994.

[276] HALLIDAY M A K. Grammatical categories in Modern Chinese[J]. Transactions of the Philosophical Society, 1956, 55(1): 177-224.

[277] HAN X. A comparative study on unmarked adjectival predication and boundedness in modern Mandarin and classic Chinese[J]. International Journal of Education and Humanities, 2022, 5(3): 165-173.

[278] HASPELMATH M. On directionality in language change with particular reference to grammaticalization.//FISCHER O, NORDE M, PERRIDON H. Up and Down the Cline-The Nature of Grammaticalization. Amsterdam: Benjamins, 2004: 17-44.

[279] HEINE B, NARROG H, LONG H. Constructional Change vs. Grammaticalization: From Compounding to Derivation[J]. Studies in Language, 2016, 40

(1):137-175.

[280] HEINE B, KUTEVA T. World lexicon of grammaticalization [M]. Cambridge:Cambridge University Press,2002.

[281] HEINE B,KUTEVA T. The Genesis of Grammar:A Reconstruction[M]. New York:Oxford University Press,2007.

[282] HEINE B. Grammaticalization chains[J]. Studies in Language,1992,16 (2):335-368.

[283] HEINE B. Grammaticalization chains across Languages:an example from Khoisan.//SPIKE G. Reconstructing Grammar:Comparative Linguistics and Gramm - aticalization. Amsterdam /Philadelphia:John Benjamins, 1999:77-197.

[284] HEINE B,CLAUDI U,HIEMEYER F. Grammaticalization:A Conceptual Framework[M]. Chicago:University of Chicago Press,1991.

[285] HENGEVELD K. Non - Verbal Predication:Theory,Typology,Diachrony [M]. Berlin:Walter de Gruyter,1992.

[286] HIMMELMANN N. Lexicalization and grammaticalization:Opposite or orthogonal.//BISANG W, HIMMELMANN N, WIEMER B. What Makes Grammaticalization-A Look from its Fringes and its Components. Berlin: Mouton de Gruyter,2004:21-42.

[287] HOPPER P, TRAUGOTT E. Grammaticalization [M]. Cambridge: Cambridge University Press,1993.

[288] HUANG S Z. Property theory,adjective,and modification in Chinese[J]. Journal of East Asian Linguistics,2006,15(4):343-369.

[289] KENNEDY C. Projecting the Adjective:The Syntax and Aemantics of Gradability and Comparison[D]. Santa Cruz:University of California Santa Cruz,1997.

[290] LANGACKER R. Foundations of Cognitive Grammar, Vol. 1: Theoretical Prerequisites[M]. Stanford CA:Stanford University Press,1987.

[291] LANGACKER R. Cognitive Grammar:A Basic Introduction [M]. New York:Oxford University Press,2008.

[292] LI C,THOMPSON S. Mandarin Chinese:A Functional Reference Grammar [M]. California:University of California Press,1981.

[293] LOCKER E. Nominales und Verbales Adjectivum[M]. Wien-Meisenheim: Sexl,1951.

[294] MCCAWLEY J. Justifying part-of-speech assignments in Mandarin Chinese[J]. Journal of Chinese Linguistics,1992,20(1):211-246.

[295] MEILLET A. L'évolution des formes grammaticales.//CHAMPION É. Linguistique historique et linguistique générale. Paris: Librairie Ancienne Honoré Champion,1912/1921:130-148.

[296] NISHIYAMA K. The morphosyntax and morphophonology of Japanese predicates[D]. Ithaca:Cornell University,1998.

[297] PARADIS C. Adjectives and boundedness[J]. Cognitive Linguisitics,2001,12(1):47-65.

[298] PARADIS C. Configurations, construals and change: expressions of DEGREE[J]. English Language and linguistics,2008,12(2):317-343.

[299] PENG R. A diachronic construction grammar account of the Chinese cause-complement pivotal construction[J]. Language Sciences,2013,40(1):53-79.

[300] PEYRAUBE A,THEKLA W. Problems relating to the history of different copulas in Ancient Chinese.//Matthew Y,Tzeng J. In honour of William S. Wang: Interdisciplinary studies on language and language change. Taipei:Pyramide Press,1994:383-404.

[301] QUIRK R,GREENBAUM S,LEECH G,et al. Comprehensive Grammar of the English Language[M]. London and New York:Longman,1985.

[302] ROSS C. On the function of Mandarin de[J]. Journal of Chinese Linguistics,1983,11(2):214-246.

[303] ROSS C. Grammatical categories in Chinese[J]. Journal of Chinese Language Teachers Association,1984,2:21-22.

[304] ROSS J. The category squish: Endstation Hauptwort.//PAUL M,JUDITH N,GLORIA C,et al. Proceedings of the Eighth Regional Meeting of the Chicago Linguistic Society. Held at University of Chicago, April 14-16, 1972. Chicago (Ⅲ.):Chicago linguistic society,1972:316-338.

[305] SAPIR E. Grading,a study in semantics[J]. Philosophy of Science,1944,11(2):93-116.

[306] SAPIR E. Language: An Introduction to the Study of Speech[M]. New York:Harcourt,Brace and World,1921.

[307] STAVRO M. Adjectives in Modern Greek:an instance of predication, or an old issue revisited[J]. Linguistics,1996,32(1):79-112.

[308] TRAUGOTT E. The concepts of constructional mismatch and type-shifting from the perspective of grammaticalization[J]. Cognitive Linguistics,2007, 18(4):523-557.

[309] TRAUGOTT E. Grammaticalization, constructions and the incremental development of language: Suggestions from the development of degree modifiers in English.//ECKARDT R, JÄGER G, VEENSTRA T. Variation, Selection, Development - Probing the Evolutionary Model of Language Change. Berlin/New York:Mouton de Gruyter,2008:219-250.

[310] TRAUGOTT E. Grammaticalization.//LURAGHI S, BUBENIK V. Continuum Companion to Historical Linguistics. London: Continuum Press, 2010:269-283.

[311] TRAUGOTT E, TROUSDALE G. Constructionalization and Constructional Changes[M]. Oxford:Oxford University Press,2013.

[312] TROUSDALE G. Issues in constructional approaches to grammaticalization in English.//STATHI K,GEHWEILER E,KÖNIG E. Grammaticalization: Current Views and Issues. Amsterdam:Benjamins,2010:51-72.

[313] TROUSDALE G. Grammaticalization, constructions and the grammaticalization of constructions.//Davidse K,Breban T,Brems L,et al. Grammaticalization and Language Change: New reflections. Amsterdam: John Benjamins Publishing Company,2012:167-198.

[314] WETZER H. The Typology of Adjectival Predication[M]. Berlin:Mouton de Gruyter,1996.